# 汽车发动机电控系统原理与故障诊断

主　编　许冀阳
副主编　吴　晨
参　编　朱　辉　郭炎伟

北京理工大学出版社
BEIJING INSTITUTE OF TECHNOLOGY PRESS

## 内容简介

本教材以发动机电子控制系统为中心，以培养学生岗位能力为目标，共设置汽车发动机电控管理系统总体认知、发动机进气控制系统、发动机燃油供给系统、微机控制点火系统、发动机排放控制系统、发动机电控系统的故障诊断6个学习模块。教材采取“教学目标—教学重点—教学说明—自我评价—内容实施—实操训练”的体例，采取理实一体的授课方式，使学生能够在理论与实践交叉教学中掌握发动机电子控制系统的相关知识。本教材理论与实践相融合，注重实践考核，每章节均设置有实践考核，突出应用性。

本书可作为汽车检测与维修技术、汽车电子技术等相关专业的教学用书，也可供有关技术人员参考。



**图书在版编目（CIP）数据**

汽车发动机电控系统原理与故障诊断/许冀阳主编. —北京：北京理工大学出版社，2017.7

ISBN 978-7-5682-4407-7

Ⅰ.①汽…　Ⅱ.①许…　Ⅲ.①汽车-发动机-电子系统-控制系统-理论-高等职业教育-教材②汽车-发动机-电子系统-控制系统-故障诊断-高等职业教育-教材　Ⅳ.①U472.43

中国版本图书馆CIP数据核字（2017）第175539号

出版发行 / 北京理工大学出版社有限责任公司
社　　址 / 北京市海淀区中关村南大街5号
邮　　编 / 100081
电　　话 / (010) 68914775（总编室）
(010) 82562903（教材售后服务热线）
(010) 68948351（其他图书服务热线）
网　　址 / http：//www.bitpress.com.cn
经　　销 / 全国各地新华书店
印　　刷 / 三河市天利华印刷装订有限公司
开　　本 / 787毫米×1092毫米　1/16
印　　张 / 13
字　　数 / 306千字
版　　次 / 2017年7月第1版　2017年7月第1次印刷
定　　价 / 48.00元

责任编辑 / 梁铜华
文案编辑 / 党选丽
责任校对 / 周瑞红
责任印制 / 李志强

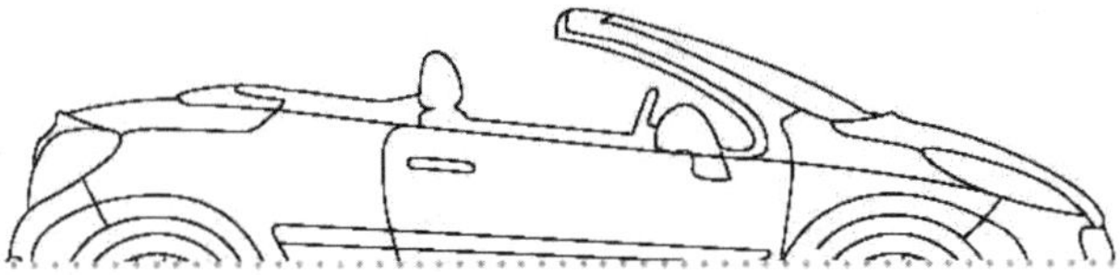

# 前言

PREFACE

随着我国经济的迅猛发展，我国汽车产业也得到了跨越式发展，连续七年全球产销第一，汽车保有量大幅增加，这也推动了我国汽车售后服务市场的不断繁荣，对汽车售后服务人员的需求也不断增加。而各种新技术和新工艺在汽车上的应用，对售后服务从业人员的要求越来越高。

电子技术的快速发展和排放法规的不断严格推动汽车发动机升级换代，各种电控新技术不断应用在汽车发动机上，使其动力性、经济性、排放性得到了极大的提高。汽车售后服务维修相关行业需要熟练掌握汽车发动机电控技术的应用型人才，为了使汽车专业的学生和维修人员更好地掌握汽车发动机电控系统和发动机新技术，本书采用“项目导向、任务驱动”的理实一体授课方式，将理论知识与实际操作进行了有机结合，更加注重学生的实操性和实践性，并贯穿于每一节课程。本教材有以下主要特点：

（1）教材注重理实一体化，使教材与职业工作过程密切联系，既注重够用的理论知识，又具有实用性和可操作性。每一个工作任务设计有实践操作和考核内容，使学生边学边练边考核。

（2）教材在内容选择方面，注重结合岗位技能和岗位能力要求，突出职业性、实践性和新颖性；删除了冷起动喷油器、普通无触点电子点火等陈旧内容，使学生基本能够适应现代汽车维修技术的要求。

（3）教材强调学生知识、实践能力考核，每项任务制定了考核内容，包括知识和实践两个方面，使教学真正实现理实一体化。

本教材由许冀阳担任主编，并负责总体策划、编写大纲、统稿和定稿，吴晨担任副主编。本教材编写分工如下：模块一和模块二由许冀阳编写，模块三和模块五由吴晨编写，模块四由朱辉编写，模块六由郭炎伟编写。

教材在编写过程中，参考了大量书籍、文献、论文等，在此对相关作者表示衷心感谢！

由于编者水平有限，教材难免有不足之处，敬请广大读者批评指正。

编　者

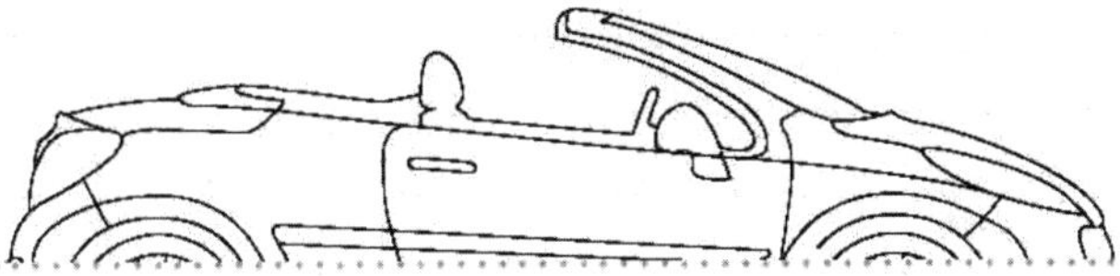

# 目　录

CONTENTS

# 模块一

## 汽车发动机电控管理系统总体认知

### 任务 1.1　汽车发动机电控管理系统基本组成

| 任务名称 | 汽车发动机电控管理系统基本组成 |
| --- | --- |
| 教学目标 | 了解各部分的安装位置；<br>掌握汽车发动机电控管理系统的基本组成；<br>理解各部分的功能和作用 |
| 教学重点 | 发动机电控管理系统传感器、ECU、执行器的功能和作用 |
| 教学说明 | 本任务采用 1 节理论 +1 节实践进行教学，也可理论、实践穿插同时进行。利用发动机总成具体实物，通过查找认知传感器、ECU、执行器的安装位置，逐步掌握本任务的内容 |
| 自我评价 | 优秀　　良好　　中等　　及格　　不及格 |

随着电子控制技术的不断发展，排放法规的日益严格，发动机电控管理系统已成为提高发动机动力性、经济性、排放性等相关性能指标的最主要手段。发动机电子控制系统由信号输入装置（传感器）、电子控制单元（ECU）及执行机构三个部分组成，如图 1.1 所示。它是以计算机为中心的集智能化、自动化为一体的机电控制管理系统，并随着发动机的换代升级而日益完善和复杂化。

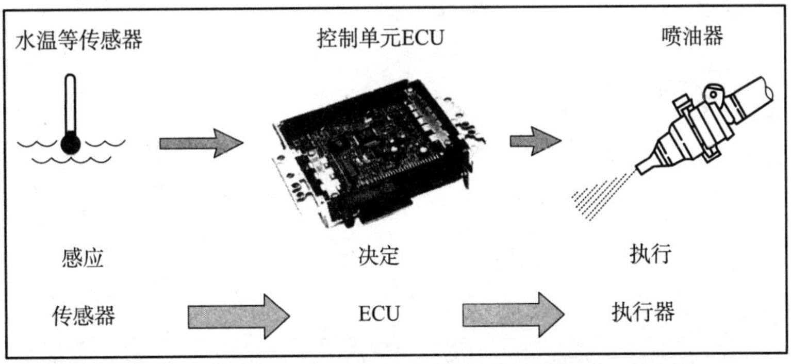


**图 1.1　发动机电控管理系统的组成**

传感器是一种信号转化装置，不断采集发动机在不同运行状态下的工作参数，并将其转化为电子控制单元能够识别的电信号，然后输送给 ECU，为其提供发动机运转工况和汽车运行状况等相关信息。电子控制单元接收各个传感器输送的相关参数信息，经过储存、计算、分析和处理后，向执行机构发送控制指令信号。执行机构按照 ECU 发送的控制信号，完成相关执行动作，实现各种控制功能。

### 1.1.1 传感器

传感器是将需要被测的各种非电量信息，通过一定的算法或者规律变换成便于利用、输出和处理的信号的装置或者器件。传感器就像人的各种感触器官，将我们感触的各种状态和信息转换成神经信号发送给大脑。而在汽车电子控制系统中，传感器将汽车各部分运行的工况状态参数（发动机节气门位置、进气量、各种压力、转速等非电量信息）转化成可以识别的电信号，通过信号处理电路处理后送到 ECU，得到发动机的各部分运行情况和环境条件。

**1. 主要传感器**

发动机电控管理系统中的主要传感器如图 1.2 所示。

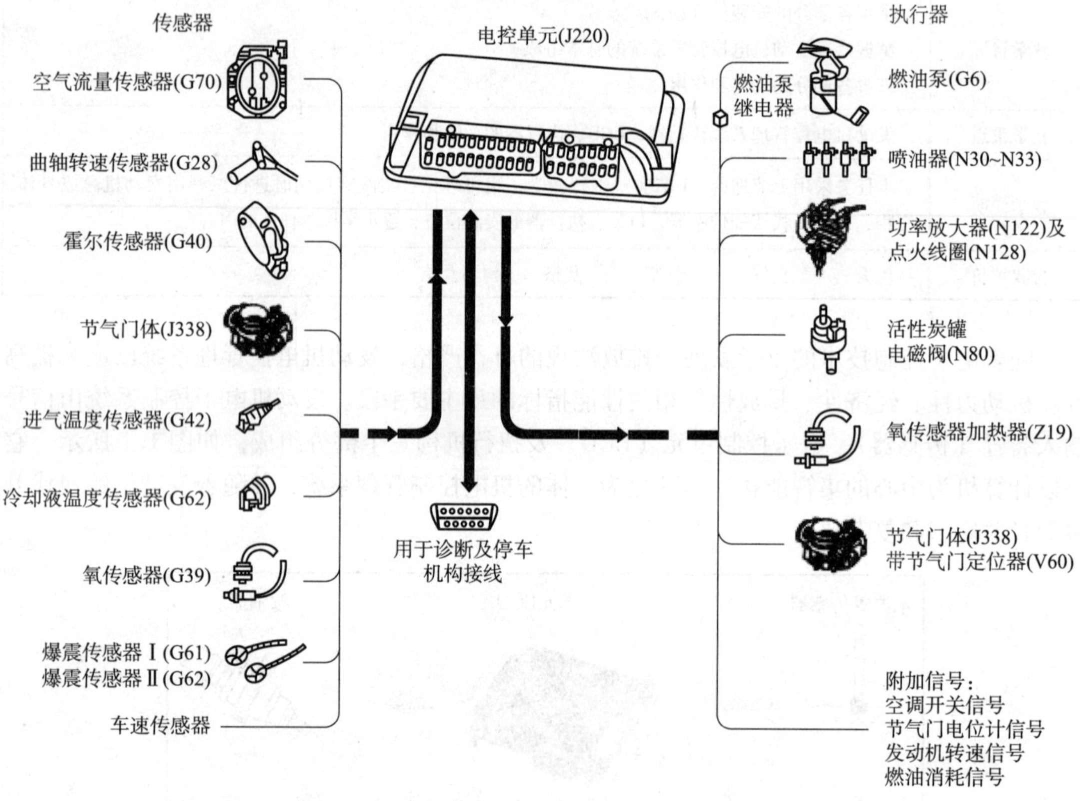


**图 1.2 发动机电控管理系统中的主要传感器**

（1）进气歧管压力传感器

进气歧管压力传感器用于检测进气管绝对压力，再根据其他相关量推算出进气气缸中的空气量，是一种间接测量发动机进气量的传感器。该传感器输送给电子控制单元的电信号是微机控制点火和喷油的主控参数。

（2）空气流量传感器

空气流量传感器（又称空气流量计）安装在空气滤清器和节气门体之间的进气管上，

用于检测进入气缸中的空气流量，并将其转化为电信号再送入电子控制单元计算进气量，从而确定喷油量。该传感器信号是微机控制点火和喷油的主控参数。

（3）曲轴转速传感器

曲轴转速传感器又称曲轴位置传感器、曲轴转角传感器。该传感器用于检测发动机转速、曲轴转角、曲轴位置信号，并将其转化为电信号输送给电子控制单元，从而控制点火时刻和喷油时刻，是微机控制点火和喷油的主要参数。

（4）进气温度传感器

进气温度传感器用于检测进气空气温度信号，提供给电子控制单元，主要用于对喷油时间和点火时刻进行修正，是微机控制点火和喷油的修正参数。

（5）节气门位置传感器

节气门位置传感器安装在节气门体上，与节气门轴同轴相连，用于检测节气门开度位置大小以及转角变化率，并送入电子控制单元，从而判断发动机的运行工况。节气门位置传感器信号是发动机控制的重要参数。

（6）凸轮轴位置传感器

凸轮轴位置传感器也称气缸识别传感器，用于检测气缸活塞到达上止点或运行到某一特定位置的信号，是发动机点火的主控参数。

（7）冷却液温度传感器

冷却液温度传感器用于检测发动机冷却液温度信号，向电子控制单元发送信号，用于点火时刻和喷油量的修正；同时向发动机冷却液温度表提供信号，向驾驶员显示冷却液温度信息。

（8）爆震传感器

爆震传感器用于检测和判定燃油发动机是否发生爆震现象，以及爆震发生的剧烈程度，并将其转化为电信号输送给电子控制单元，从而对点火提前角实现闭环反馈控制，将点火时刻控制在最佳状态。

（9）氧传感器

氧传感器安装在排气管或排气歧管上，用来检测排气中氧气的含量，并将该信号输送给电子控制单元，对混合气空燃比实现闭环控制，修正燃油喷油量。

（10）加速踏板位置传感器

加速踏板位置传感器安装在油门踏板上，将油门踏板的位置变化和转角速率变化转化为电信号，并送至电子控制单元，从而控制喷入气缸中的燃油量。

（11）空挡安全开关信号

用于检测自动变速箱的挡位选择开关是否处于空挡位置，并向电子控制单元发送信号。

（12）空调开关 A/C

空调开关 A/C 用于检测空调是否处于工作状态，并向电子控制单元发送信号。

发动机不断升级换代，电控管理系统的功能也不断增加，各种信号检测装置和信号开关将被越来越多地应用在发动机电控管理系统中。

**2. 传感器的电子信号类型**

发动机上传感器的电子信号可分为四种：直流信号、交流信号、频率调制信号和脉宽调制信号。

（1）直流信号

在任何周期内，电压和电流的方向不随时间变化而变化的信号称为直流信号（DC）。直流信号可以分为恒压直流信号和非恒压直流信号两种。图 1.3 所示为非恒压直流波形。汽车上产生直流信号的传感器元件有进气压力传感器、冷却液温度传感器、进气温度传感器和节气门位置传感器等。

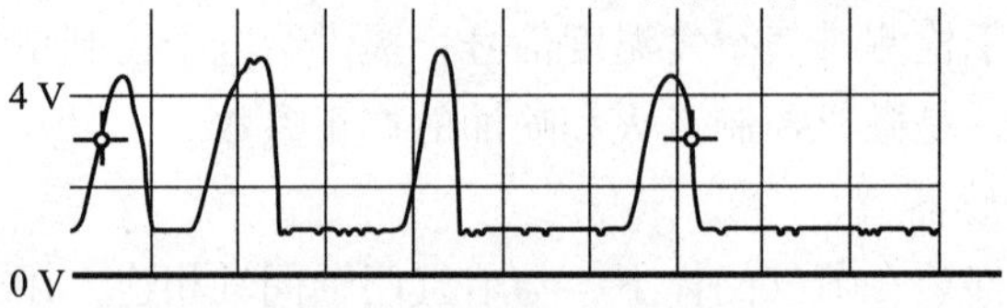


**图 1.3　非恒压直流波形**

（2）交流信号

在任何周期内，电压和电流的方向、大小随时间变化而变化的信号称为交流信号（AC）。图 1.4 所示为交流信号波形。汽车上产生交流信号的传感器元件有磁电式传感器、爆震传感器等。

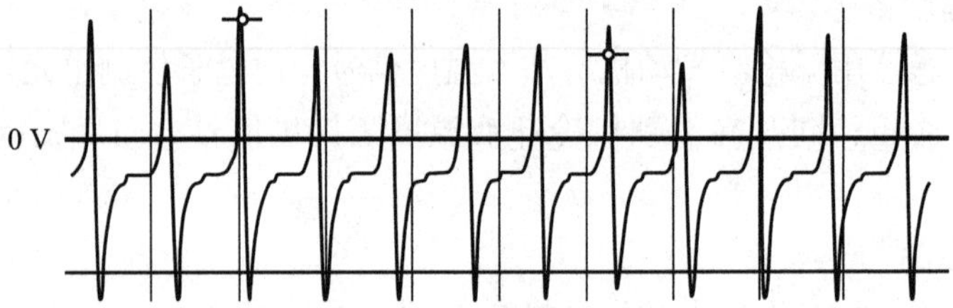


**图 1.4　交流信号波形**

（3）频率调制信号

频率调制信号指波形幅度恒定而频率改变的信号（FM），如图 1.6 所示。汽车上产生频率调制信号的传感器元件有数字式空气流量传感器、数字式进气压力传感器、光电式和霍尔式车速传感器、光电式和霍尔式曲轴位置传感器等。

（4）脉宽调制信号

脉宽调制信号又称脉冲宽度调制信号，指经过脉冲宽度调制的信号（PWM），即脉冲宽度在一个周期内元件所持续的工作时间，如图 1.5 所示。

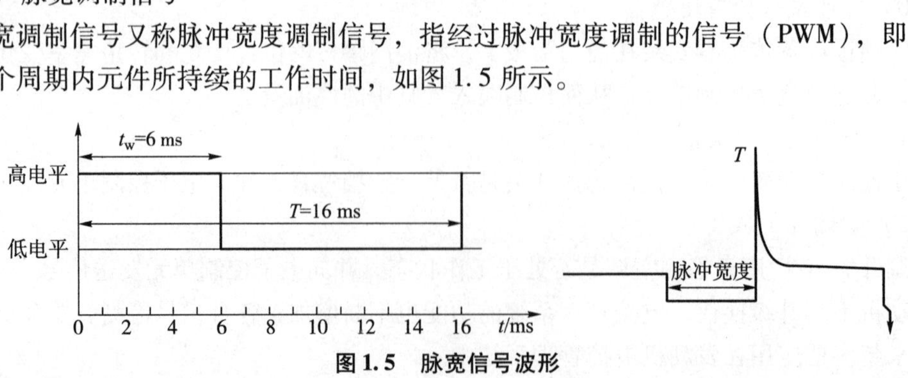


**图 1.5　脉宽信号波形**

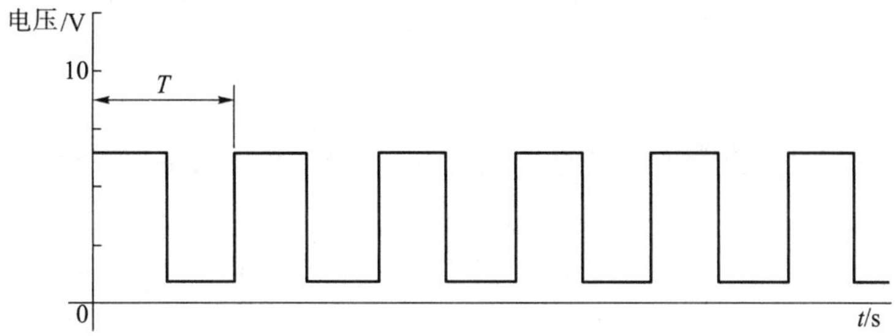

图 1.6　频率调制信号

### 1.1.2　电子控制单元

电子控制单元（ECU）就像整个控制系统的指挥中心，同时将各种运行状态和运行环境下的控制参数和信息储存在其中。当传感器将汽车当前的瞬时状态信息发送给 ECU 时，经过对照已存入的控制规律信息并进一步分析判断，向执行器发出最精确的执行指令。

**1. ECU 的主要功用**

①将传感器检测送至的输入信号进行相关转换，成为 ECU 能够识别、分析、处理、判断的电信号。

②进行各种程序、数据信息、参数的储存。

③根据控制要求进行逻辑运算和数字计算。

④将运算结果转换成驱动执行器动作的信号。

⑤产生 2 V、5 V、9 V、12 V 等参考电压。

⑥能够进行故障自诊断并将故障信息输出。

**2. ECU 的安装位置**

ECU 是发动机电控管理系统的控制核心，为防止外界各种电磁干扰和静电影响，其外面通常安装有金属壳用来保护，如图 1.7 所示。发动机 ECU 通常安装在驾驶室内或发动机舱中。

图 1.7　ECU 实物

**3. ECU 的结构组成**

ECU 是以单片微型计算机为主处理数据核心，加上各种管理芯片及执行部件为辅助的电子控制装置，在其内部存储着预先编制好的各种运行程序，以及相关运行参数，它具有强大的信息参数处理、系统参数管理、精确的程序运算和自诊断功能，故 ECU 由硬件和软件两部分构成。硬件主要包括微型计算机、输入极、输出极等，其中微型计算机又包括中央处理器（CPU）、存储器（ROM、RAM）、输入输出接口（I/O）及总线等，如图 1.8 所示。

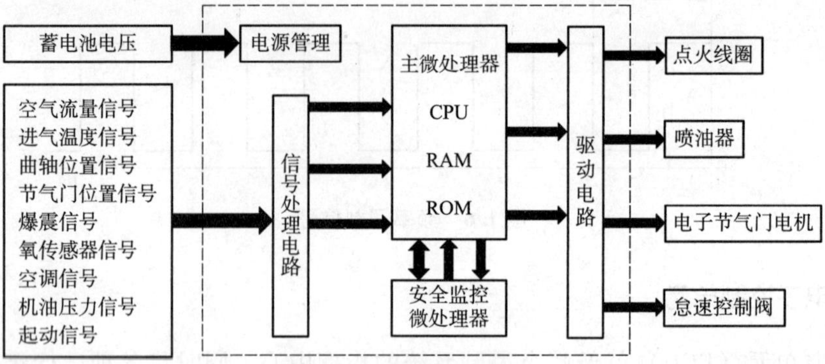


**图 1.8　ECU 的结构组成**

（1）存储器

存储器包括只读存储器（ROM）和随机存储器（RAM）。只读存储器一次写入内容后不能变更，但可以调出使用，用来存放固定信息。存储的内容即使电源被切断也不会消失，通电以后又可以立即调出使用。只读存储器存储控制程序软件、点火脉谱、喷油脉谱的特性曲线以及特性数据等预定的控制参数。例如喷油和点火等的控制程序、喷油和点火参数等。随机存储器，又称为读写存储器，既能从存储器读出已存入的数据，也能向存储器写入新的数据。如果切断电源，储存在随机存储器中的数据就会丢失，所以仅适宜储存暂时保留的控制过程中的处理数据。在燃油机电控系统中，随机存储器用来储存各种传感器输入的数据、有关维护周期或车辆监测系统检测发现的故障信息等。

（2）输入极

输入极将传感器信号经 A/D 转换、放大、整形后再经过 I/O 接口送给微计算机，完成发动机工况的实时检测。输入极有 A/D 转换器、信号放大电路、信号整形滤波电路等。

（3）输出极

输出极将微计算机的指令转变为控制信号并放大，驱动执行器工作，主要起控制信号的生成和放大的作用。微机输出的是数字信号，且输出电压较低，用这种输出信号一般不能驱动执行元件进行工作。因此采用输出通路，将其转换成可以驱动执行元件的输出信号。输出极输出信号主要有喷油器控制信号、点火控制信号、怠速控制信号、电子节气门控制信号、废气再循环（EGR）阀控制信号等。

（4）ECU 软件

电子控制单元的软件有控制程序和数据信息两部分，最主要的是主控程序。主控程序包括整个系统初始化、实现系统的工作时序、控制模式的设定、常用工况及其他各工况模式下喷油信号和点火信号输出程序。为实现发动机各种工况及运行条件下最佳的综合性能，电子控制系统必须以最佳的相应控制参数（如最佳喷油脉宽和最佳点火提前角）控制发动机在最佳运行状况下运转，这些控制参数的最佳数据预先全部存储在微型计算机只读存储器（ROM）中。

**4. 工作过程**

汽车电子控制系统的控制过程一般归纳为：实时数据采集，即对传感器的瞬时值实时采集、转换并输入 ECU；实施决策，即 ECU 对采集到的表征被控参数的状态量进行分析，并按已确定的控制规律计算决定进一步的控制过程策略；实时控制，即根据决策，ECU 实时对执行器发出控制信号。

此外，汽车电子控制系统还应该能对被控参数和设备本身可能出现的异常状态进行及时监督和处理。

**5. 发动机 ECU 工作异常的原因**

（1）ECU 内部电源电路故障

该故障会导致 ECU 不工作、大部分传感器因无法供电而失去检测功能、发动机不能起动或直接熄火。

（2）传感器搭铁电路断路、短路或虚接

该故障会导致传感器搭铁不良或不搭铁、传感器信号失效或误差偏大、发动机工作不良、无法起动或熄火。

（3）常火线断路、短路或接触不良

由于 ECU 供电不足或不供电，该故障会导致 ECU 无法工作、发动机不起动或熄火，同时会丢失部分储存的数据和信息。

（4）执行器搭铁电路断路、短路或接触不良

该故障会导致执行器搭铁不良、执行器工作异常、发动机无法起动或熄火。

（5）发动机 ECU 损坏

该故障会导致发动机无法起动或熄火、怠速不稳、排气管冒黑烟。

### 1.1.3 执行器

执行器是 ECU 的执行部件，根据 ECU 发出的控制信息准确、稳定地执行各种指令。在发动机控制系统中，由于控制功能不同，所以执行器相应也有所不同。主要的执行器及功能如下：

**1. 喷油器**

喷油器是将燃油以一定压力喷出并雾化，其外形和内部结构如图 1.9 所示。

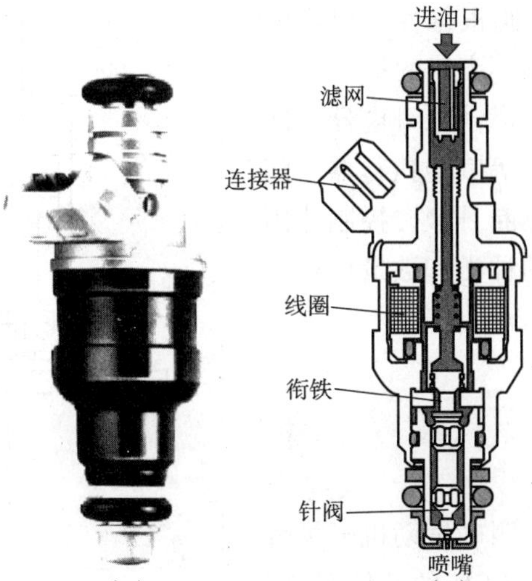


**图 1.9 喷油器的外形和内部结构**

（a）外形；（b）内部结构

**2. 点火控制器**

点火控制器又称点火控制单元、点火模块，连接于 ECU 和点火线圈之间，接收电子控制单元的点火控制信号来控制点火线圈初级绕组接地端的通断，并进行功率放大，驱动高压点火线圈。

**3. 怠速控制阀**

根据发动机负荷的变化，怠速控制阀改变怠速空气进气量，维持发动机在目标转速下稳定运行，如图 1. 10 所示。怠速控制阀一方面在发动机正常怠速运转时稳定怠速转速，防止发动机熄火和降低燃油消耗；另一方面在发动机怠速运转状态下，当接入空调、助力转向等负载增加时，要增加进气量、提高怠速转速以防止发动机熄火。

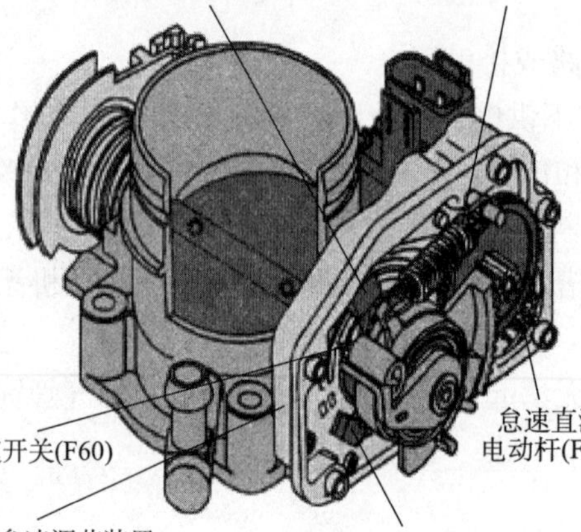


**图 1. 10　怠速控制阀**

**4. 废气再循环（EGR）阀**

EGR 阀是废气再循环系统中一个关键部件，如图 1. 11 所示。EGR 阀根据发动机实际工况的变化，调节参与再循环废气的量。

还有二次空气喷射阀、燃油泵继电器、冷却风扇继电器、进气控制阀等其他执行器。随着发动机电控管理系统的不断升级，控制范围和功能不断加强，执行器的种类和数量也在持续增加。

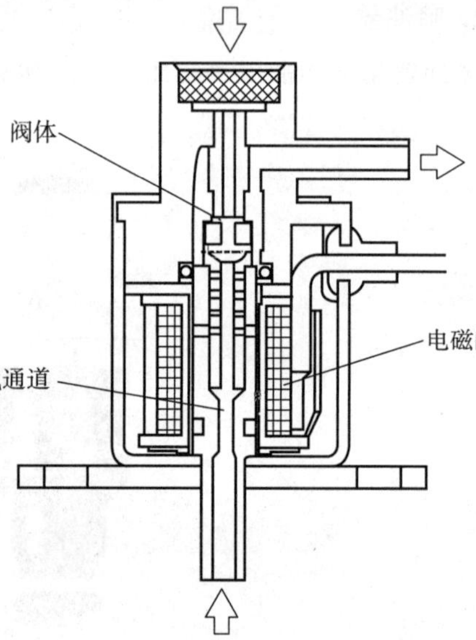


**图 1. 11　EGR 阀**

### 1.1.4　实操训练

**1. 训练内容**

利用发动机总成实物，明确发动机电控管理系统的传感器、执行器、ECU 的具体名称，并指出各部件的具体安装位置。

**2. 设备、工具**

万用表、故障诊断仪、维修工具等，以及电喷发动机电控故障诊断台架若干台、动态解剖发动机试验台一台、丰田卡罗拉轿车一辆。（根据学生数量，分组进行讲解和熟悉）

**3. 考核**

①实操报告：基本知识点和基本内容，包括传感器、执行器的安装位置、具体功能和作用。

②考核标准（可采取教师考核或者学生互评的原则）：

| 序号 | 考核内容 | 分数 | 评分标准 | 得分 | 具体原因 |
|---|---|---|---|---|---|
| 1 | 正确使用万用表、维修工具等 | 10 | 工具使用不规范每次扣2分 | | |
| 2 | 传感器的安装位置、功用 | 30 | 传感器安装位置、功用错误各扣3分 | | |
| 3 | 执行器的安装位置、功用 | 30 | 执行器安装位置、功用错误各扣3分 | | |
| 4 | 安全用电，规范操作 | 10 | 违规操作扣10分 | | |
| 5 | 团队合作，讨论交流 | 10 | 依据现场情况而定 | | |
| 6 | 场地打扫，工件摆放 | 10 | 依据现场情况而定 | | |
| | 总分 | 100 | | | |
| | 教师签字 | | | 年 月 日 | |

## 任务 1.2 汽车发动机电控管理系统的控制功能及方式

| 任务名称 | 汽车发动机电控管理系统的控制功能及方式 |
|---|---|
| 教学目标 | 掌握发动机电控管理系统的控制功能；<br>熟悉发动机电控管理系统的控制方式 |
| 教学重点 | 发动机电控管理系统的控制功能和作用 |
| 教学说明 | 本任务采用1节理论+1节实践+1节理论进行教学。1节理论讲解发动机电控管理系统的控制功能和作用；1节实践在具体发动机电控实训室进行，通过发动机运行和具体现象变化，较深入地掌握该内容；1节理论巩固总结，同时利用电控系统控制方式引入开环控制和闭环控制，最后掌握本任务的内容 |
| 自我评价 | 优秀　　良好　　中等　　及格　　不及格 |

目前，汽车发动机上主要的电子控制系统有：电子控制燃油喷射系统、电子控制点火系统、进气控制系统、排放控制系统、失效保护系统、应急备用系统和故障自诊断系统。燃油控制（喷油量控制和喷油正时控制）和点火控制（控制点火提前角控制、闭合角和爆震控制）是发动机电子控制系统主要控制功能，怠速控制、进气控制、排放控制和增压控制等

均为辅助控制系统。

### 1.2.1 控制功能

**1. 燃油喷射控制**

燃油喷射控制包括喷油量控制、喷射正时控制、断油控制和燃油泵控制。

喷油量控制是最基本也是最重要的控制内容。ECU 主要根据空气流量传感器提供的进气量信号确定基本的喷油量，再根据其他传感器（如冷却液温度传感器、节气门位置传感器）信号对喷油量进行修正，以有效地控制混合气空燃比，使发动机在各种工况下的空燃比达到较佳值并能获得最佳浓度的混合气，从而实现提高功率、降低油耗和减少排气污染等功效。

**2. 点火控制**

点火控制主要包括点火提前角控制、通电时间（闭角）控制以及爆燃控制。

发动机在不同转速、不同负荷条件下，根据各相关传感器信号，判断发动机的运行工况和运行条件，选择最理想的点火提前角点燃混合气，并根据蓄电池电压及转速等信号控制点火线圈初级电路的通电时间，从而改善发动机的燃烧过程，使发动机输出最大的功率和转矩，将油耗和排放降到最低限度。此外，系统还能进行爆震控制。

**3. 进气控制**

进气控制主要包括怠速控制、节气门控制、巡航控制、可变进气道控制、可变配相位控制和废气涡轮增压控制等。它根据发动机转速和负荷的变化，对发动机的进气进行控制，以提高发动机的充气效率，从而改善发动机的动力性。

**4. 排放控制**

排放控制主要包括燃油蒸气排放控制系统、废气再循环（EGR）控制系统、氧传感器及三元催化转换（TWC）控制系统、二次空气喷射控制系统。

**5. 应急备用控制**

当控制系统的控制单元出现故障时，应急备用系统将自动起动，并按设定的信号（固定的点火时刻和喷油脉宽）控制发动机进入强制运行工况，以维持发动机运转的基本功能。

**6. 失效保护控制**

当控制系统的传感器或者信号传输电路出现故障，ECU 检测到信号超出正常范围或失效时，ECU 便不再采用其信号，而是根据预先设定并保存在 ECU 内部的参数进行控制，使发动机能够继续运行；当涉及关键传感器信号失效时，ECU 会停止喷油和点火，使发动机停止工作。

**7. 自诊断系统控制**

发动机工作时，故障自诊断系统对电子控制系统各部分的工作情况进行监测。当传感器或传感器线路发生故障时，它会立即点亮仪表板上的故障指示灯，并将故障信息以设定的故障码形式存储在 RAM 中，以帮助维修人员确定故障类型和范围，快速诊断故障部位。

### 1.2.2　控制方式

根据有无反馈，发动机电子控制方式分为开环控制和闭环控制两种。

**1. 开环控制**

发动机在工作时，ECU 根据传感器的信号对执行器进行控制，而控制的结果（如燃烧是否完全、怠速是否稳定、是否有爆震发生等）是否达到预期目标无法做出分析，控制的结果对控制过程没有影响，这种控制方式称为开环控制，如图 1. 12 所示。

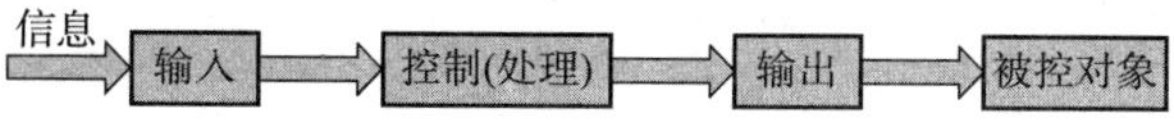


**图 1. 12　开环控制**

开环控制的特点是在控制器与被控对象之间只有正向控制作用而没有反馈控制作用，要实现精确控制，其控制系统 ROM 中存储着经过大量实验分析和优化计算的精确数据，是发动机在各种运行工况下的理论最佳值。

**2. 闭环控制**

闭环控制实质上就是反馈控制。在开环控制的基础上，控制系统根据实际检测到的开环控制结果的反馈信号来决定增减输出控制量的大小，而此时不再根据其他输入信号进行控制。闭环控制的特点是在控制器与被控对象之间，不仅存在着正向作用，而且存在着反馈作用，即系统的输出量对控制量有直接影响，如图 1. 13 所示。

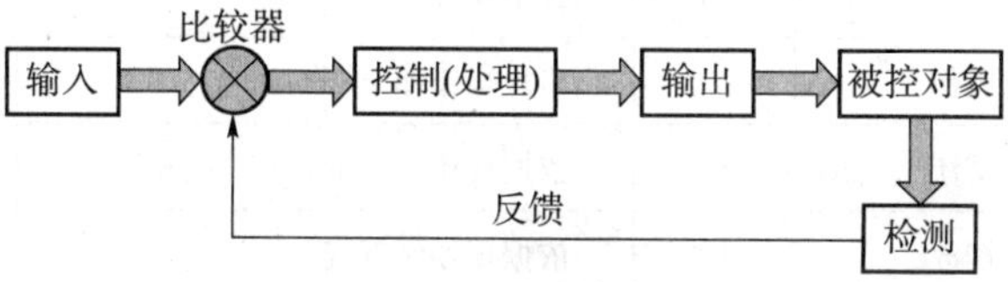


**图 1. 13　闭环控制**

点火提前角控制由电子控制单元根据爆震传感器输出的爆震信号判断是否发生爆震，从而决定点火提前角是推迟还是提前。当爆震传感器检测到出现爆震时，减小点火提前角；若未产生爆震，则加大点火提前角，实现微机控制点火的闭环控制，从而使点火提前角控制在发生爆震的临近状态。

喷油量控制由电子控制单元根据氧传感器输出的氧浓度信号判断进入气缸中的可燃混合气的空燃比是否合适，从而修正燃油供给量，实现空燃比的闭环控制，使混合气空燃比保持在理论空燃比。当氧传感器检测到排气中的氧含量太高，即混合气浓度太稀时，则需要增加喷油量；反之混合气太浓时，应减少喷油量。

怠速控制依据传感器检测发动机的运行工况和负载设备的工作状况，ECU 确定一个怠速运转的目标转速，并与实际转速进行比较，根据比较结果控制执行元件工作，以调节进气量，使发动机的怠速转速达到所确定的目标转速，实现闭环控制。

开环和闭环控制各有其控制特点，发动机电控系统大多数同时采用开环和闭环控制两种方式。开环控制作为基本控制手段，而闭环控制作为精确控制手段，它们根据发动机工作的需要，相互转换，协调工作。例如，对于混合气空燃比控制而言，闭环控制的实质是调节实际空燃比在理论空燃比 14.7 附近，以达到充分发挥三元催化转换器的转换效率和尽量减少废气污染的目的。但是在有些发动机工况下为获得良好的动力性、经济性和起动性，空燃比控制仍采用开环控制，例如起动、暖机、加速、减速、大负荷和节气门全开等工况。

### 1.2.3 实操训练

**1. 训练内容**

利用发动机总成实物，指出点火系统和燃油喷射系统的主要组成部件的安装位置，并根据其功用分析其工作过程。

**2. 设备、工具**

电喷发动机电控故障诊断台架若干台、动态解剖发动机试验台一台、丰田卡罗拉轿车一辆。（根据学生数量，分组进行讲解和熟悉）

**3. 考核**

①实操报告：分析某一控制系统的控制功能和控制方式。

②考核标准（可采取教师考核或者学生互评的原则）：

| 序号 | 考核内容 | 分数 | 评分标准 | 得分 | 具体原因 |
|---|---|---|---|---|---|
| 1 | 分析开环控制系统 | 10 | 每个 10 分 | | |
| 2 | 分析闭环控制系统 | 30 | 每个 10 分 | | |
| 3 | 明确控制功能 | 30 | 每个 6 分 | | |
| 4 | 安全用电，规范操作 | 10 | 违规操作扣 10 分 | | |
| 5 | 团队合作，讨论交流 | 10 | 依据现场情况而定 | | |
| 6 | 场地打扫，工件摆放 | 10 | 依据现场情况而定 | | |
| | 总分 | 100 | | | |
| | 教师签字 | | | 年 月 日 | |

## 任务 1.3 汽车发动机电控新技术

| | |
|---|---|
| 任务名称 | 汽车发动机电控新技术 |
| 教学目标 | 了解发动机电控管理系统的新技术以及未来发展趋势 |
| 教学重点 | 发动机电控管理系统的新技术和新控制功能 |
| 教学说明 | 本任务采用 1 节理论进行教学 |
| 自我评价 | 优秀 良好 中等 及格 不及格 |

### 1.3.1 汽车发动机电控新技术

在汽车节能环保发展的主流趋势下，世界各大著名汽车制造商都在研发发动机控制新技术，目的是提高发动机的环保性能和经济性能。

**1. 发动机自动起停技术**

发动机自动起停技术（STT）的核心在于发动机电控管理系统自动控制熄火和起动，能够尽量降低发动机怠速空转时间，以减少不必要的燃油消耗，降低排放、提高燃油经济性。为了保证乘客的舒适，发动机熄火后，蓄电池会取代皮带轮对发动机冷却风扇及车内空调提供运转动力。

当车辆因拥堵而停止行进时，驾驶员踩下制动踏板并摘挡，车辆静止，这时自动起停系统开始自检。当自动起停系统检测到发动机正在空转且没有挂挡时，车轮转速传感器读数为零，于是自动起停系统继续检查车辆是否有足够的电量进行下一次起动。当以上条件都满足时，发动机就会自动停止工作。当起步离开时，松开刹车、踩下油门踏板，发动机又会马上重新点火。

目前汽车发动机应用的起停技术主要分为分离式起动机的起停系统、集成起动机的起停系统和马自达 SISS 智能起停系统三类。采用分离式起动机的起停系统很常见，这种系统的起动机和发电机是独立设计的，发动机起动所需的功率由起动机提供，而发电机则为起动机提供电能。集成起动机起停技术是一个通过永磁体内转子和单齿定子来激励同步电机，将驱动单元集成到混合动力传动系统中。马自达 SISS 智能起停系统主要是通过在气缸内进行燃油直喷，用燃油燃烧产生的膨胀力来重启发动机的，发动机上的传统起动机在发动机起动时起到辅助作用。

**2. 稀薄燃烧技术**

为了更好地提高汽车燃油经济性，减少排放污染物的生成，世界各国制造商开始研制发动机缸内直喷 + 稀薄燃烧技术，而且部分车型已经开始使用该技术。稀薄燃烧技术是将空气和燃油所形成的混合气控制在较稀比例下实现的燃烧技术。普通电喷燃油车只有将混合气控制在一定比例内，即空燃比在 9 ~ 18，才能保证火花塞正常点火，而稀薄燃烧技术将混合气的空燃比控制在 25 : 1 以上，有的甚至高达 40 : 1。稀薄燃烧技术有利于提高汽车的热效率，降低汽车的主要排放污染物 CO、HC 和 $NO_x$，同时改善发动机部分负荷性能。

实现发动机稀薄燃烧技术的关键技术有提高压缩比、燃油分层和高能点火等。

（1）提高压缩比

采用紧凑型燃烧室，通过进气口位置改进使缸内形成较强的空气运动旋流，提高气流速度；将火花塞置于燃烧室中央，缩短点火距离；提高压缩比至 13 : 1 左右，促使燃烧速度加快。

（2）燃油分层

如果稀薄燃烧技术的混合比达到 25 : 1 以上，那么按照常规是无法点燃的，因此必须采用由浓至稀的分层燃烧方式。通过缸内空气的运动在火花塞周围形成易于点火的浓混合气，混合比达到 12 : 1 左右，外层逐渐稀薄。浓混合气点燃后，燃烧迅速波及外层。为了提高燃烧的稳定性，降低氮氧化物，现在采用燃油喷射定时与分段喷射技术，即将喷油分成两个阶段：进气初期喷油，即燃油首先进入缸内下部，随后在缸内均匀分布；进气后期喷油，即浓混合气在缸内上部聚集在火花塞四周被点燃，实现分层燃烧。

（3）高能点火

高能点火和宽间隙火花塞有利于火核形成，火焰传播距离缩短，燃烧速度增快，稀薄燃烧极限大。有些稀薄燃烧发动机采用双火花塞或者多极火花塞装置来达到上述目的。

### 1.3.2 未来发展趋势

通过汽车电控管理系统的不断增加和扩展，当代汽车的安全性能、环保性能、舒适性能和经济性能等都有了很大提高和进步，并不断完善。同时，汽车上的电子控制系统、传感器也不断倍增，自动驾驶、无人驾驶和手势控制等各种新技术不断融入汽车领域，并在不断扩展和增加，推动汽车朝着智能化、网络化和集成化方向不断深入和迈进。

**1. 智能化**

智能化传感技术、单片机技术、网络技术广泛应用于汽车，推动汽车朝着更加主动智能化趋势的方向快速发展，以达到“人、车、环境”的智能协调。现如今，很多智能化系统和预警系统被应用在汽车上，如智能辅助驾驶系统、人工导航、车辆动态信息实时监控、危险情况报警等智能服务，以及CARWINGS服务中心系统支持的天籁“云安全系列”，可实现车辆定位追踪、非法入侵警报、遇险自动救助三大功能，从而帮助驾驶员采取安全措施，推动汽车朝着更加智能、绿色、安全的方向高速前行。

**2. 网络化**

汽车电控管理系统在汽车上的控制和管理范围不断加强和扩展，其功能和系统也在不断变得复杂，因此，电控管理系统之间的数据共享和通信显得尤为重要。数据的快速交换、高可靠性及低成本是对汽车电子网络系统的要求。利用总线技术可将汽车中各种电控单元、智能传感器、智能仪表等连接起来，构成汽车内部局域网，并通过协议进行相互通信，实现各系统间的信息等资源的共享。在系统中，各子处理机独立运行，控制改善汽车某一方面的性能，同时也为其他电子装置提供数据服务。

**3. 集成化**

汽车电控系统是机电一体化的集成系统，包括传感器、执行器、ECU，单一的机电一体化系统已经满足不了汽车技术发展的需要，系统和系统之间的一体化集成是当前汽车电子技术发展的重要趋势。集成控制系统通过总线进行网络通信，通过传感器和系统之间的信息共享，控制器对各子系统进行协调和优化，使车辆的整体系统性能水平达到最佳，保证车辆行驶的安全性，改进汽车的操纵性，优化汽车的稳定性，提高汽车舒适性、燃油经济性等。

当前最典型的两个集成领域是动力传动系统的集成和底盘一体化集成——将发动机的管理系统和自动变速器控制系统集成为动力传动系统的综合控制；通过中央底盘控制器将制动、悬架、转向和动力传动等控制系统通过总线进行连接，控制器通过复杂的控制运算，将车辆行驶性能控制在最佳水平，形成一体化底盘控制系统。

### 1.3.3 实操训练

①通过查找资料，了解混合动力汽车的相关技术。

②什么是自动驾驶技术？了解各车企自动驾驶技术的最新进展。

## 模块小结

本模块主要介绍了发动机电控管理系统的三个重要组成部分，即传感器、电子控制单元（ECU）和执行器，以及发动机电控管理系统的控制功能和控制方式；最后，介绍了汽车发动机电控的新技术，以及未来汽车电控的发展趋势，旨在使学生更好地掌握汽车电控发展的动态和方向，提高学生学习的兴趣和持续学习的动力。

传感器将汽车各部分运行的工况状态参数（发动机节气门位置、进气量、各种压力、转速等非电量信息）转化成可以识别的电信号，通过信号处理电路处理后输送到ECU，得到发动机的各部分运行情况和环境条件。

电子控制单元（ECU）是以单片微型计算机为主处理数据核心，加上各种管理芯片及执行部件为辅助的电子控制装置，在其内部存储着预先编制好的各种运行程序，以及相关运行参数。它具有强大的信息参数处理、系统参数管理以及精确的程序运算和自诊断功能。

执行器是电子控制单元的执行部件，通过ECU发出的控制信息，准确、稳定地执行各种指令。

发动机电控管理系统的主要控制功能是微机控制点火和燃油喷射，同时还有排气控制、进气控制、怠速控制、应急备用控制和故障自诊断控制等控制功能。

微机控制点火主要针对点火提前角控制、闭合角控制以及爆燃控制等。

燃油喷射控制主要包括喷油脉宽控制、喷射正时控制和断油控制等。

根据有无反馈，发动机电子控制方式分为开环控制和闭环控制两种。开环控制的特点是在控制器与被控对象之间只有正向控制作用而没有反馈控制作用；闭环控制是在开环控制的基础上，控制系统根据实际检测到的开环控制结果的反馈信号来决定增减输出控制量的大小，而此时不再根据其他输入信号进行控制。

## 练习题

### 一、填空题

1. 发动机电控系统主要由________、________和________三个部分组成。

2. 根据有无反馈，发动机电子控制方式分为________和________两种。

3. 发动机上传感器的电子信号可分为四种：__________、__________、__________和__________。

4. ________是发动机电控管理系统的控制核心。

5. 燃油喷射控制包括________、________、________和________。

6. 普通电喷燃油车只有将混合气控制在一定比例内，即空燃比在________，才能保证火花塞正常点火。而稀薄燃烧技术将混合气的空燃比控制在________以上。

7. 执行器受________控制，作用是________。

8. 氧传感器安装在________上，用来检测排气中氧气的含量。

### 二、选择题

1. 输出信号用于闭环控制的传感器是（　　）。

A. 空气流量传感器　　B. 氧传感器
C. 爆震传感器　　D. 氧传感器和爆震传感器

2. 间接测量进气量的传感器是（　　）。

A. 空气流量传感器　　B. 进气压力传感器
C. 节气门位置传感器　　D. 氧传感器

3. 用以检测活塞上止点位置信号的传感器是（　　）。

A. 曲轴转速与位置传感器　　B. 凸轮轴位置传感器
C. 节气门位置传感器　　D. 压力传感器

4. 用以检测发动机负荷信号的传感器是（　　）。

A. 曲轴转速与位置传感器　　B. 空气流量传感器
C. 节气门位置传感器　　D. 压力传感器

5. 便于驾驶员和维修人员发现和排除故障的辅助控制系统是（　　）。

A. 进气控制系统　　B. 怠速控制系统
C. 排放控制系统　　D. 故障自诊断系统

## 三、简答题

1. 发动机上有哪些主要的电子控制系统？各有什么功能？
2. 简述发动机电控系统各传感器的作用。
3. 什么是开环控制？什么是闭环控制？各有什么特点？
4. 电子控制单元的作用有哪些？它是如何工作的？

# 模块二

## 发动机进气控制系统

### 任务 2.1 空气供给系统

| 任务名称 | 空气供给系统 |
| --- | --- |
| 教学目标 | 掌握空气供给系统的组成；<br>掌握热膜式空气流量传感器、进气压力传感器和进气温度传感器的结构原理和检修方法；<br>熟悉空气供给系统相关传感器的安装位置 |
| 教学重点 | 热膜式空气流量传感器、进气压力传感器和进气温度传感器的结构原理、输出波形信号以及检测方法 |
| 教学说明 | 本任务实践性较强，学生可通过自己动手检测传感器相关信号，学习巩固传感器相关知识，故采用 1 节理论 +2 节实践 +1 节理论的教学安排。首先进行 1 节理论讲解基本原理和结构；2 节实践边讲边检测传感器信号，在巩固原理和结构的同时掌握插头端子含义和输出波形信号，以及典型故障诊断排除；最后通过 1 节理论课进行总结并提升 |
| 自我评价 | 优秀　　良好　　中等　　及格　　不及格 |

#### 2.1.1 空气供给系统的组成

空气供给系统的功用是向燃油机提供与发动机负荷相适应的、清洁的空气，同时对流入发动机气缸的空气质量进行直接或间接计量，使它们在系统中与喷油器喷出的燃油形成空燃比符合要求的可燃混合气。空气供给系统主要由空气滤清器、空气流量传感器（或进气压力传感器）、节气门、怠速控制装置、进气总管和进气歧管等组成，如图 2.1 所示。

空气经滤清器、空气流量传感器（或进气歧管压力传感器）、节气门、进气总管和进气歧管进入各缸。在怠速情况下，节气门关闭，空气由节气门体旁通气道经过，进入气缸；在汽车行驶过程中，节气门的开度大小控制着进入发动机气缸中的空气量，并由空气流量传感器或者进气歧管压力传感器检测进入的空气量，将其转化为电信号送至 ECU，如图 2.2 所示。

根据检测进气量的方式不同，电控发动机的进气系统分为 D 型和 L 型两种。D 型在进气过程中，用于检测的部件为进气歧管绝对压力传感器，利用检测的进气歧管绝对压力信号和发动机转速信号计算出进入气缸中的空气量，该测量方法属于间接测量方式。由于空气在进气歧管内流动时会产生压力波动，发动机怠速（节气门关闭）时的进气量与汽车加速

（节气门全开）时的进气量之差可达 40 倍以上，进气气流的最大流速可达 80 m/s，因此，D 型的测量精度不高，但控制系统的制造成本较低。L 型用于检测的部件为空气流量传感器，可直接检测吸入进气管的空气流量，属于直接测量方式，因此进气量的测量精度较高，控制效果优于 D 型检测方式。

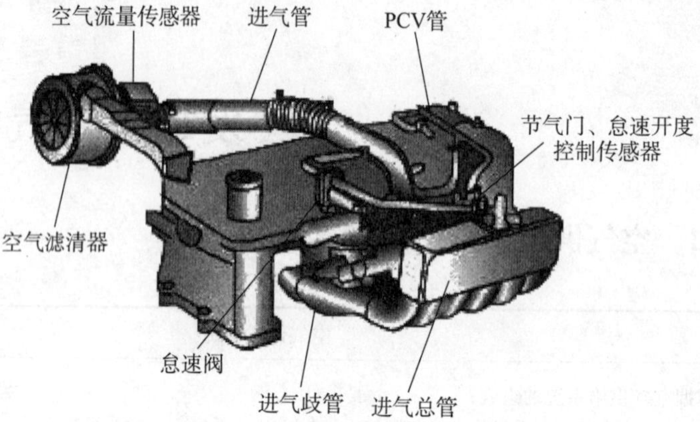


图 2.1　空气供给系统的组成

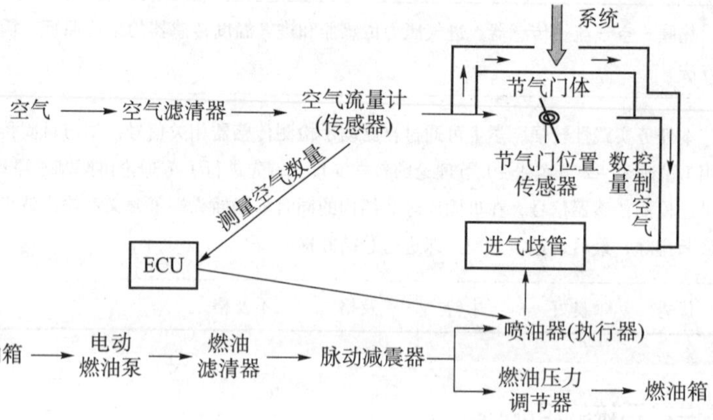


图 2.2　空气供给系统的工作原理

### 2.1.2　空气流量传感器

空气流量传感器，又称为空气流量计，安装在滤清器和节气门体之间的进气道上，如图 2.3 所示；其功用是检测发动机进气量的大小，并将进气量信息变换成电信号输入 ECU。进气量信号是 ECU 计算喷油时间和点火时间的主要依据。按照结构形式和测量原理不同可分为四种：叶片式空气流量传感器、卡门涡旋式空气流量传感器、热线式空气流量传感器和热膜式空气流量传感器。其中热线式和热膜式空气流量传感器是对空气的质量流量进行检测，属于质量流量型；叶片式和卡门涡旋式空气流

图 2.3　空气流量传感器的安装位置

量传感器是对空气的体积流量进行检测，属于体积流量型。

**1. 热线式空气流量传感器**

（1）热线式空气流量传感器的结构与工作原理

热线式空气流量传感器主要由感知空气流量的铂金热线电阻（又称热线）、根据进气温度进行修正的温度补偿电阻（又称冷线）、控制热线电流并产生输出信号的控制电路板、壳体、空气滤网和插接器等组成，如图2.4所示。铂金热线电阻安装在进气管道中，是感知进气流量的敏感元件，属于正温度系数电阻。温度补偿电阻安装在进气管道中检测进气温度，补偿进气温度对检测进气流量的影响。控制回路控制热线电阻的电流并输出进气流量信号。

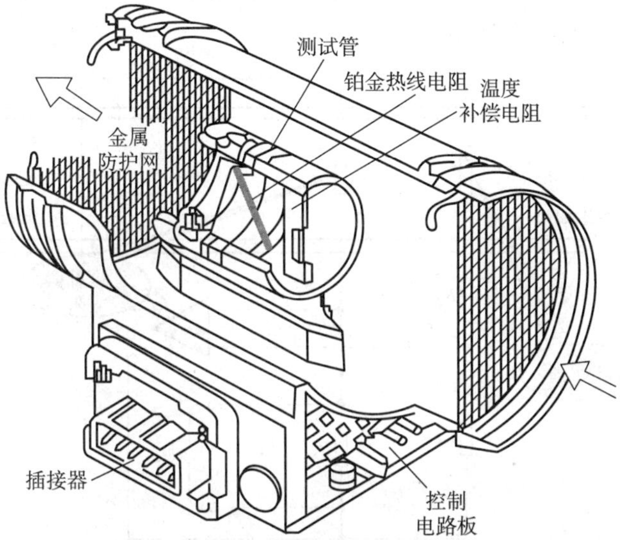


**图2.4　热线式空气流量传感器的结构**

热线式空气流量传感器根据热线安装部位不同分为安装在主空气道中的主流测量方式和安装在旁通空气道上的旁通测量方式。主流测量方式将铂金热线电阻和温度补偿电阻装于进气管道中央部位（见图2.4），旁通测量方式将铂金热线电阻和温度补偿电阻安装在旁通气道内（见图2.5）。

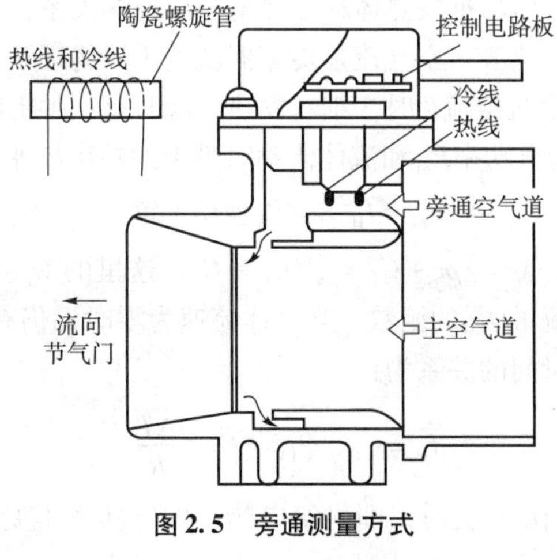


**图2.5　旁通测量方式**

热线式空气流量传感器两端有金属防护网，取样管置于主空气道中央，内部套装有一个由两个塑料护套和一个热线支撑环构成的取样管，取样管中设有一根直径很小（约70 μm）的铂金属丝作为发热元件，并制成“Π”形张紧在取样管内。工作时，铂金属丝将被控制电路提供的电流加热到高于进气温度 100 ℃ ~120 ℃，称为热丝。由于不同进气温度的冷却效果不同，进气温度变化会使热丝的温度发生变化而影响进气量的检测精度，因此，在热线附近的气流上游热丝支撑环前段的塑料护管内设有温度补偿电阻 $R_t$。该温度补偿电阻相当于进气温度传感器，其阻值随进气温度的变化而变化，用以温度补偿。早期的温度补偿电阻使用铂金属丝，靠近进气口一侧，称为“冷丝”。目前采用在氧化铝陶瓷基片上印刷制作薄膜电阻。热丝支撑环后端的塑料护套上黏结着精密电阻 $R_S$（采用温度系数很低的金属薄膜电阻），该电阻上的电压即为热丝式空气流量传感器输出信号。在控制电路板上还装有高阻值的平衡电阻 $R_1$、$R_2$，如图 2. 6 所示。

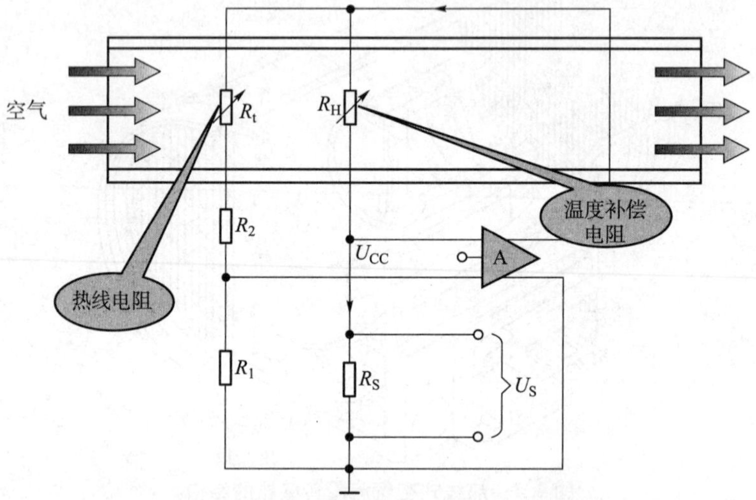


**图 2. 6　热线式空气流量传感器的工作原理**

主流热线式空气流量传感器和旁流热线式空气流量传感器的工作原理相同，流经热物体的流体获得热量而温度升高，热物体本身被冷却而温度下降，这种热量的传递与流体的流速、密度有一定关系，由此可测量出流体的流量和流速。应用量热法测量流量基本上分为热导式和热量式两种。热导式是根据发热体耗散热量与流速的关系，通过测量加热体电阻随温度的变化而变化求得流量。热线式空气流量传感器就基于该物理学原理。

在电阻为 $R$ 的细丝上通过电流$I_H$时，细丝发热。同时有一种密度为 $\rho$ 的气体，以速度为 $V$ 经过细丝，则加给细丝的电功率$P_{el}$和流体流动时带走的功率$P_V$平衡，即：

$$P_{el} = {I_H}^2 R = P_V = C_1 \lambda \Delta T$$

放热系数 $\lambda$ 的近似公式为：$\lambda = \sqrt{\rho v} + C_2 = \sqrt{Q_{LM}} + C_2$，这里的 $C_1$、$C_2$ 为常数。从中不难看出，放热系数是气体质量流量$Q_{LM}$的函数。当气体流速为零时，仍有一定热损失，即 $C_2$。于是得出加热电流和质量流量间的关系为：

$$I_H = C_1 \sqrt[4]{Q_{LM} + C_2} \sqrt{\frac{\Delta T}{R}}$$

由以上公式可得出：当$I_H$不变时，即供给电热丝的电功率不变，或者加热电流不变时，气体的质量流量$Q_{LM}$增加，空气与电热丝之间的 $\Delta T$ 就会加大；当电热丝与空气温差保持不变（为某一确定值）时，电热丝加热电流$I_H$与空气流量$Q_{LM}$成单一函数关系，即加热电流与气体空气流量满足$I_H = f(\sqrt[4]{Q_{LM}})$。在热线式空气流量传感器中，采用恒温差控制电路来实现流量监测。控制电路如图 2.7 所示，热丝 $R_H$ 和冷丝 $R_t$ 分别连接在惠斯通电桥的两个臂上，当热丝的温度高于进气温度时，电桥电压才能达到平衡。控制电路通过惠斯通电桥平衡原理控制热线电流 $I_H$ 大小来保持热丝温度和冷丝温度之差 $\Delta T$ 恒定（100 ℃ ~ 120 ℃）。当空气流量增大时，铂金热线电阻 $R_H$ 温度降低，阻值减少，电桥电压改变平衡，集成电路控制增加 $R_H$ 中的加热电流，以维持热线温度与进气温度之差恒定，电流的增量在 50 ~ 120 mA 变化，大小取决于流过空气流量计的空气流量。精密电阻 $R_S$ 输出信号电压 $U$ 增大，同时，$R_H$ 温度升高，电阻增大，直至电桥再次平衡。因此，可利用加热电流检测进气流量，加热流量的变化经精密电阻 $R_S$ 转换成电压信号，送至 ECU，ECU 根据电信号得出空气流量的大小。

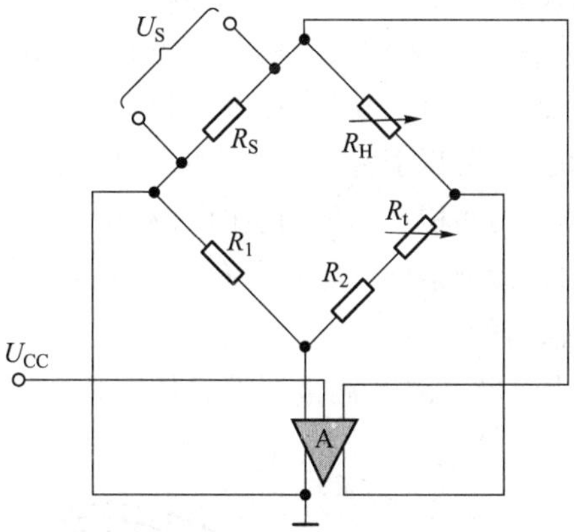


**图 2.7　热线（膜）式空气流量传感器的工作电路**

（2）热线式空气流量传感器的自洁功能

热线式空气流量传感器使用一段时间后，热线表面就会有沉积物，该传感器是基于热丝表面与空气流的热传导而制成的，热线上的任何沉淀物都会降低其热辐射能力而影响传感器的检测精度。于是，在热线式空气流量传感器控制电路中都设有自洁电路来实现自洁功能。当发动机熄火 5 s 后，ECU 控制自洁电路把热线迅速加热到 1 000 ℃，并保持高温 1 s 左右烧掉热丝上的沉积物。

热线式空气流量传感器具有进气阻力小、响应速度快和测量准确等优点。其缺点是由于热线很细，热丝易损坏、易污染。

（3）热膜式空气流量传感器

热膜式空气流量传感器是热丝式的改进产品，其结构、工作原理与热丝式基本相同，只是将热丝改为热膜，如图 2.8 所示。热膜采用平面形铂金属膜电阻，故称为热膜电阻。其制作方法是：在氧化铝陶瓷基片上采用蒸发工艺沉积铂金属薄膜，通过光刻制作成梳状电阻，在其表面覆盖一层绝缘保护膜，再引出电极引线即制成。在传感器内部的进气通道上设有一个矩形护套（取样管），热膜电阻设在护套中。为了防止污染物沉积到热膜电阻上而影响检测精度，在护套的空气入口一侧设有空气过滤层，用以过滤空气中的污染物。

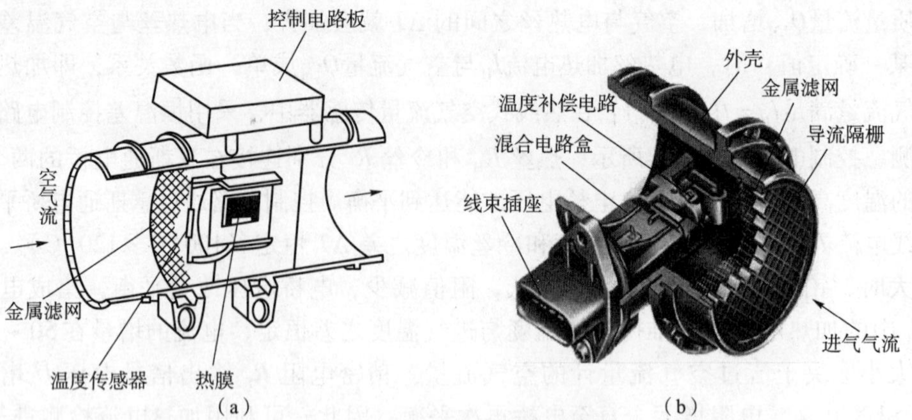


**图 2.8　热膜式空气流量传感器**

(a) 结构；(b) 实物

热膜式与热丝式空气流量传感器相比，热膜电阻的阻值较大，电流较小，使用寿命较长；另外，因为其热膜电阻不直接承受空气流动产生的作用力，所以提高了发热体的强度，增加了可靠性。但由于发热元件表面有一层绝缘保护膜，存在辐射热传导作用，因此响应特性稍差。因为大多数的沉淀物主要沉积于传感器的边缘，主要的传热部件安装在位于气流下游的陶瓷基片上，又因为铂金属膜的面积比热丝的表面积大得多，且覆盖有一层绝缘保护膜，所以，不会因沾上污染物而影响其检测精度，也就没有必要在控制电路中设计自洁电路。

(4) 热膜式空气流量传感器的电路图

热膜式空气流量传感器的连接电路及插接器端口如图 2.9 所示。插接器端口的检测信号标准如表 2.1 所示。

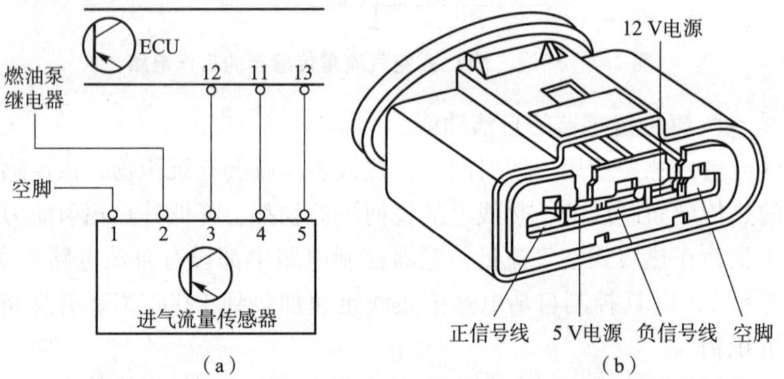


**图 2.9　热膜式空气流量传感器的连接电路及插接器端口**

端子 1—空脚；端子 2—12 V 电源；端子 3—负信号线；端子 4—5 V 电源；端子 5—正信号线

(a) 连接电路；(b) 插接器端口

**表 2.1　插接器端口的检测信号标准**

| 测量线路 | 检测状态 | 测量端子 | 标准值 |
|---|---|---|---|
| 电源线 | 断开插接器，点火开关置于 1 挡，发动机不起动 | 传感器插接器线束侧端子“4”与端子“3”之间电压 | 电压值应为 5 V 左右 |
| | 起动并运行发动机 | 传感器插接器线束侧端子“2”与端子“3”之间电压 | 电压值为 12 V 左右 |

续表

| 测量线路 | 检测状态 | 测量端子 | 标准值 |
|---|---|---|---|
| 信号线 | 运行发动机，改变节气门开度大小，控制进气流量 | 传感器端子“5”与线束侧端子“3”之间电压 | 发动机怠速时，电压约为1.4 V；当空气流量加大，节气门全开时，电压超过4 V |
| 搭铁线 | 点火开关关闭，断开插接器 | 传感器插接器线束侧端子“3”与ECU端子“12”之间电阻 | 电阻值小于5 Ω |

(5) 热膜式空气流量传感器的输出特性及信号波形

热膜式空气流量传感器的输出特性及信号波形如图2.10所示。

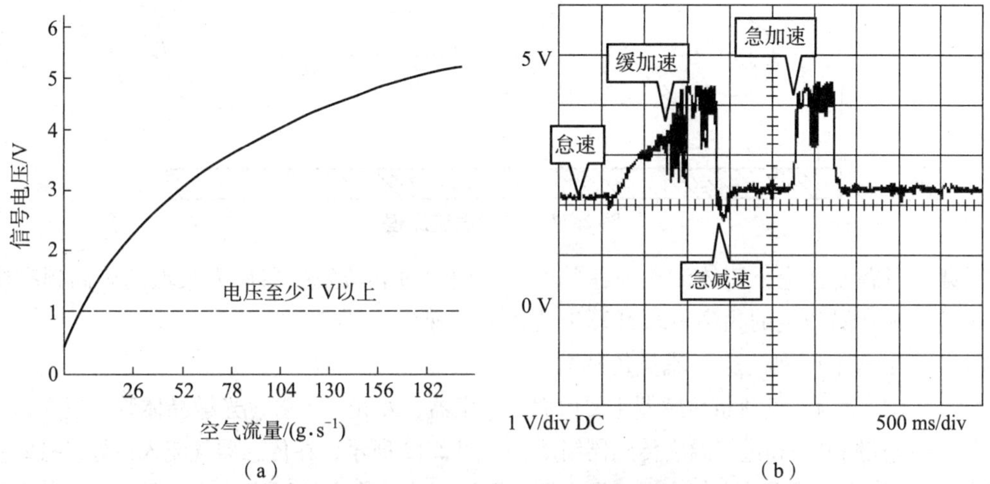


**图2.10 热膜式空气流量传感器的输出特性及信号波形**

(a) 输出特性；(b) 信号波形

起动发动机，并使其怠速运转，怠速稳定后，检查怠速输出信号电压。做加速和减速试验，将发动机从怠速加速到节气门全开，持续2 s；再减速回到怠速状况，持续约2 s；再急加速至节气门全开，然后再回到怠速。空气流量传感器信号电压随进气流量的增加而增大，传感器信号电压应随进气流量变化快速做出反应，如果在车辆急加速时，传感器信号电压波形上升缓慢；在汽车急减速时，信号电压波形下降缓慢，则说明进气流量传感器脏污。

通常热膜式空气流量传感器输出信号电压范围是从怠速时超过0.2 V变至节气门全开时超过4 V，当急减速时，信号输出电压应比怠速时的输出电压稍低。不同的车型输出电压将有很大的差异，应以厂家维修资料为准。

热膜式空气流量传感器没有任何机械运动部件，故能快速地对空气流量的变化做出反应，其波形看上去是在不断地波动。在加速时的波形中所看到的杂波实际上是由在低进气真空之下各缸进气口上的空气气流脉动引起的，ECU中的处理电路读入后会清除这些信号。

**2. 卡门涡流式空气流量传感器**

卡门涡流式空气流量传感器是根据卡门涡流理论，利用超声波或光电信号检测旋涡频率来检测空气流量的一种传感器。在进气管中央设置一个锥形涡流发生器，空气流过涡流发生器时，在涡流发生器的后面就会不断产生一定频率的涡旋，测出卡门涡旋的频率并输送给

ECU，ECU 就会算出空气流量的大小。

根据检测依据的方式不同，卡门涡流式空气流量传感器有反光镜检测方式和超声波检测方式两种。

如图 2. 11 所示，在流体中放置一个柱状物体（称为涡流发生器）后，在其下游流体中就会形成两列平行状旋涡，且左右交替出现。设两列平行涡流之间的距离为 $h$，同一列涡流中先后产生的两个旋涡之间的距离为 $l$。实验证明，当比值 $h/l$ 为 0. 281 时，无论柱状物体为圆柱形或三角形，还是长方形或矩形，产生的涡流将是稳定的，并且是周期性的。因为这种现象首先被卡门发现，所以称为卡门涡流。

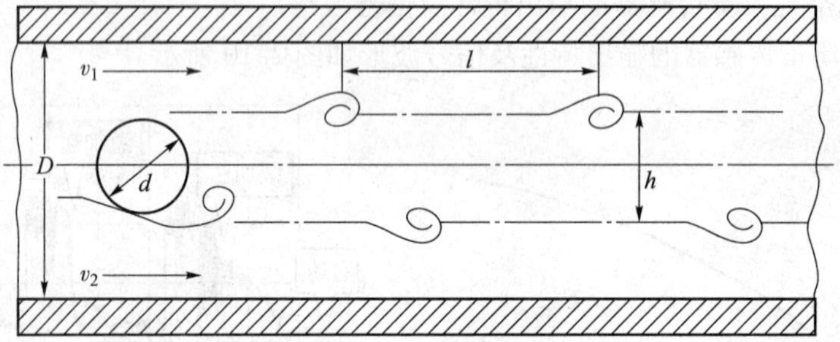

**图 2. 11　卡门涡流原理**

根据卡门涡流理论，流体流速与在单位时间内通过涡流发生器后方某点的旋涡频率成正比，通过检测旋涡产生的频率就可计算出流体的流速。

（1）光学式卡门涡流空气流量传感器

光学式卡门涡流空气流量传感器主要由涡流发生器、发光二极管、光敏晶体管、反光镜、金属簧片、集成控制电路和进气温度传感器组成。如图 2. 12 所示，在传感器气流入口处设有蜂窝状整流网栅，其作用使吸入的空气在涡流发生器上游形成比较稳定的气流，从而保证涡流发生器产生与流速成正比的旋涡。涡流发生器用合成树脂与厚膜集成电路封装成一体，前面为三角形，中间为稳流槽，后面为梯形。在涡流发生器上设有一个稳流槽和两个导压孔。稳流槽使涡流发生器下游产生稳定的涡流，导压孔将涡流发生器两侧的压力引导到导压腔中。反光镜采用反光能力较强的金属箔片制成，并用细薄的金属簧片张紧在导压腔的外表面上，镜面上部设有一只发光二极管和一只光敏晶体管，发光二极管发出的光束由反光镜反射到光敏晶体管上。

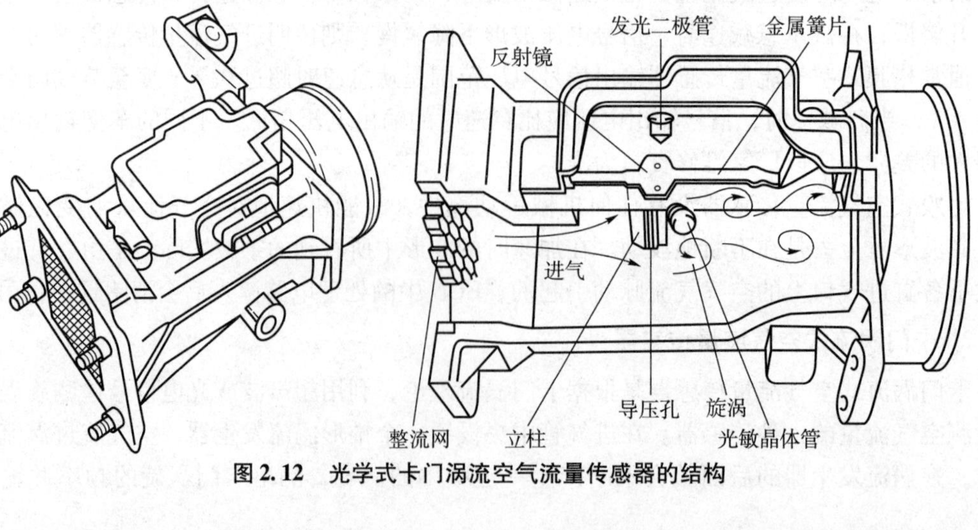

**图 2. 12　光学式卡门涡流空气流量传感器的结构**

光学式卡门涡流空气流量传感器的工作原理如图 2. 13 所示。当空气流过涡流发生器时，发生器两侧就会交替产生涡流，两侧的压力就会交替发生变化。进气量越大，旋涡数量越多，压力变化频率就越高。导压孔将变化的压力引入导压腔中，金属簧片就会随着压力变化而产生振动，振动频率与单位时间内产生的旋涡数量（即旋涡频率）成正比。在金属簧片振动时，其上的反光镜便将 LED 的光束反射到光敏晶体管上，因为光敏晶体管受到光束照射时导通，不受光束照射时截止，所以光敏晶体管导通与截止的频率与旋涡频率成正比。信号处理电路将频率信号转换成方波信号并输入 ECU 之后，ECU 便可计算出进气流量的大小。发动机转速越高，吸入气缸的进气量越大，产生涡流的频率就越高。

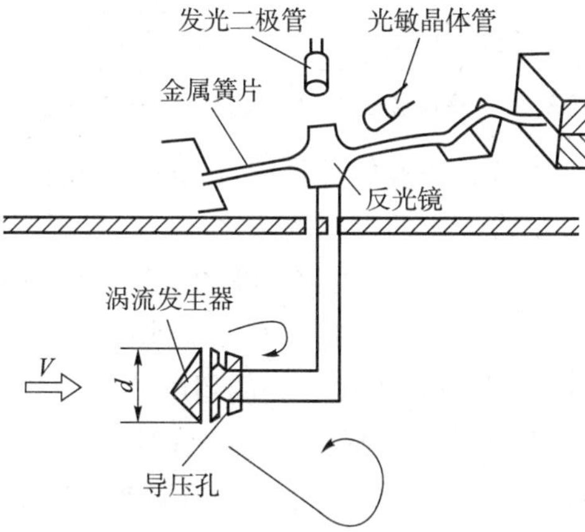


**图 2. 13　光学式卡门涡流空气流量传感器的工作原理**

光学式卡门涡流空气流量传感器输出信号频率随进气流量的增大而增大，如图 2. 14 所示。

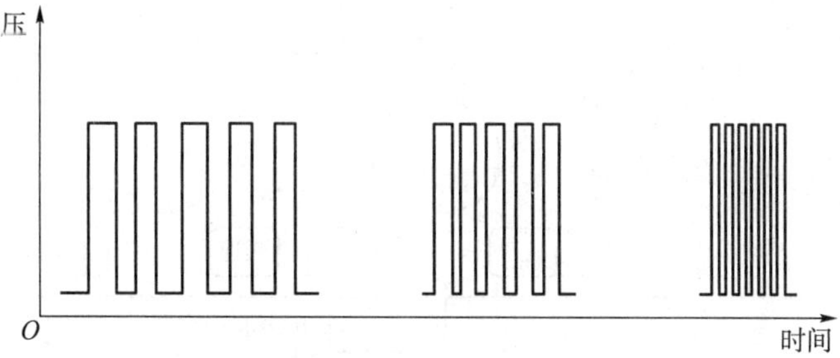


**图 2. 14　光学式卡门涡流空气流量传感器的输出特性**

（2）超声波式卡门涡流空气流量传感器

超声波式卡门涡流空气流量传感器主要由超声波信号发生器、超声波发射探头、涡流发生器、整流器、超声波接收器、集成控制电路等组成，如图 2. 15 所示。涡流发生器由三角形柱体和若干块涡流稳定板组成，安装在主空气道。空气通道有主空气道和旁通空气道之分，为了调节主空气道的空气流量，设置了旁通空气道。在涡流发生器的两侧有产生和发射超声波信号的超声波信号发生器和用于接收超声波信号的接收器。在空气入口设有整流网栅，其作用是使吸入的空气在涡流发生器上游形成稳定的气流，从而保证产生稳定的涡流。集成控制电路对信号进行整形处理后向 ECU 输入方波信号，以便 ECU 运算处理。

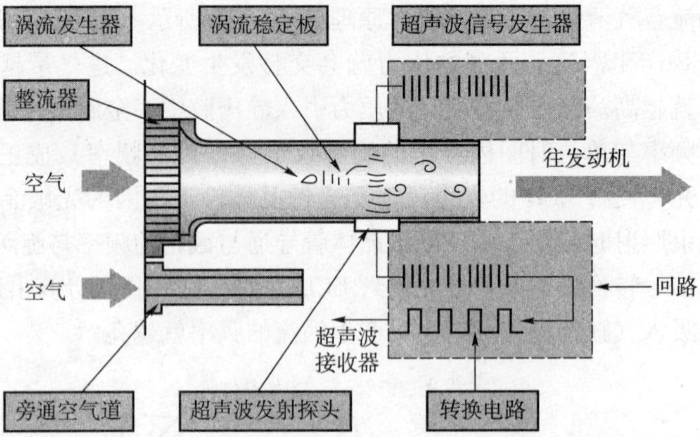


**图 2.15　超声波式卡门涡流空气流量传感器**

在没有旋涡的通道上，发送的超声波信号与接收到的超声波信号的相位和相位差完全相同。当发动机运转时，超声波信号发生器发出的超声波通过发射器不断向接收器发出一定频率（40 kHz）的超声波。如图 2.16 所示，当超声波通过进气气流到达接收器时，由于受到气流中旋涡造成的空气密度及压力变化的影响，有的加速而超前（设超前时间为 $t_1$），有的减速而滞后（设滞后时间为 $t_2$），从接收器接收到的超声波信号的相位（时间间隔）以及相位差（时间间隔之差）就会发生变化，集成控制电路在信号相位超前时输出一个正向脉冲信号，在信号相位滞后时输出一个负向脉冲信号，然后根据相位或者相位差的变化情况就可计量出旋涡的产生频率。旋涡频率信号输入 ECU 后，ECU 就可以计算出空气流速和空气流量。当发动机转速低时，进气量小，产生涡流的频率较低。反之，频率升高。

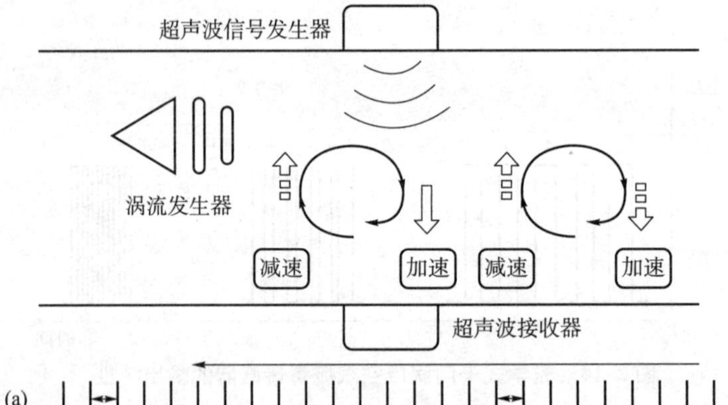


**图 2.16　超声波式卡门涡流空气流量传感器输出波形**

卡门涡流式空气流量传感器是响应最快的一种空气流量传感器，同时具有检测精度高、体积小、质量小、进气阻力小等优点。缺点是成本高，只有少数中高档轿车使用，如北京现代、日本三菱等车型。

**3. 叶片式空气流量传感器**

叶片式空气流量传感器由叶片、电位计、进气温度传感器和接线插座等组成，如图 2.17所示。空气流量传感器在进气通道内有一个可绕轴旋转的叶片（测量叶片），作用在轴上的卷簧可使测量叶片关闭进气通路。发动机工作时，进气气流经过空气流量计推动测量叶片偏转，使其开启。测量叶片转动角度的大小取决于进气气流对测量叶片的推力与测量叶片轴上卷簧弹力的平衡状况。进气量越大，气流对测量叶片的推力越大，测量叶片的开启角度也就越大。在测量叶片轴上连着一个电位计，电位计的滑动臂与测量叶片同轴同步转动，把测量叶片开启角度的变化（即进气量的变化）转换为电阻值的变化。电位计通过导线、连接器与 ECU 连接。ECU 根据电位计电阻的变化量或作用在其上电压的变化量测得发动机的进气量。

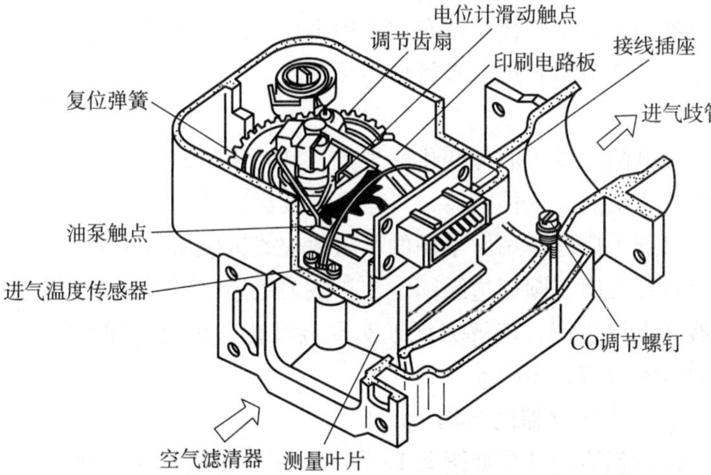


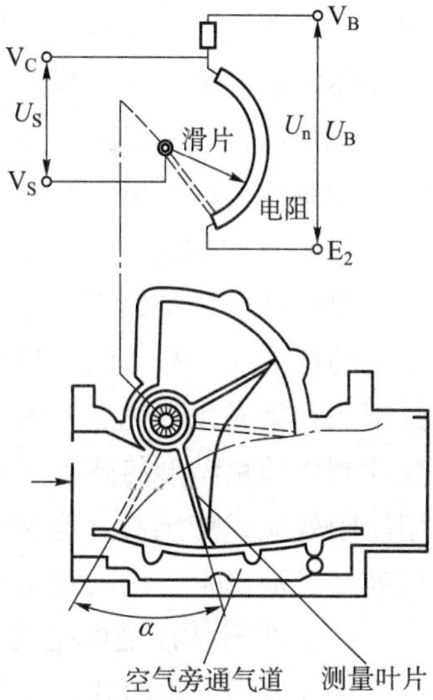


**图 2.17　叶片式空气流量传感器**

叶片式都属于感应元件带动电位计的计量方式，因为感应元件质量大、反应能力差、急加速响应时间长、进气阻力大、对大气压力和温度的变化需要修正、外尺寸较大、在发动机室内布置比较困难等缺点，基本已被淘汰，因此本章不再详细论述。

### 2.1.3　进气歧管压力传感器

进气歧管压力传感器（Manifold Absolute Pressure Sensor，MAP）用来检测进气歧管内的绝对压力，并通过相应电路将其转化为电信号，与发动机转速信号一起输送到 ECU，ECU 根据进气歧管内绝对压力和发动机转速信号计算出空气流量，作为确定喷油器基本喷油量和点火时间的主控参数之一。由此可见，进气歧管压力传感器的作用和空气流量传感器相似，是一种间接检测发动机进气量的传感器。

进气歧管压力传感器的安装位置比较灵活，只要能将节气门至进气歧管之间的进气压力引入传感器的真空室内，传感器就可安放在任何位置。大多数直接安装在发动机的进气歧管上，少数用真空管将歧管内压力引出，将传感器安装到其他位置，如图 2. 18 所示。

图 2. 18　进气歧管压力传感器

进气歧管压力传感器种类很多，按结构和工作原理分为半导体压敏电阻式、电容式、真空膜盒式和表面弹性波式等，其中，半导体压敏电阻式和真空膜盒式产生模拟信号，电容式和表面弹性波式产生数字信号。检测压力较低的进气歧管压力和大气压力时，应用广泛的是半导体压敏电阻式和电容式。

大众速腾、丰田凯美瑞、本田雅阁、北京现代等轿车均采用半导体压敏电阻式进气歧管压力传感器，在这里主要介绍半导体压敏电阻式进气歧管压力传感器。

（1）压阻效应

单晶硅材料受到应力作用后，其电阻率发生明显变化的现象，称为压阻效应。利用半导体硅的压阻效应和微电子技术制成的压阻效应式传感器，具有灵敏度高、动态响应好、易于微型化和集成化等优点，因此目前得到了广泛应用。早期的压阻效应式传感器是用半导体应变片制成的粘贴型传感器。后续研制开发出了圆周边缘固定与扩散力敏感电阻一体化的扩散型压阻效应式传感器。这种传感器易批量生产，能够方便地实现微型化、集成化和智能化，目前在发动机上采用的就是扩散型压阻效应式传感器。

（2）半导体压敏电阻式进气歧管压力传感器的结构

半导体压敏电阻式进气歧管压力传感器的结构如图 2. 19 所示，主要由硅膜片、真空室、混合集成电路和壳体等组成。硅膜片是用单晶硅制成的压力转换元件，硅膜片约为 3 mm 的正方形，厚度约为 160 μm，在硅膜片的中央部位采用腐蚀方法制作有一个直径为 2 mm、厚度约为 50 μm 的薄膜片。在薄硅膜片表面上，采用集成电路加工技术与台面扩散技术（扩散硼）制作四只阻值相等的应变电阻，将四只电阻连接成惠斯通电桥，然后再与传感器内部的信号放大电路和温度补偿电路等混合集成电路连接。

硅杯一般用线性膨胀系数接近于单晶硅的铁镍铬合金制成，设置在硅膜片与传感器底座之间，用于吸收底座材质与硅膜片热膨胀系数不同而加到硅膜片上的热应力，从而提高传感器的检测精度。硅杯与壳体以及底座之间形成的腔室为真空室。壳体顶部设有排气孔，利用排气孔将该腔室抽真空后，再用锡焊密封排气孔，从而形成真空室。真空室为基准压力室，基准压力为零。在真空管入口设有滤清器，用于过滤导入空气中的尘埃或杂质，以免硅膜片受到腐蚀和脏污而导致传感器失效。

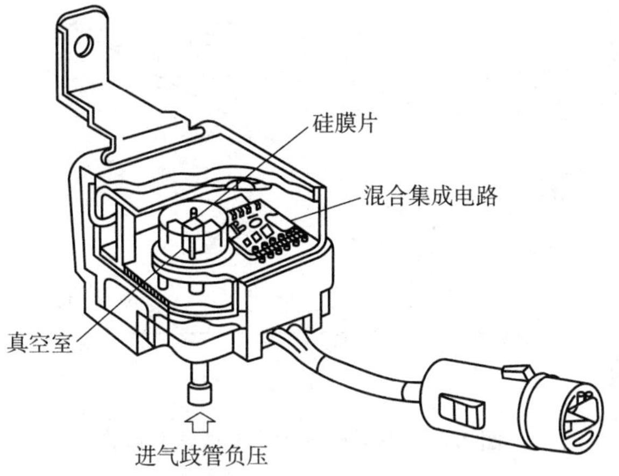


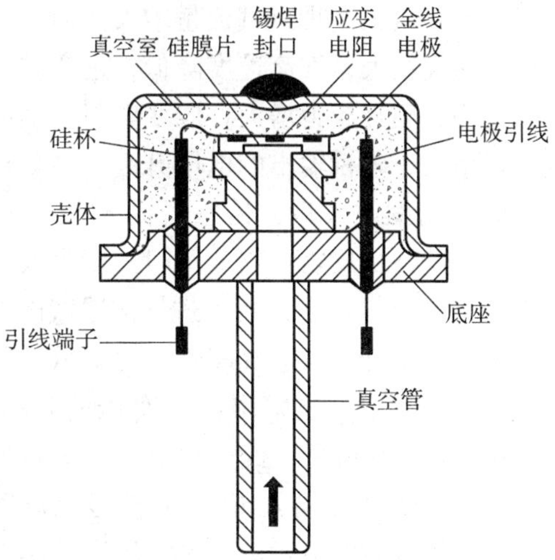


**图 2.19　半导体压敏电阻式进气歧管压力传感器**

（a）外形；（b）结构

（3）半导体压敏电阻式进气歧管压力传感器的工作原理

半导体压敏电阻式进气歧管压力传感器的工作原理如图 2.20 所示。硅膜片一面通真空室，另一面导入进气歧管压力。发动机工作时，从进气歧管进入的进气压力作用在硅膜片上，硅膜片就会产生应力变形。在应力作用下，应变电阻的电阻率就会发生变化而引起阻值变化，惠斯通电桥上电阻值的平衡就被打破。当电桥输入端输入一定的电压或电流时，在电桥的输出端就可得到变化的电压或电流。根据电压或电流的大小，就可计算出进气歧管压力的高低。当传感器结构和输入的电源电压一定时，输出电压 $U$ 与作用在圆形硅膜片上的压力成正比，即压力越高，输出电压则越高。

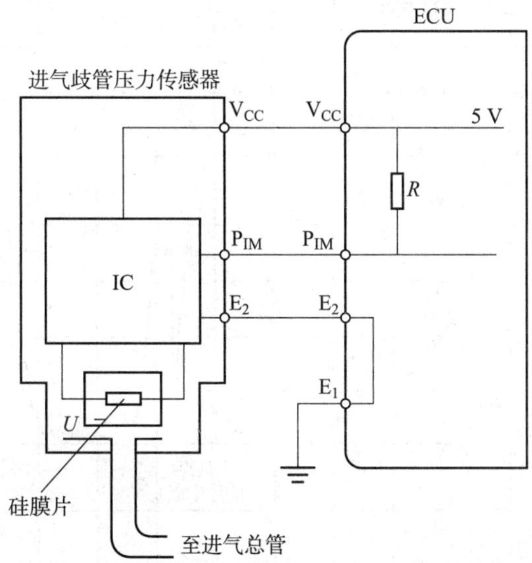


**图 2.20　半导体压敏电阻式进气歧管压力传感器的工作原理**

（4）半导体压敏电阻式进气歧管压力传感器的输出特性

如图 2.21 所示，在发动机工作时，进气歧管内部的压力随进气流量的变化而变化。当节气门开度增大（即进气流量增大）时，空气流通截面增大，气流速度降低，进气歧管压力升高，膜片应力增大，应变电阻阻值的变化量增大，电桥输出的电压升高，经集成电路进行比例放大后，传感器输入 ECU 的信号电压升高；反之，当节气门开度由大变小（即进气流量减小）时，进气流通截面减小，气流速度升高，进气歧管压力降低，膜片应力减小，应变电阻阻值的变化量减小，电桥输出的电压降低，经过集成电路进行比例放大后，传感器输入 ECU 的信号电压降低。半导体压敏电阻式进气歧管压力传感器在加速时的输出信号波形如图 2. 22 所示。

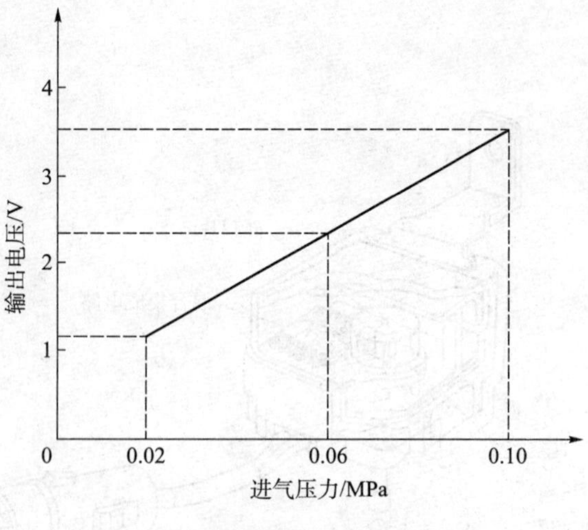


**图 2. 21　半导体压敏电阻式进气歧管压力传感器的输出特性**

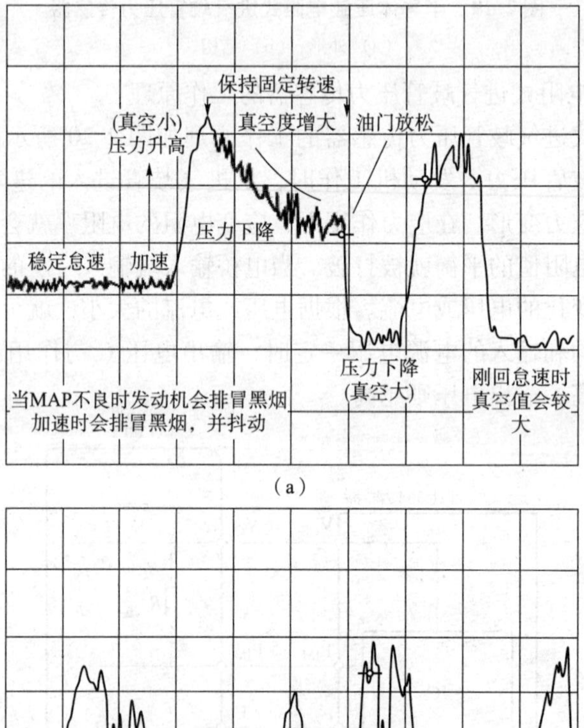


（a）

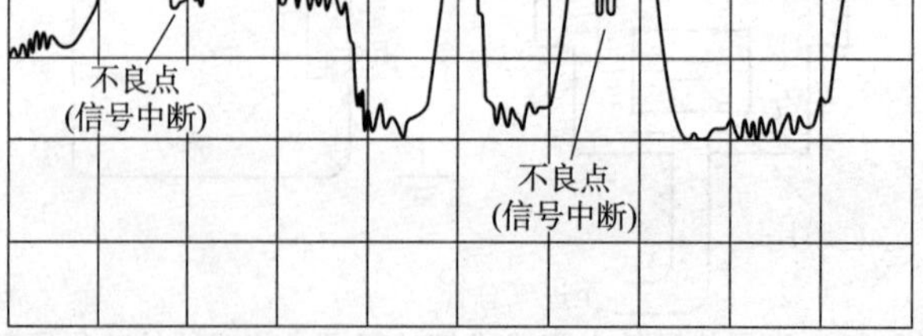


（b）

**图 2. 22　半导体压敏电阻式进气歧管压力传感器在加速时的输出信号波形**

（a）正常波形；（b）不良波形

（5）半导体压敏电阻式进气歧管压力传感器的波形分析

随着进气歧管压力的上升，传感器的输出电压越来越高。输出信号电压范围从怠速运转时大约为1.25 V，平稳上升到气节门全开时略低于5 V。传感器信号电压应随进气压力的变化快速做出反应。两个进气行程间真空度波动会造成信号中有杂波，但是发动机ECU的处理电路读入后会过滤掉杂波，不影响检测精度。

（6）半导体压敏电阻式进气歧管压力传感器的检修

半导体压敏电阻式进气歧管压力传感器的电路如图2.23所示。

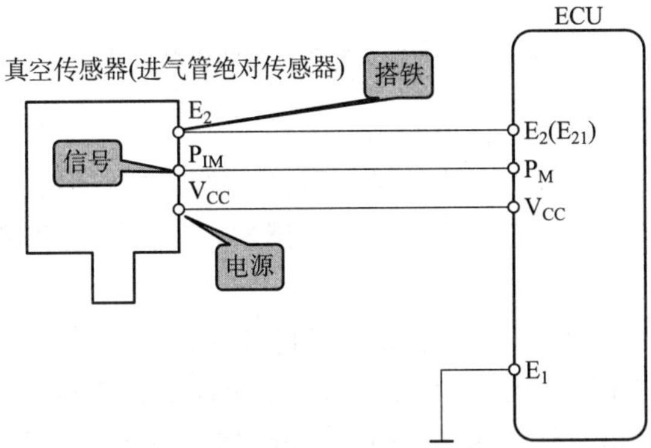


**图2.23　半导体压敏电阻式进气歧管压力传感器的电路**

ECU通过$V_{CC}$端子给传感器提供标准5 V电压，传感器信号经端子$P_{IM}$输送给ECU，$E_2$为搭铁端子。

取下传感器插头，打开点火开关，测量插头上$V_{CC}$端子与$E_2$端子之间的电压，应为4.5～5 V。若无电压，应该检查ECU上相应端子的电压；若有电压且正常，则为ECU至传感器之间线路故障。

插回插头，拆下传感器的软管，打开点火开关，测量ECU连接器上的“$P_{IM}$”与$E_2$端子间电压，应符合其输出特性。

### 2.1.4　进气温度传感器

在采用进气歧管压力传感器间接检测进气流量的D型检测系统和采用体积流量型空气流量传感器的L型进气检测系统中，都要考虑空气密度对实际进气量的影响，而空气密度随进气温度和压力的变化而变化，发动机进气温度不同，进气密度就不同，进气量也不同。故发动机安装进气温度传感器来检测进气温度，计算进气量。

进气温度传感器在D型检测方式中，常安装在空气滤清器壳体内或是空气滤清器后部的进气管上，如图2.24所示；在L型进气检测方式中，常与空气流量传感器集成在一起或空气滤清器后面的进气管上。

（1）进气温度传感器的作用

进气温度传感器将进气温度信号转化为ECU能够识别的电信号，ECU根据进气温度信号，对喷油量进行修正，获得在该负荷下的最佳控制空气比，提高发动机的动力性和经济性。当进气温度低时，ECU控制增加喷油量；反之，当进气温度高时，ECU将控制减少喷油量。

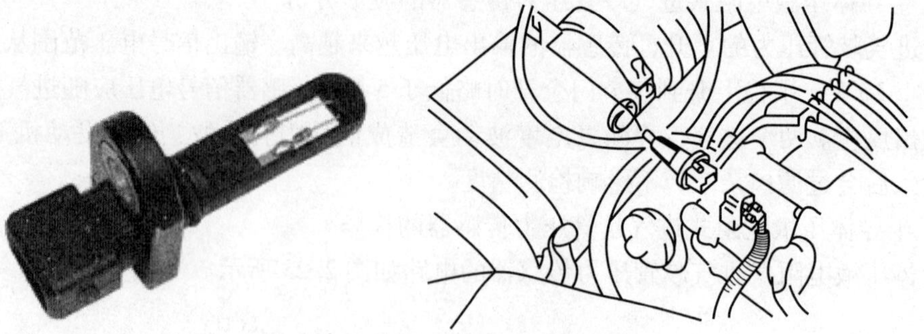

图 2.24　进气温度传感器的安装位置

（2）进气温度传感器的结构与工作原理

进气温度传感器按结构不同可分为热敏电阻式、热敏铁氧体式、双金属片式和石蜡式等四种。汽车上应用最广泛的是热敏电阻式温度传感器，因为它具有灵敏度高、响应特性好、结构简单和成本低廉等优点。

热敏电阻式温度传感器主要由绝缘套、塑料外壳、防水插座和热敏电阻等组成，如图 2.25所示。热敏电阻是用陶瓷半导体材料与其他金属氧化物按适当比例混合后高温烧结而制成的温度系数很大的电阻体。热敏电阻式温度传感器的核心部件是负温度系数的热敏电阻，在工作范围内，其电阻值随温度升高而减小。

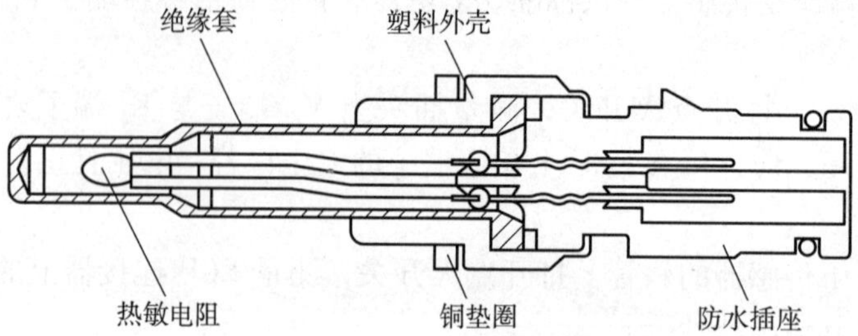


图 2.25　热敏电阻式温度传感器的结构

在 ECU 中有一个标准电阻与传感器热敏电阻串联，并由 ECU 提供 5 V 标准电压，端子 E 通过 ECU 的 21 端子搭铁。当热敏电阻随进气温度变化时，ECU 通过 THA 端子测得电压，ECU 根据此分压值判断进气温度的大小。热敏电阻式温度传感器的工作电路如图 2.26所示。

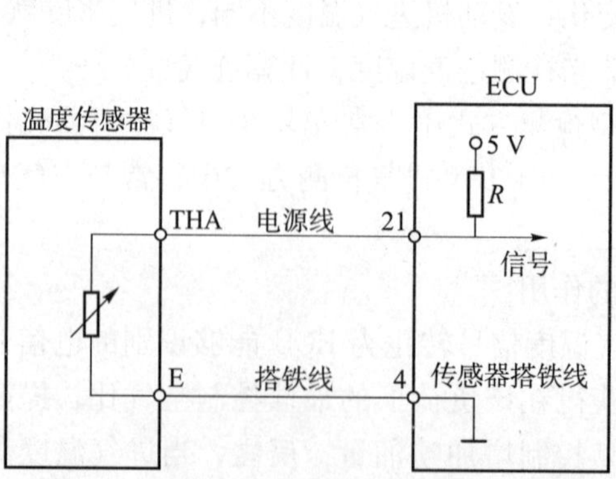


图 2.26　热敏电阻式温度传感器的工作电路

(3) 进气温度传感器的工作特性

进气温度传感器内部的负温度系数热敏电阻的阻值随着进气温度的变化而改变。外界温度越高，电阻值越小。负温度系数热敏电阻的阻值大小与进气温度的高低成反比，且呈非线性关系，如图 2. 27 所示。

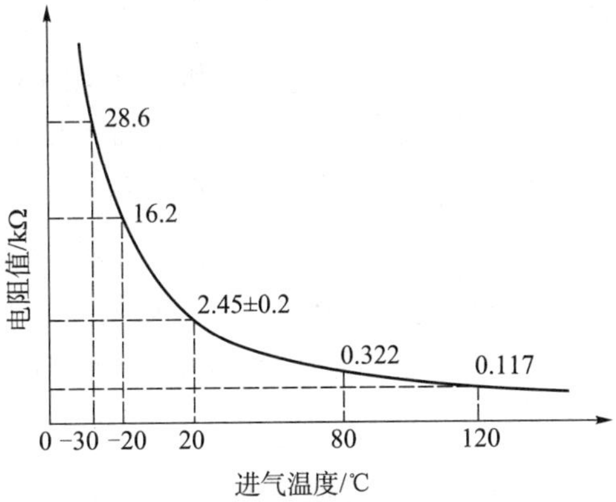


**图 2. 27 进气温度传感器的工作特性**

(4) 进气温度传感器信号不良的原因

引起进气温度信号不良的原因主要是进气温度检测电路工作不良，具体原因：进气温度传感器损坏，连接器连接不良，进气温度传感器线路短路、断路或虚接，发动机 ECU 工作不良。如果进气温度检测电路工作不良，发动机就不能精确检测进气温度，进而不能精确检测进气量，引起混合气空燃比偏差。但是，由于进气温度对喷油量的修正很少，发动机故障症状较为轻微。

(5) 进气温度传感器的检修

进气温度传感器与 ECU 的连接电路如图 2. 28 所示。

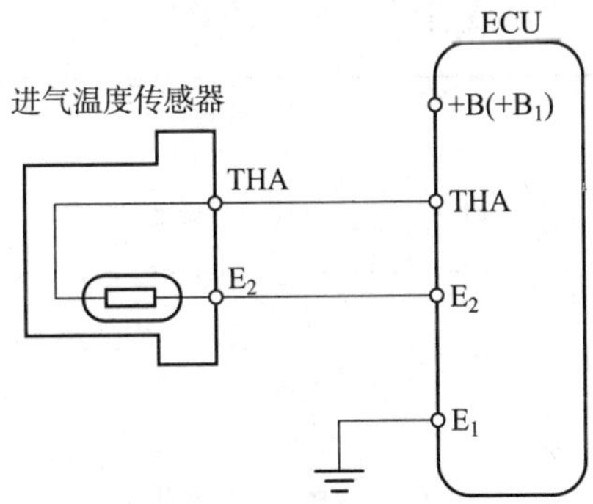


**图 2. 28 进气温度传感器与 ECU 的连接电路**

电阻检测：进气温度传感器单件检查时，将点火开关置于“OFF”位置，拆下进气温度传感器导线连接器，并将传感器拆下。用红外线灯、电热吹风或热水加热进气温度传感器，并用万用表电阻挡测量在不同温度下两端子间的电阻值。将测得的电阻值与标准数值进行比较，如果与标准值不符，则应更换进气温度传感器。

电压检测：①测电源电压——拆下进气温度传感器线束插头，打开点火开关，测量进气温度传感器的电源电压应为 5 V。

②测量信号输入——将点火开关置于“ON”位置，用万用表的电压挡测图 2. 28 中 ECU

的 THA 与 $E_2$ 间的电压，该电压值应在 0.5 ~ 3.4 V（20 ℃）。若不在规定范围内，则应进一步检查进气温度传感器连接线路是否接触不良或存在断路、短路故障。

### 2.1.5 实操训练

**1. 训练内容**

利用实训电控发动机教学台架和实车，明确发动机空气供给系统的组成，并查找组成部件的安装位置；同时，确定空气流量传感器、进气歧管压力传感器、进气温度传感器的安装位置，利用诊断检测仪器对传感器进行信号检测和数据读取。

**2. 设备、工具**

数字万用表、示波器、家用吹风机、维修工具等，电喷发动机电控故障诊断台架若干台，丰田卡罗拉轿车、迈腾轿车各一辆。（根据学生数量，分组进行讲解和熟悉）

**3. 实践与考核**

①画出空气流量传感器、进气温度传感器、进气歧管压力传感器与 ECU 的连接电路，并说明各端子含义。

静态测量：根据其电路原理图检测相关端子间的电阻和电压；同时，利用设备工具，改变空气流量、温度等环境因素，再次检测其电阻和电压值。

动态检测：检测发动机在怠速，小负荷、中负荷、大负荷等不同运转工况下的空气流量传感器、进气温度传感器、进气压力传感器的信号输出，以及读取数据流信息，并画出输出特性图。

实操报告：基本知识点、基本内容、传感器电路图。

画出传感器信号波形图。

②考核标准（可采取教师考核或者学生互评的原则）：

| 序号 | 考核内容 | 分数 | 评分标准 | 得分 | 具体原因 |
|---|---|---|---|---|---|
| 1 | 正确使用万用表、示波器、解码器等工具 | 10 | 工具使用不规范每次扣 2 分 | | |
| 2 | 说明空气流量传感器、进气温度传感器、进气歧管压力传感器的安装位置、功用 | 10 | 每个传感器安装位置、功用错误各扣 5 分 | | |
| 3 | 画各传感器电路图 | 15 | 错误一项扣 2 分 | | |
| 4 | 静态测量 | 15 | 错误一项扣 2 分 | | |
| 5 | 动态测量 | 15 | 错误一项扣 3 分 | | |
| 6 | 安全用电，规范操作 | 15 | 违规操作扣 15 分 | | |
| 7 | 团队合作，讨论交流 | 10 | 依据现场情况而定 | | |
| 8 | 场地打扫，工件摆放 | 10 | 依据现场情况而定 | | |
| | 总分 | 100 | | | |
| | 教师签字 | | | 年　　月　　日 | |

## 任务 2.2 电控节气门系统

| 任务名称 | 电控节气门系统 |
|---|---|
| 教学目标 | 理解节气门位置传感器的结构和工作原理；<br>掌握节气门位置传感器的信号输出特性及检测方法；<br>掌握电控节气门系统的组成、工作原理 |
| 教学重点 | 节气门位置传感器信号输出特性、检测方法以及电控节气门系统的控制原理 |
| 教学说明 | 本任务内容采用 1 节理论 +1 节实践的教学安排。首先进行 1 节理论讲解节气门位置传感器和电控节气门系统的基本机构和原理；然后 1 节实践课利用发动机电控台架讲解节气门位置传感器的端子定义、信号变化以及检测方法 |
| 自我评价 | 优秀　　良好　　中等　　及格　　不及格 |

### 2.2.1 节气门位置传感器

在汽车发动机的进气系统中，节气门是发动机控制进气系统中一个主要元件。节气门是用来控制进入气缸中气体量多少的主要构件，它的开度大小是发动机对外输出功率的主要反映，节气门开度越大，发动机负荷也越大，与此同时，燃油喷射系统的喷油量也越多。

节气门位置传感器都安装在节气门体节气门轴的一端，如图 2.29 所示。节气门位置传感器将节气门开度（发动机负荷）大小转化为电信号，并送至 ECU，ECU 以此判定发动机所处的运转工况（怠速工况、部分负荷工况和大负荷工况等），并根据发动机不同工况对混合气的浓度要求来控制喷油脉宽。

(a)

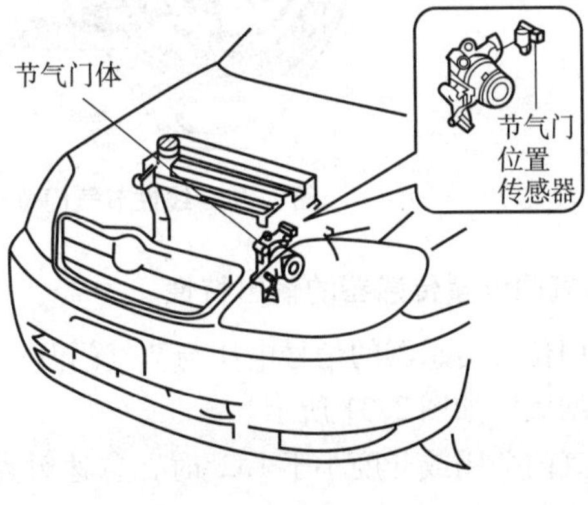


(b)

**图 2.29 节气门位置传感器及安装位置**

(a) 实物；(b) 安装位置

**1. 节气门位置传感器的作用**

节气门位置传感器是发动机控制的重要参数，其主要作用是：检测节气门位置，判定发动机起动、怠速、小负荷、中负荷和大负荷等工况；检测节气门转角变化率，判定发动机加速、减速工况。

在装备电控自动变速器的车型上，节气门位置传感器信号除了输入发动机 ECU 外，还要向变速器 ECU 输入信号，作为变速器换挡时机和液力变矩器锁止时机的主要信号之一。节气门位置传感器信号可用作空气流量传感器和怠速开关的替代功能信号。

**2. 节气门位置传感器的结构与工作原理**

节气门位置传感器产生模拟信号，按结构和工作原理不同分为电位计和霍尔式，按输出信号特点不同分为开关式、线性式和综合式，按信号输出线路数量不同分为单信号式和双信号式。现在应用最广泛的是线性节气门位置传感器。

线性节气门位置传感器的基本结构如图 2. 30 所示，主要由可变电阻滑动触点、节气门轴、怠速触点和壳体组成。制作在传感器底板上的可变电阻为镀膜电阻，可变电阻的滑臂随节气门轴一同转动，滑臂与输出端子 $V_{TA}$ 连接。滑动触点、怠速触点是两个与节气门轴同轴的触点。滑动触点可在可变电阻器上滑动，由于电阻的变化，所以要将节气门开度转变为电压信号输送给 ECU，ECU 由此可以获得表示节气门由全闭到全开的所有开启角度的、连续变化的电压信号，以及节气门开度的变化速率，从而更精确地判定发动机的运行工况。怠速触点专门用于确定节气门完全关闭时的位置，提供准确的怠速信号。设置怠速触点，不但可以精确确定怠速工况，而且可以用怠速时的电压值对反映节气门开度的电压值进行修正，以提高控制精度。

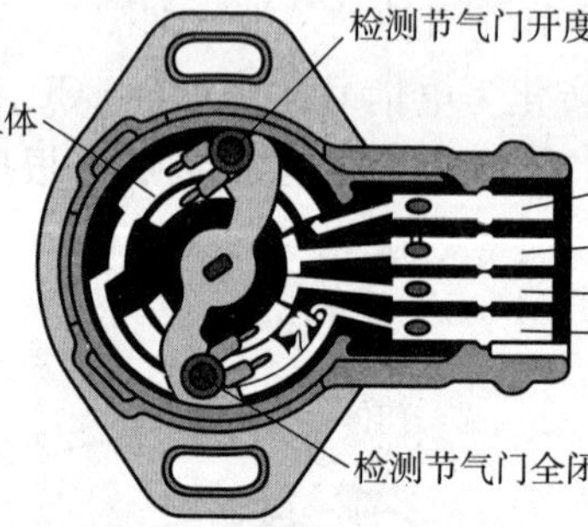


**图 2. 30　线性节气门位置传感器的基本结构**

**3. 节气门位置传感器的输出特性**

节气门位置传感器的信号电压与节气门开度呈线性关系，节气门位置信号随节气门开度的增大而增大，如图 2. 31 所示。

当节气门关闭或开度小于 1. 2°时，怠速触点闭合，其输出端 $I_{DL}$ 输出低电平 0 V；当节气门开度大于 1. 2°时，怠速触点断开，输出端 $I_{DL}$ 输出高电平 5 V。当节气门开度变化时，可变电阻的滑臂随节气门轴转动，滑臂上的触点在电阻上滑动，传感器的输出端子 $V_{TA}$ 与 $E_2$ 之间的信号电压随之发生变化，节气门开度越大，输出电压越高。

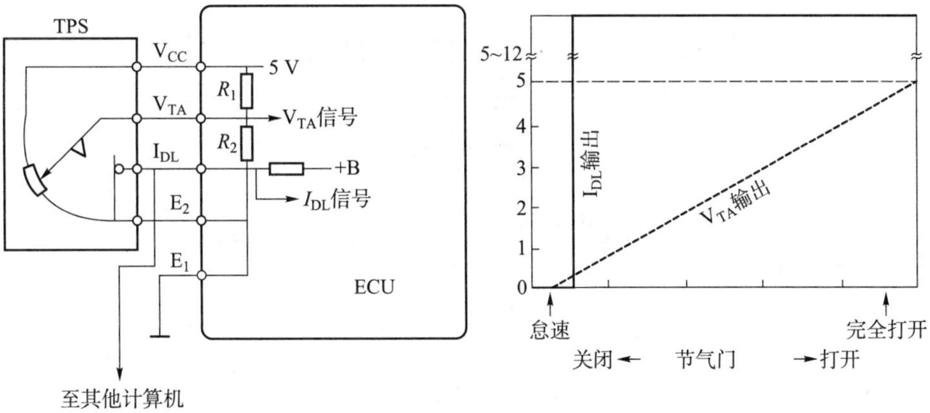


**图 2.31　节气门位置传感器的输出特性**

### 4. 节气门位置传感器信号的波形分析

打开点火开关，缓慢转动节气门从全闭位置到全开位置，并重新返回至节气门全闭位置，输出信号波形如图 2.32 所示。

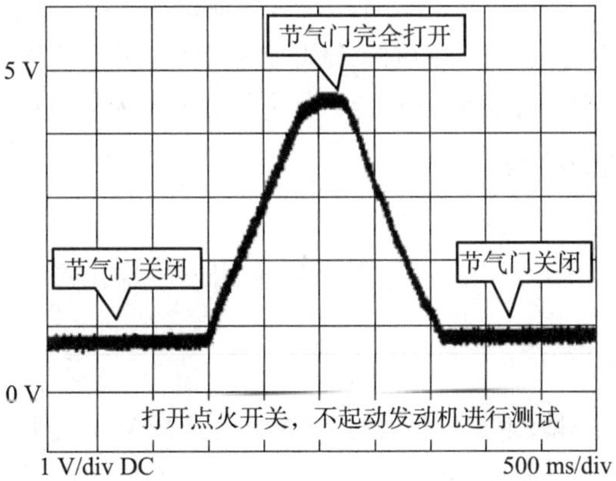


**图 2.32　节气门传感器的输出信号波形**

通常传感器的电压应从怠速时低于 1 V 到节气门全开时低于 5 V。有些节气门位置传感器输出信号变化方向相反，即节气门开度不断增大，输出信号不断减小。

传感器输出信号电压随节气门开度的变化快速做出反应。

波形上不应该有任何断裂、对地尖峰或者较大跌落，否则说明线路或传感器有短路、断路或虚接故障。应特别注意在前 1/4 节气门开度中的波形，这是最常用的传感器碳膜电位计上的部分。传感器的前 1/8 ~ 1/3 的碳膜通常首先会磨损，使波形出现异常，如图 2.33 所示。

### 5. 节气门位置传感器信号不良的原因

引起节气门位置传感器信号不良的原因主要是节气门位置检测电路工作不良和节气门位置不正常两个方面。具体原因：节气门位置传感器损坏；连接器连接不良，节气门位置传感器线路短路、断路或虚接；发动机 ECU 工作故障。如果节气门位置传感器检测电路工作不良，发动机就不能精确检测节气门开度大小，对发动机运行工况的识别就会造成误差，点火和喷油不能满足发动机的实际工作需要。

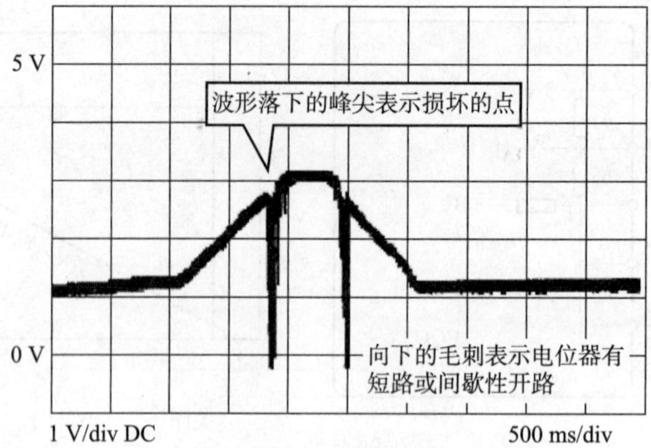


图 2.33　典型故障波形

**6. 节气门位置传感器信号不良对发动机性能的影响**

当节气门位置传感器信号不良、ECU 检测不到该故障时，ECU 则不存储故障码，不采用替代值，此时发动机的故障症状较为严重，一般发动机会出现起动不良、怠速不稳、发动机响应差、动力不足、排放超标、换挡困难等情况。

当节气门位置传感器信号超出规定范围，或与其他信号不一致时，即与进气压力信号（或进气流量信号）和发动机转速信号不一致时，ECU 会检测到节气门位置传感器信号不良故障并存储故障码。若节气门位置传感器不正常，则会引起进气量的偏差，从而导致发动机转速失常。

**7. 节气门位置传感器的检修**

（1）检查传感器电阻

拔下传感器线束插头，用万用表“电阻”挡检测信号输出端子 $V_{TA}$ 与搭铁端子 $E_2$，$V_{CC}$ 与 $E_2$ 之间的阻值。

（2）检查传感器线束

当用万用表“电阻”挡检测线束电阻时，断开点火开关，拔下 ECU 和传感器线束插头，检测对应端子之间的导线电阻值应小于 0.5 Ω。如果阻值偏大或∞，则说明线束与端子接触不良或断路。分别检测传感器处在初始状态、节气门全开时的电阻值以及电源端子与搭铁端子之间的电阻值，它们都应符合该车型厂家维修资料。

（3）检查电源电压和输出电压

检查时，接通点火开关，用万用表“直流电压”挡检测传感器的电源电压应为 5 V。当节气门关闭时，检测输出信号电压值；节气门开度逐渐增大时，信号电压应随之升高；当节气门全开时，检测信号电压值。所有不同开度下的电压值应符合该车型厂家维修资料。如果检测结果不符合上述数值，则说明传感器已经损坏或失灵，应更换。

### 2.2.2　电控节气门系统功能

电控节气门系统（又称电子节气门控制系统）是当前汽车上主流的一种控制系统，其对提高汽车的控制性能、减少油耗及排放、实现基于转矩需求的发动机精确控制具有重要意义。电控节气门系统主要是根据加速踏板位置传感器信号、节气门位置传感器信号、车速传感器信号、驾驶模式信号和挡位信号等，通过驱动节气门的电动机精确控制节气门的开度变化，从而实现节气门开度的优化控制。其控制功能包括：

**1. 非线性控制**

驾驶员通过加速踏板直接控制节气门开度时，由于驾驶员的反应速度和机械操纵装置的误差等因素，很难保证发动机转速或功率的变化满足汽车的驾驶性能和乘坐舒适性等的要求。而电控节气门系统可实现所有工况下节气门开度的优化控制，如加速、减速等工况下，使节气门开度更精确，节气门开度变化更圆滑，从而改善汽车驾驶性能和乘坐舒适性。

**2. 怠速控制**

装用电控节气门系统的发动机，不需装用怠速控制阀，由节气门控制电动机即可完成怠速控制阀的功能。

**3. 减小换挡冲击控制**

电控节气门系统与电控自动变速器系统工作同步，可降低自动变速器换挡时产生的冲击。

**4. 驱动力控制**

电控节气门系统作为驱动力控制（TRC）系统的一部分，可根据制动防抱死系统、驱动力控制系统 ECU 的输出指令信号，调节节气门开度，改变发动机的输出动力，以满足稳定性控制的需要。

**5. 巡航控制**

装用电控节气门系统后，巡航控制系统的执行元件由节气门控制电动机代替，完成巡航控制功能。

### 2.2.3 电控节气门系统的结构与工作原理

各种汽车装用的电控节气门系统结构基本相同，主要由节气门体 、加速踏板、加速踏板位置传感器、节气门位置传感器、节气门驱动装置和电子控制单元等组成，如图 2. 34 所示。加速踏板位置传感器和节气门位置传感器均采用电位计式，分别安装在节气门体上的节气门轴两端。加速踏板位置传感器检测加速踏板的开度大小及开度变化速率，并转换成电信号输送给 ECU；节气门位置传感器检测节气门的开度大小及开度变化速率，并转换成电信号输送给 ECU，两传感器的输出特性相同。电控节气门系统至少采用两个节气门开度传感器和两个加速踏板位置传感器。这些传感器都是线性电位器，每两个传感器由一个电源供电，设计成电阻值方向变化，即一个电阻增加时另一个减少（如图 2. 35 所示），两个传感器输出电压之和始终等于电源电压。

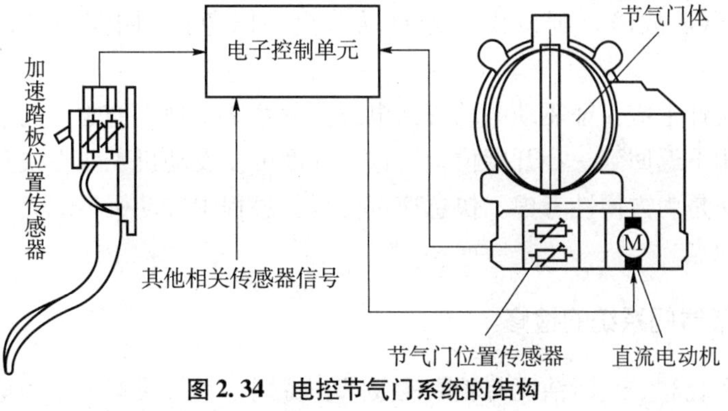


**图 2. 34 电控节气门系统的结构**

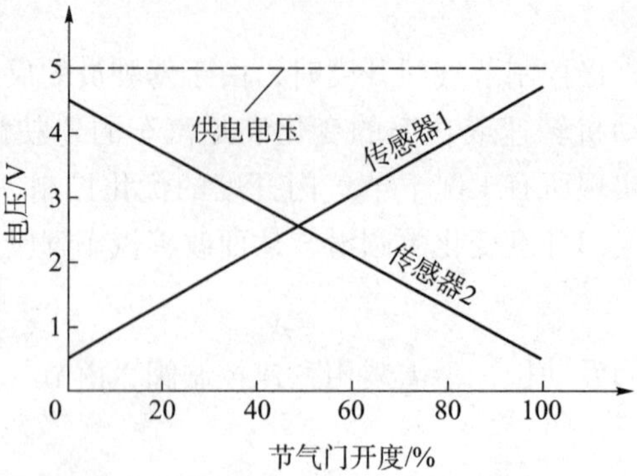


**图 2.35　节气门位置传感器的输出特性**

节气门控制电动机为具有良好响应和低能耗的直流力矩电动机驱动，采用 2 级齿轮减速、双向驱动，发动机 ECU 控制其转动方向和步数，可以根据汽车的行驶与负荷状况，灵活开大和关小节气门，其控制原理如图 2. 36 所示。

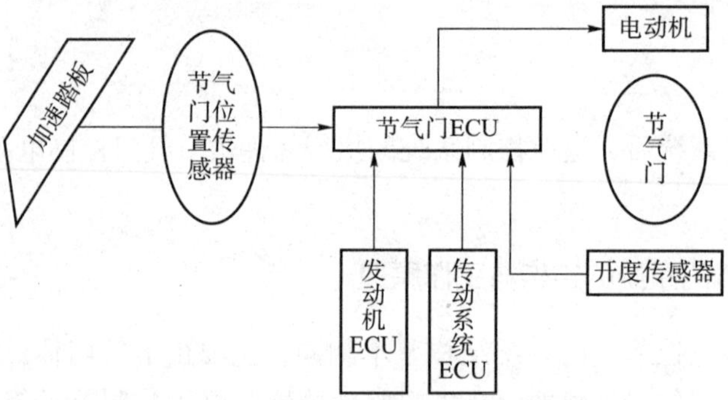


**图 2. 36　节气门控制电动机的控制原理**

当驾驶员踩下加速踏板时，踏板位置传感器将采集的信号传递到节气门控制单元；同时，发动机控制 ECU 和传动系统 ECU 分别将转速等信号与挡位信号输送到节气门控制单元，控制单元获得这些信号后，就调控直流电机中的电流大小与方向，控制节气门的开大与关小；与此同时，节气门位置传感器将节气门的开度信号反馈到控制单元，以便其及时修正节气门开度，保证发动机在正常的工况下稳定工作。

电磁离合器通常处于接合状态，使节气门控制电动机能够打开或关闭节气门。如果节气门电控系统出现故障，则该离合器自动分离，以免控制电动机错误地打开或关闭节气门。

在节气门体设计中应保证驱动电动机断电或控制系统出现不能驱动的故障时，节气门能在回位弹簧的作用下返回到一小开度位置，这一开度可使发动机工作在快怠速工况。这既是为安全性考虑，又是为方便性考虑。快怠速可使行驶过程中发动机不熄火及车辆不失控，使车辆能开到安全地点。

### 2.2.4　电控节气门系统的检修

电控节气门系统对空气清洁度有较高的要求，特别在空气质量不好的地区，电控节气门的故障较多，因此要缩短车辆的空气滤清器的更换周期。如果灰尘进入气道，在节气门周围积垢，则容易造成进气不足，使发动机怠速不稳、排放超标、急减速熄火等，但中高速运行正常。在出现上述故障时，要及时拆下节气门控制器进行清洗，特别是清洁节气门和气道壁结合处的积垢；同时使用诊断仪器进行相关检测。

当电控节气门系统发生故障时，系统会自动停止工作，并点亮“CHECK ENGINE（检查发动机）”指示灯，用来警告驾驶员。利用故障诊断仪器对其进行检测，读取数据流，参照该车型厂家维修资料进行检修。

### 2.2.5 实操训练

**1. 训练内容**

利用实训电控发动机教学台架和实车，练习改变节气门的开度大小，检测其信号输出变化，掌握其输出特性。

**2. 设备、工具**

数字万用表、示波器、维修工具等，电喷发动机电控故障诊断台架若干台，丰田卡罗拉轿车、迈腾轿车各一辆。（根据学生数量，分组进行讲解和熟悉）

**3. 实操与考核**

①实操报告：基本知识点、基本内容、传感器电路图。

画出节气门位置传感器与ECU的连接电路，并说明各端子的含义。

静态测量：根据其电路原理图检测相关端子间的电阻和电压；同时，利用设备工具，改变节气门开度大小，检测其电阻和电压值。

动态检测：检测发动机在怠速，小负荷、中负荷、大负荷等不同运转工况下的节气门位置传感器的信号输出，画出输出特性图。

②考核标准（可采取教师考核或者学生互评的原则）：

| 序号 | 考核内容 | 分数 | 评分标准 | 得分 | 具体原因 |
|---|---|---|---|---|---|
| 1 | 正确使用万用表、示波器、解码器等工具 | 10 | 工具使用不规范每次扣2分 | | |
| 2 | 画电路图 | 20 | 错误一项扣2分 | | |
| 3 | 动态测量 | 25 | 错误一项扣3分 | | |
| 4 | 安全用电，规范操作 | 25 | 违规操作扣10分 | | |
| 5 | 团队合作，讨论交流 | 10 | 依据现场情况而定 | | |
| 6 | 场地打扫，工件摆放 | 10 | 依据现场情况而定 | | |
| | 总分 | 100 | | | |
| | 教师签字 | | | 年　月　日 | |

## 任务 2.3 怠速控制系统

| 任务名称 | 怠速控制系统 |
| --- | --- |
| 教学目标 | 掌握怠速控制系统的组成、工作原理和检修方法；<br>掌握节气门直动式和旁通气道式两种控制方式的区别 |
| 教学重点 | 旁通气道式控制方式的组成、工作原理以及故障诊断方法 |
| 教学说明 | 本任务内容采用 2 节理论 +1 节实践的教学安排。首先进行 2 节理论讲解怠速控制系统的组成和工作原理；然后 1 节实践课利用整车或发动机电控台架进行怠速控制系统的检修实操 |
| 自我评价 | 优秀　　良好　　中等　　及格　　不及格 |

### 2.3.1 怠速控制系统的组成

怠速是指节气门关闭，加速踏板完全松开，且发动机对外无功率输出并能保证最低转速稳定运转的工况。发动机怠速控制的原则是在保证低排放的前提下，怠速控制得越稳定、越低越好。

在汽车使用中，怠速的转速高低直接影响汽车的经济性和排放性。怠速转速过高，油耗增加，经济性变差；转速过低，又会引起发动机运转不稳定，污染物排放增加。此外，发动机的使用条件、使用寿命、温度变化等都会引起怠速转速变化，有些情况下需要提高怠速转速：

①发动机起动后，在冷却液温度达到正常工作温度之前，发动机需要自动提高怠速转速，以免发动机运转发抖、不稳或停转。

②在汽车怠速状态下，开启空调，负荷加大，发动机需要提高怠速转速，以免发动机熄火。

③汽车在怠速状态下挂入变速箱挡位时，发动机负荷加大，需要自动提高发动机怠速转速，防止熄火。

④当汽车低速转向行驶，接入动力转向伺服机构时，发动机需要提高怠速转速。

⑤当发动机转速急剧降低到怠速转速时，发动机需要不同程度地提高怠速转速，以免急抬加速踏板时发动机熄火，同时减少排放。

怠速控制系统主要由各种传感器、ECU 和执行器三部分组成，各部分功能见表 2.2。

**表 2.2 怠速控制的基本组成和功能**

| 组　件 | | 功　能 |
| --- | --- | --- |
| 传感器 | 转速传感器 | 检测发动机转速 |
| | 节气门位置传感器 | 判断发动机是否处于怠速状态 |
| | 冷却液温度传感器 | 检测发动机冷却液温度 |
| | 起动开关 | 判读起动状态 |
| | 空调开关 | 检测空调工作状态 |
| | 车速传感器 | 检测车速 |

续表

| 组　件 | | 功　能 |
|---|---|---|
| 传感器 | 空挡起动开关 | 检测换挡手柄位置 |
| | 液力变矩器负荷传感器 | 检测液力变矩器负荷变化 |
| | 动力转向开关传感器 | 检测动力转向工作状态 |
| | 发电机负荷传感器 | 检测发动机负荷变化 |
| 电子控制单元（ECU） | | ECU 发动机的实际转速与由各传感器信号所决定的目标转速进行比较，根据比较所得的差值，确定控制量，驱动执行机构，调节怠速进气量，使怠速转速保持在目标转速附近 |
| 执行器 | 怠速控制阀或怠速控制电动机 | 控制节气门旁通空气道或者节气门最小开度 |

### 2.3.2　怠速控制系统的工作原理

怠速控制系统原理如图 2. 37 所示。首先，ECU 根据节气门位置传感器信号和车速传感器信号确认发动机是否处于怠速工况，只有发动机处于节气门全关的怠速工况且车速为零时，控制系统才进行怠速控制。当发动机处于怠速工况时，ECU 现根据各传感器的输入信号确定一个怠速运转的目标转速，然后用这个目标转速与发动机的实际转速进行比较，最终根据比较计算差值，确定相当于目标转速的控制量，再由驱动电路发出信号去驱动控制进气量的执行器。当发动机负荷增大，需要发动机快怠速运转，目标转速高于实际转速时，ECU 将控制怠速控制阀增大旁通进气道来实现快怠速；当发动机负荷减小，目标转速低于实际转速时，ECU 将控制怠速控制阀减小旁通进气量来调节怠速转速。怠速控制系统以发动机转速作为反馈信号，对怠速转速实现闭环控制。

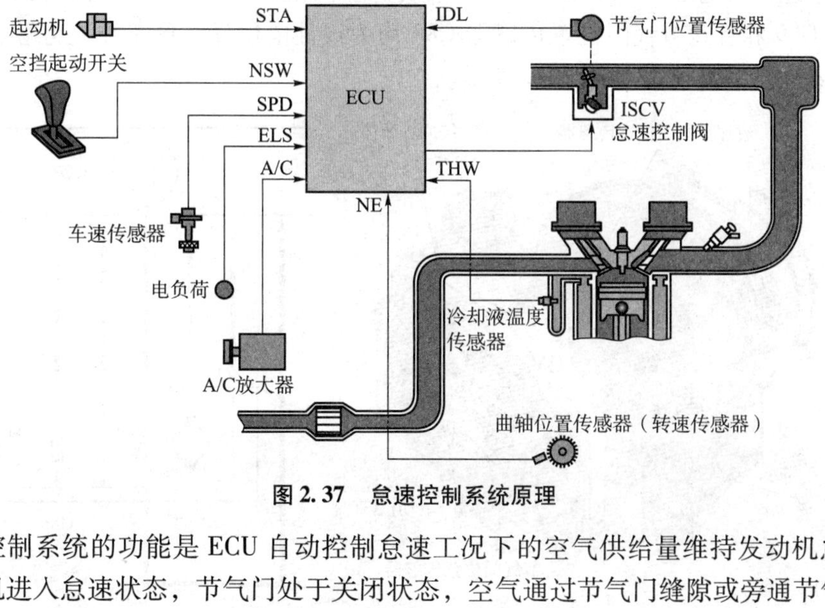


**图 2. 37　怠速控制系统原理**

怠速控制系统的功能是 ECU 自动控制怠速工况下的空气供给量维持发动机怠速稳定运转。发动机进入怠速状态，节气门处于关闭状态，空气通过节气门缝隙或旁通节气门的怠速空气道进入发动机，ECU 通过空气流量传感器（或进气歧管绝对压力传感器）对进气量进行检测，并根据转速及其他修正信号控制喷油量，使发动机输出转矩与发动机本身的内部阻力矩相平衡，保证发动机在怠速下稳定运转。当发动机的内部阻力矩发生变化时，怠速转速也会随之发生变化。由以上可知，怠速控制的实质是控制怠速时的充气量（进气量）。

### 2.3.3　怠速控制系统的控制方式

在发动机怠速控制系统中，控制怠速进气量的方法可分为节气门直动式和旁通气道式两种，如图 2. 38 所示。节气门直动式是一种通过执行器直接控制节气门的最小开度来控制怠速进气量，结构简单，控制稳定性好，但反应较慢，动态响应差，目前主要应用在大众、奥迪等欧洲车系中。旁通气道式怠速控制系统设有旁通节气门的怠速空气道，通过执行器控制旁通节气门空气道的截面以达到控制怠速进气量，目前应用广泛。

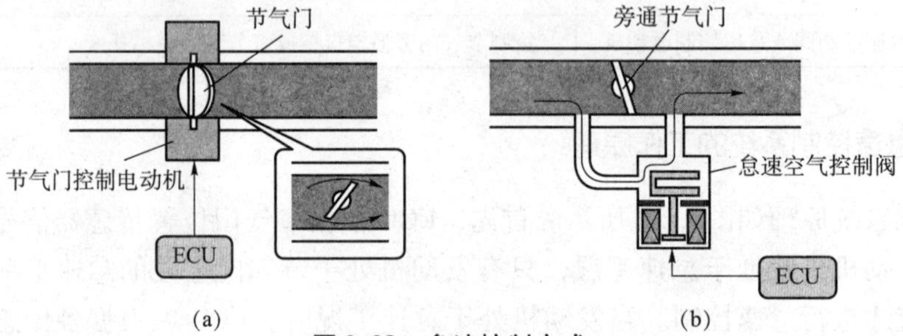


**图 2. 38　怠速控制方式**

（a）节气门直动式；（b）旁通气道式

#### 1. 节气门直动式

桑塔纳 3000 轿车、捷达 AT 和宝来 AGN 等车型发动机采用了节气门直动式怠速控制执行机构，由节气门控制组件 J338 对怠速进行综合控制。

节气门控制组件 J338 由怠速开关 F60、怠速节气门位置传感器（怠速节气门电位计）G88、怠速控制电动机 V60 和节气门位置传感器（节气门电位计）G69 等组成。节气门位置传感器 G69 和怠速节气门位置传感器 G88 均为线性电位计，怠速开关为触点开关。节气门控制系统的结构与电路如图 2. 39 所示。

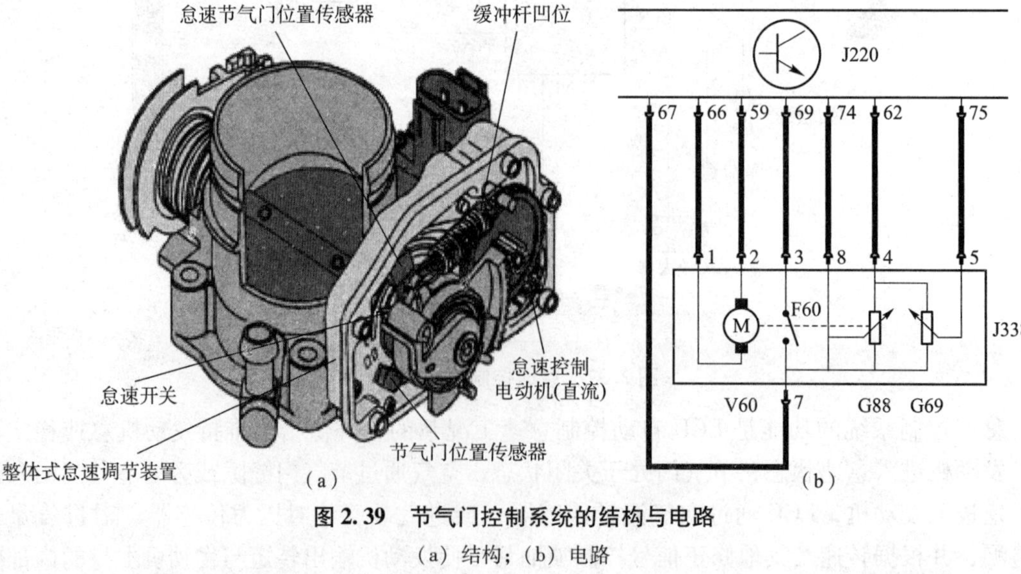


**图 2. 39　节气门控制系统的结构与电路**

（a）结构；（b）电路

节气门位置传感器 G69 和怠速节气门位置传感器 G88 都起着节气门位置传感器的作用。怠速控制电动机 V60 起着控制怠速的作用，能适当开大或关小节气门开度，所以，采用节气门控制组件 J338 的轿车没有配置怠速控制阀。

怠速开关、怠速节气门位置传感器以及节气门位置传感器的功用是向电控单元 J220 提供节气门当前位置信息。在怠速范围内，电控单元 J220 根据这些信息通过控制怠速电动机来调节怠速时的节气门开度。

（1）节气门位置传感器 G69

节气门位置传感器 G69 直接连接在节气门轴上，与驾驶员操纵的加速踏板联动。通过安装在节气门轴一端的滑臂在电位计电阻上滑动，将节气门开度转换为电信号输送给电控单元，在发动机工作转速范围内，向电控单元提供当时的节气门位置信号，作为电控单元判断发动机运转工况的依据。在配装自动变速器的汽车上，电控单元还要利用这个信号来控制自动变速器。如果电控单元没有接收到节气门电位计传输的信号，那么电控单元将根据发动机转速信号和空气流量传感器信号计算确定一个替代值。

（2）怠速节气门位置传感器 G88

怠速节气门位置传感器 G88 安装在节气门体内，与怠速控制电动机连接在一起，可将节气门的开度、怠速控制电动机的位置信号输送给电控单元。当怠速节气门位置传感器到达调节范围极限时，怠速节气门位置传感器 G88 不再移动，节气门仍可继续开启。当怠速节气门位置传感器的信号中断时，节气门控制组件将利用应急弹簧，将节气门拉开到固定小开度位置，使怠速转速升高。

（3）怠速开关 F60

怠速开关 F60 与节气门位置传感器 G69 被一起安装在节气门轴上，向电控单元提供怠速状态信息。当节气门关闭时，怠速开关触点闭合，电控单元判定发动机处于怠速状态，从而按怠速工况要求控制喷油量；当节气门打开时，怠速开关触点断开，电控单元根据这一信号控制从怠速到小负荷工况过渡的喷油量。怠速开关信号还可作为电控单元判断是否进行怠速自动控制和急减速断油控制的依据。当怠速开关信号中断时，电控单元将把节气门位置传感器 G69 的信号与怠速节气门位置传感器 G88 的信号进行比较，根据两个电位计的相互位置来判别节气门的怠速位置。

（4）怠速控制电动机 V60

怠速控制电动机 V60 在怠速调节范围内，通过齿轮传动机构来操纵节气门，使其开度增大或减小。当发动机怠速工作时，怠速节气门位置传感器 G88 将其阻值变化转换为电信号输入电控单元 J220；J220 接收到该信号后，根据信号电压的高低来确定节气门的位置，再控制怠速控制电动机 V60，通过怠速控制电动机 V60 微量调节节气门开度来调节发动机的怠速转速。当怠速控制电动机 V60 发生故障或电控单元对怠速控制电动机 V60 的控制失灵时，应急弹簧将把节气门拉到一个特定的应急位置，使怠速处在应急状态运转，怠速转速将升高。

**2. 旁通气道式**

旁通气道式怠速控制执行机构在节气门的旁通气道内设置一个阀门，常见的结构有步进电动机式、旋转电磁阀式和占空比控制电磁阀式三种。

（1）步进电动机式怠速控制阀

①步进电动机式怠速控制阀的结构与原理。步进电动机式怠速控制阀是目前应用最多的一种怠速执行器，其主体是一个步进电动机，与丝杠机构和控制阀等主要部件组成，如图 2.40 所示。控制阀由阀轴、阀芯和阀座组成。阀座可以安装在稳压箱上，也可以安装在进气管上，还可以安装在节气门体上。阀芯与阀座相互配合，用于控制怠速空气道的流通截面积。步进电动机由转子和定子构成，丝杠机构将步进电动机的旋转运动转变为阀轴的直线运动，阀芯与阀轴制成一体。发动机在怠速运转时，ECU 根据传感器的信号，控制步进电动机的正、反转和转动量，以调节阀芯和阀座之间的间隙，从而改变怠速空气道的流通截面大小，控制发动机在怠速工况下的空气进给量，如图 2.41 所示。

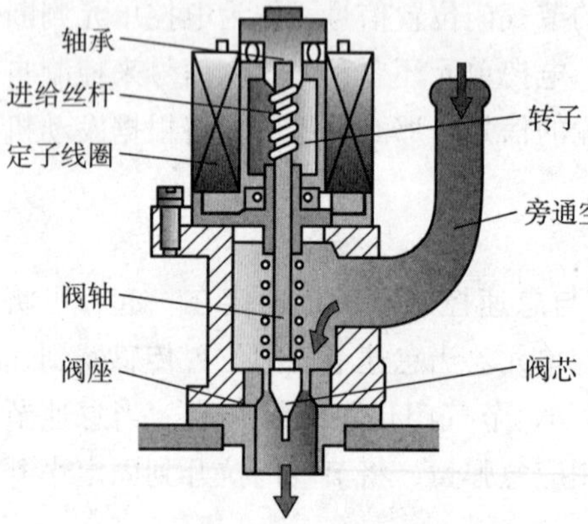


图 2.40　步进电动机式怠速控制阀的结构

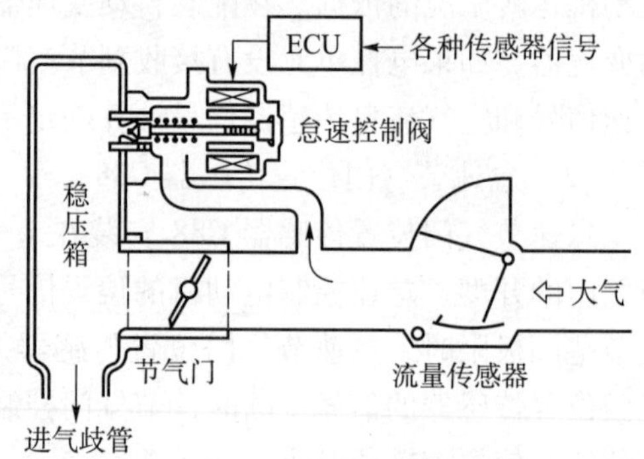


图 2.41　步进电动机式怠速控制阀的控制原理

步进电动机的结构如图 2.42 所示。转子由永久性磁铁制成，N 极和 S 极在圆周上相间排列，共有 8 对磁极。定子由两组 16 极铁芯组成，两组交错排列，批次错开半个节距。两个定子铁芯上分别绕有 1 相和 3 相、2 相和 4 相两组线圈，每个定子上两线圈的绕制方向相反。ECU 控制步进电动机工作时，给线圈输送的是脉冲电压信号，4 个线圈的通电顺序不同，步进电动机的转动方向就不同，当按一定顺序输入一定数量的脉冲信号时，步进电动机就向某一个方向转过一定角度，其转动量取决于输入脉冲信号的数量。

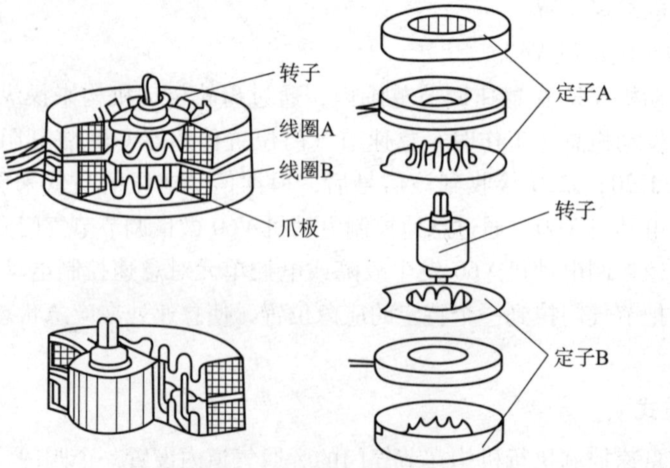


图 2.42　步进电动机的结构

如图 2.43 所示，当 ECU 控制使步进电动机的线圈按 1 – 2 – 3 – 4 顺序依次接地时，定子磁场顺时针转动，由于与转子磁场间的相互作用，所以转子随定子磁场同步转动。同理，步进电动机的绕组按相反的顺序通电时，转子则随定子磁场同步反转。因此，ECU 通过对定子线圈通电顺序和输入脉冲信号数量的控制，即可改变步进电动机式怠速控制阀的开度，从而控制怠速空气量。由于给步进电动机每输入一定量的脉冲信号只转动一定的角度，其转动不是连续的，故称为步进电动机。每输入一个脉冲信号使电动机转动的角度，称为步进电动机的步进角。常用的步进角有 30°、15°、11.25°、3.75°、2.5°和 1.8°等。若该步进电动机的步进角为 11.25°，则转子转动一周需要 32 步，该步进电动机的工作范围为 0 ~ 125 步进级，即怠速控制阀有 125 种不同的开度位置。步进电动机定子爪极越多，步进角越小，转角的控制精度就越高，所需要定子绕组的数量和控制脉冲的组数就越多。步进电动机的转速取决于控制脉冲的频率，频率越高，转速越快。

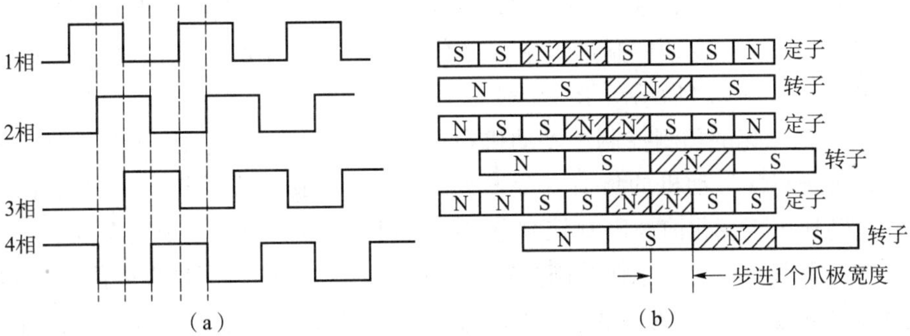


**图 2.43　步进电动机的工作原理**

(a) 脉冲顺序；(b) 磁场变化

②步进电动机式怠速控制阀的控制内容。

a. 起动初始位置设定。为了改善发动机在起动时的起动性能，发动机停机时通常使怠速控制阀处于全开状态（步进电动机工作 125 步级），此时的位置设定为起动初始位置。

为了保证发动机在起动时怠速控制阀处于全开状态，在点火开关关闭使发动机熄火后，ECU 的 M – REL 端子向 EFI 上继电器电磁线圈延续供电 2 ~ 3 s。在这段时间内，蓄电池继续给 ECU 和步进电动机供电，ECU 将依次控制步进电动机工作 125 步级，使怠速控制阀处于全开状态，回到起动初始位置。待步进电动机回到起动初始位置后，主继电器线圈断电，蓄电池停止给 ECU 和步进电动机供电，怠速控制阀保持全开不变，为发动机的下次起动做好充分准备。

b. 起动控制。发动机起动时，由于怠速控制阀被预先设定在全开位置，因此在起动期间流经怠速空气道的旁通空气量最大，有利于发动机顺利起动。

发动机起动后，如果怠速控制阀始终保持在全开位置，则发动机的怠速转速就会升得过高。所以在起动期间或起动后，当发动机的怠速转速达到规定值（此值由冷却液温度信号确定）时，ECU 就开始控制怠速控制阀的步进电动机运转，使怠速控制阀从全开状态逐渐闭合，直至达到与冷却液温度所确定的阀门开度一致的位置。

例如，起动时冷却液温度为 20 ℃，当发动机转速达到 500 r/min 时，ECU 控制怠速控制阀的步进电动机从 *A* 点步级（125 步级）运转至 *B* 点步级，使怠速控制阀从全开位置逐渐闭合至符合规定的开度，如图 2.44 所示。

c. 暖机控制。暖机控制又称快怠速控制，在暖机过程中，ECU 根据冷却液温度信号按控制特性控制怠速控制阀的升度，随着温度上升，怠速控制阀开度逐渐减小。当冷却液温度达到 80 ℃时，暖机控制结束，怠速控制阀达到正常怠速开度。在暖机控制过程中，ECU 控制怠速控制阀的步进电动机从图 2.44 中的 $B$ 点步级运转至 $C$ 点步级。

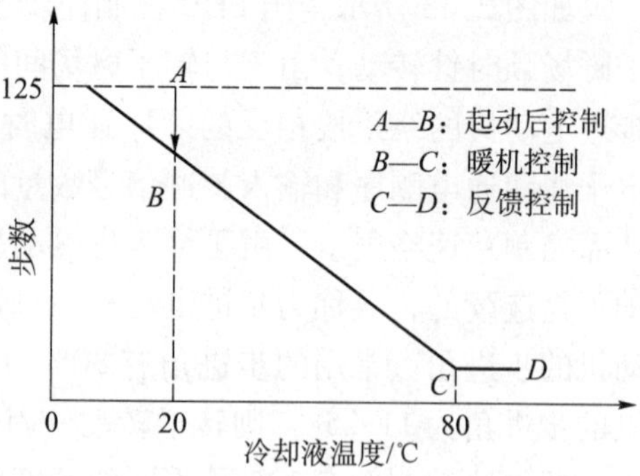


**图 2.44 起动**

d. 反馈控制。发动机完成暖机后，怠速触点接通、车速低于预定值（2 km/h）、冷却液温度为 80°左右时，进入反馈控制，以保持怠速运转稳定。在怠速运转过程中，如果发动机的实际转速与 ECU 存储器中所存放的目标转速的差值超过一定值，ECU 将通过步进电动机控制怠速控制阀，调节怠速空气供给量，使发动机的实际转速与目标转速相同。在反馈控制过程中，ECU 控制怠速控制阀的步进电动机从 $C$ 点步级运转至 $D$ 点步级，如图 2.44 所示的 $C-D$ 段。

e. 发动机负荷变化的预测控制。发动机在怠速运转时，如果空挡起动开关、空调开关接通或断开，则都将使发动机的负荷立刻发生变化。为了避免发动机怠速时转速波动或熄火，在发动机转速出现变化前，ECU 控制怠速控制阀开大或关小在一个固定位置。

f. 汽车电器负载增大时的怠速控制。在怠速运转时，如使用的电器负荷增大到一定程度，蓄电池电压就会降低。为了保证 ECU 的 +B 端和点火开关 IG 端具有正常的供电电压，需要控制步进电动机相应地增加旁通道空气量，以提高发动机的怠速转速和输出功率。

g. 学习控制。在发动机使用过程中，由于磨损等原因会导致怠速控制阀的性能发生改变，怠速控制阀的位置相同时，实际的怠速转速会与设定的目标转速略有不同。在此情况下，ECU 在利用反馈控制使怠速转速回归到目标值的同时，还将步进电动机转过的步数存储在 ROM 存储器中，以便在此后的怠速控制过程中使用。

（2）旋转电磁阀式怠速控制电磁阀

如图 2.45 所示，旋转电磁阀固定安装在电枢轴上，与电枢轴一起转动，用以控制流过旁通气道的空气量。永久磁铁固定安装在外壳上，其间形成磁场。电枢位于永久磁铁的磁场中，电枢铁芯上缠绕有两组绕向相反的磁化线圈 $L_1$ 和 $L_2$，当 $L_1$ 通电时，电枢带动旋转滑阀顺时针偏转，空气旁通气道截面变小；$L_2$ 通电时，电枢带动旋转滑阀逆时针偏转，空气旁通气道开大。电枢轴上有 3 个类似电动机换向结构的滑环，每个滑环上有个电刷与之接触。磁化线圈 $L_1$ 和 $L_2$ 的两端分别焊接在相应的滑片上。当点火开关置于“ON”时，蓄电池电压被加到怠速控制阀接线头“2”上，也就是线圈 $L_1$ 和 $L_2$ 的公共端。线圈 $L_1$ 和 $L_2$ 的另一端则由 ECU 控制。由于三极管 $VT_1$ 和 $VT_2$ 的基极之间接有反相器，故它们的集电极输出相位相反，因此，怠速控制阀上的两个线圈在占空比控制信号的作用下，交替地通过电流；又因两个线圈的绕向相反，所以电枢上交替产生方向相反的电磁力矩。在整个怠速范围内，ECU 根据传感器输入的信号，确定发动机所处怠速工况的占空比对怠速进行控制。当占空比为 50% 时，$L_1$ 和 $L_2$ 线圈的平均通电时间相等，二者产生的电磁力矩抵消，电枢轴停止偏转。当占空比小于50%时，线圈 $L_1$ 的平均通电时间长，其合成电磁力矩使电枢带动旋转滑阀顺时针偏转抵消，空气旁通气道截面变小，怠速降低；反之，当占空比大于50%时，空气旁通气道截面开大，怠速升高。因此，旋转滑阀根据控制脉冲的占空比信号偏转，占空比为18%（旋转滑阀打开）~82%（旋转滑阀关闭），滑阀的偏转角度限定在0°~90°。

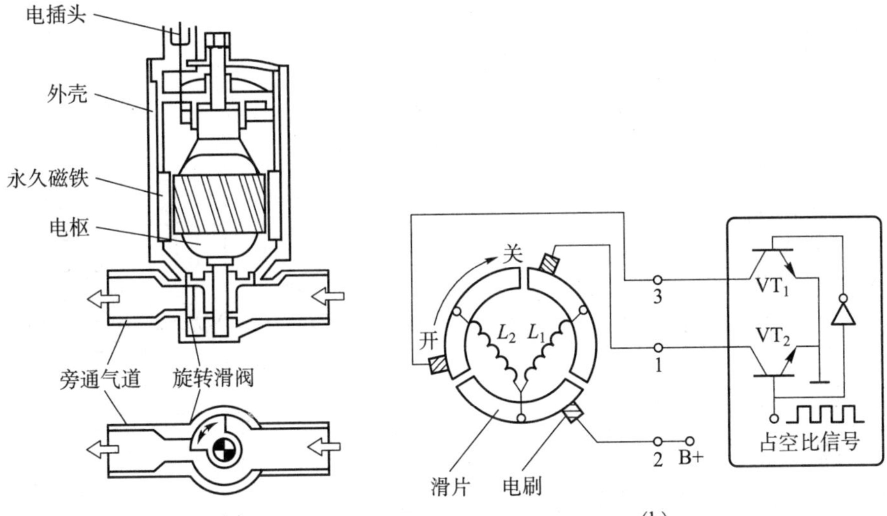


**图 2.45　旋转电磁阀式怠速控制电磁阀**

（a）结构；（b）电路原理

（3）占空比控制电磁阀式怠速控制阀

占空比控制电磁阀是一种比例电磁阀，主要由电磁线圈、阀轴及阀等部件构成，如图2.46所示。电磁线圈通电时产生电磁吸力，使阀轴沿轴向位移，从而控制阀门开度。当弹簧力与电磁吸力平衡时，阀门保持在稳定状态。当电流大时，电磁吸力大，阀门开度大；反之，阀门开度小。电磁线圈中电流的大小由ECU控制，当发动机怠速转速低时，ECU使占空比增大，增加进气量；当怠速过高时，ECU降低占空比，减少进气量，使发动机怠速稳定。

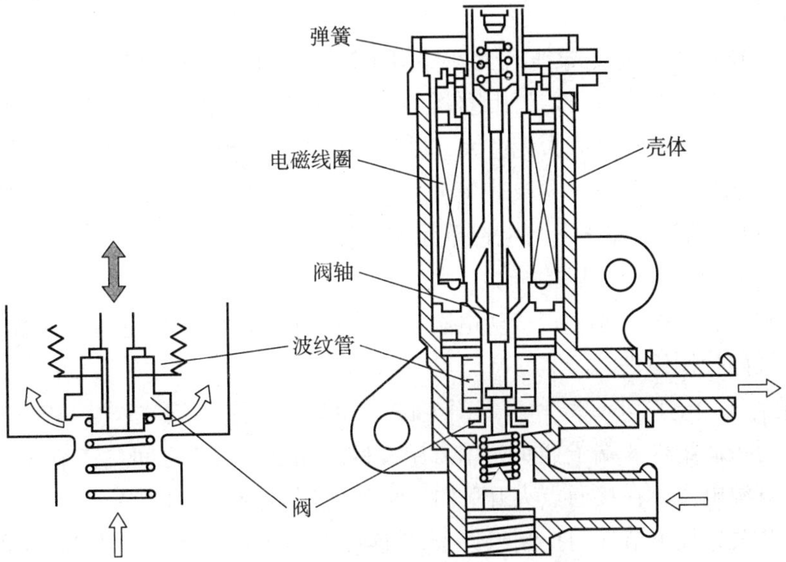


**图 2.46　占空比控制电磁阀式怠速控制阀**

### 2.3.4 怠速控制系统的检修

#### 1. 节气门直动式怠速控制系统控制组件 J338 的检修

节气门控制组件 J338 连接器上有 8 端子插头，端子的排列位置如图 2.47 所示。

(1) 检修注意事项

检修节气门控制组件时，需要注意以下几点：

①节气门控制组件为一整体结构，壳体不允许打开。

②怠速参数的基本设定已由制造厂设定在电控单元中，不需要人工调整。

③拆装或更换节气门控制组件后，必须用专用检测仪重新进行一次基本设定。

进行基本设定时，如有下列情况，则发动机怠速仍不能正常工作。

①节气门轴因油泥沉积等原因而转动不灵活时。

②气门拉索调整不当时。

③电池电压过低（低于 11 V）时。

④节气门控制组件线束或连接器不良时。

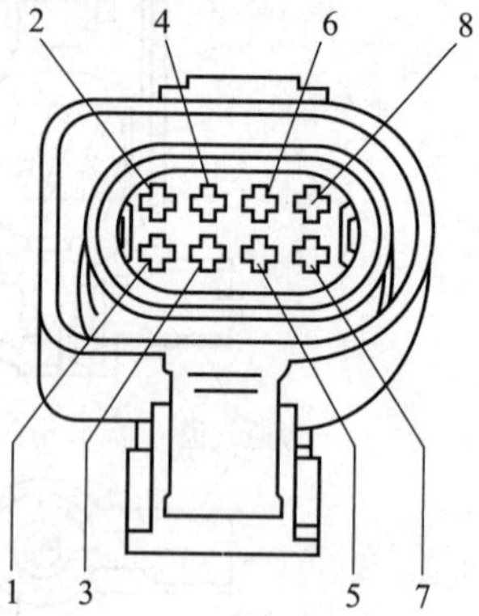

图 2.47 节气门控制组件连接器

(2) 怠速开关 F60 的检修

拔下节气门控制组件 8 端子插头，用万用表检测端子 3 与 7 之间怠速开关的电源电压，接通点火开关时，电源电压至少应为 8 V。

将数字式万用表的两支表笔用导线连接到电控单元的 67 与 69 号插孔上，检查怠速开关的电阻值。当节气门关闭时，怠速触点的接触电阻应当小于 1.5 Ω。然后慢慢打开节气门，电阻值应为无穷大。

如果电阻值不符合上述规定，则拔下节气门控制组件上的 8 端子插头，检测各导线有无短路或断路故障。

用万用表“电阻”挡检测导线有无断路故障时，两支表笔分别连接控制组件插头上端子 3 与电控单元连接器插孔 69 或控制组件插头上端子 7 与电控单元连接器插孔 67，导线电阻应当小于 1.5 Ω。如果电阻值为无穷大，则说明该导线断路，应予以检修。

检测导线有无短路故障时，两支表笔分别连接控制组件插头上端子 3 与电控单元连接器插孔 67 或控制组件插头上端子 7 与电控单元连接器插孔 69，电阻值应为无穷大。如果阻值为零，则说明导线短路，应予以检修。

在上述检测中，如果怠速触点接触电阻不正常而导线良好，则说明怠速触点接触不良，应予以更换节气门控制组件。

(3) 怠速节气门电位计 G88 和节气门电位计 G69 的检修

拔下节气门控制组件 8 端子插头，用万用表检测端子 4 与 7 之间怠速节气门电位计和节气门电位计的电源电压，在接通点火开关时，电源电压至少应为 4.5 V。

断开点火开关，拔下节气门控制组件 J338 连接器插头和电控单元 J220 连接器插头，用万用表检测控制组件插头上各端子与电控单元插头上各插孔之间有无短路或断路故障。如果有短路或断路，则应更换导线或线束。

（4）怠速控制电动机 V60 的检修

断开点火开关，拔下节气门控制组件线束插头，将万用表拨到“电阻”挡，两支表笔分别连接到节气门控制组件插座上 1、2 端子，检测怠速控制电动机的绕组，电阻值应为3 ~ 200 Ω。如果阻值不符合规定，则说明电动机有故障，需要更换冷气门控制组件。

**2. 步进电动机式怠速控制阀的检修**

各型汽车用步进电动机式怠速控制阀的检修方法基本相同，下面以丰田轿车怠速控制阀的检修方法为例来说明。

（1）车上检查

在发动机熄火后 2 ~ 3 s 内，在怠速控制阀附近应能听到内部发出的“嗡嗡”声，否则应进一步检查怠速控制阀、控制电路及 ECU。

（2）怠速控制阀电源电路检测

如图 2.48 所示，关闭点火开关，拆下怠速控制阀线束插接器，将点火开关转至“ON”，但不起动发动机，在线束侧分别测量 $B_1$ 和 $B_2$ 端子与搭铁之间的电压均应为蓄电池电压（9 ~ 14 V），否则说明怠速控制阀电源电路有故障，对电源电路进行检修。

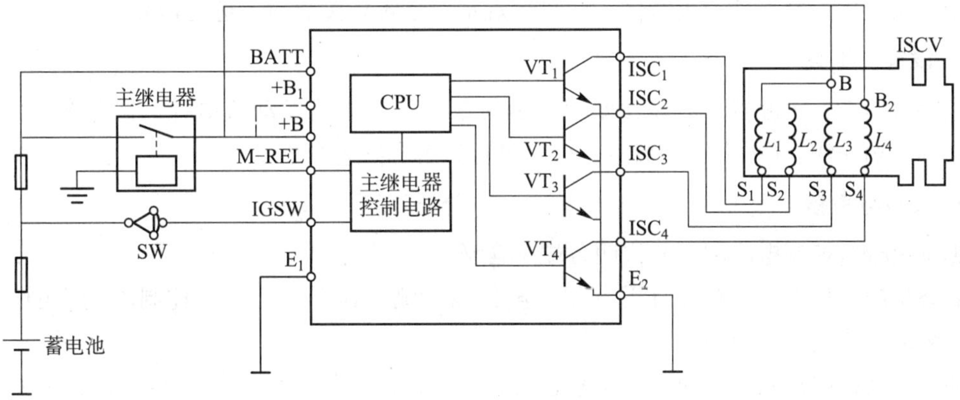


**图 2.48　怠速控制阀电源电路**

（3）怠速控制阀线圈电阻的检测

如图 2.49 所示，拔下连接器插头，用万用表检测插座上定子绕组，电阻值应当符合规定。永磁转子步进电动机式怠速控制阀有 2 组或 4 组线圈，各组线圈的阻值为 10 ~ 30 Ω。如果阻值不符合规定，则应予以更换怠速控制阀。

（4）怠速控制阀动作的检测

从节气门体上拆下怠速控制阀，用导线将 $B_1$ 和 $B_2$ 端子连接蓄电池正极，然后依次将 $S_1 - S_2 - S_3 - S_4$ 与蓄电池负极连接，阀芯应当逐渐向外伸出；如果依次将 $S_4 - S_3 - S_2 - S_1$ 与蓄电池负极连接，阀芯应当逐渐收缩，如图 2.50 所示。如果阀芯不能移动，则说明步进电动机失效，应予以更换。

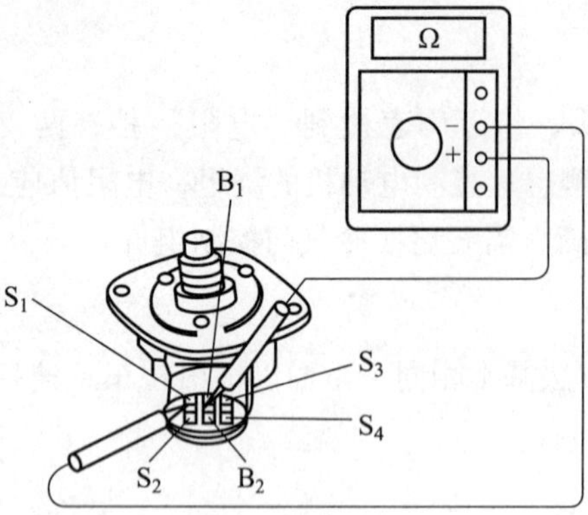


图 2.49　怠速控制阀线圈电阻的检测

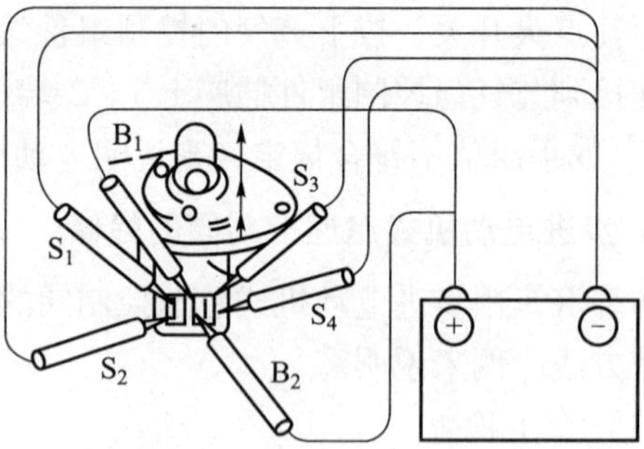


图 2.50　怠速控制阀动作的检测

### 2.3.5　实操训练

**1. 训练内容**

利用实训电控发动机教学台架和实车，练习起动发动机进入怠速状态，检测怠速系统相关信号输出变化，掌握其输出特性；同时设置怠速系统相关故障，进行检测，并排除故障。

**2. 设备、工具**

数字万用表、示波器、故障诊断仪、拆装工具等，电喷发动机电控故障诊断台架若干台、实训车辆一辆。(根据学生数量，分组进行讲解和熟悉)

**3. 实践与考核**

①画出怠速控制电路图，并说明各端子含义。

静态检测：根据其电路原理图利用检测仪器检测怠速开关、怠速控制电动机的供电电压、电阻以及线路有无断路。

动态检测：起动发动机使进入正常怠速状态，检测节气门位置传感器及怠速开关信号，用示波器观察怠速控制电动机的波形，利用故障诊断仪读取数据码。

故障诊断：设置发动机怠速故障，利用相关检测仪器进行故障诊断。

实验报告：基本知识点、基本内容、怠速控制系统电路图，并写出故障诊断思路与步骤。

②考核标准（可采取教师考核或者学生互评的原则）：

| 序号 | 考核内容 | 分数 | 评分标准 | 得分 | 具体原因 |
|---|---|---|---|---|---|
| 1 | 正确使用万用表、示波器、解码器等工具 | 10 | 工具使用不规范每次扣2分 | | |
| 2 | 画电路图 | 15 | 每个传感器安装位置、功用每处错误扣5分 | | |
| 3 | 静态检测 | 10 | 错误一项扣2分 | | |
| 4 | 动态检测 | 15 | 错误一项扣2分 | | |

续表

| 序号 | 考核内容 | 分数 | 评分标准 | 得分 | 具体原因 |
|---|---|---|---|---|---|
| 5 | 怠速系统故障诊断 | 15 | 诊断思路错误扣 15 分 | | |
| 6 | 安全用电，规范操作 | 15 | 违规操作扣 15 分 | | |
| 7 | 团队合作，讨论交流 | 10 | 依据现场情况而定 | | |
| 8 | 场地打扫，工件摆放 | 10 | 依据现场情况而定 | | |
| | 总分 | 100 | | | |
| | 教师签字 | | | 年　月　日 | |

## 任务 2.4　可变进气控制系统

| | |
|---|---|
| 任务名称 | 可变进气控制系统 |
| 教学目标 | 掌握动力阀可变进气控制系统的组成、工作原理和检修方法；<br>掌握进气谐波增压控制系统的组成、工作原理和检修方法 |
| 教学重点 | 动力阀可变进气控制系统和进气谐波增压控制系统的检修方法 |
| 教学说明 | 本任务内容采用 1 节理论 +1 节实践的教学安排。首先进行 1 节理论讲解该课程的相关内容；然后 1 节实践课利用整车或发动机电控台架学习掌握可变进气系统的组成、控制原理及简单故障诊断方法 |
| 自我评价 | 优秀　　良好　　中等　　及格　　不及格 |

### 2.4.1　可变进气控制系统的作用

进气系统对发动机性能的影响主要体现在充气效率，而改善发动机高低速充气效率的主要途径就是充分利用进气过程中气流的静态效应和动态效应。所谓静态效应，就是减小进气系统的流动阻力。其主要措施包括扩大进气管直径、增大进气管弯曲部分的曲率半径、进气管内表面光滑以及各缸进气歧管长度一致、采用多气门机构等。所谓动态效应，主要是指利用进气过程中在进气管内气体流动时所产生的惯性及其压力的脉动效果来改善充气效率的过程。由于发动机使用转速变化范围宽，为了在整个使用转速范围内都能充分地利用进气过程的动态效应，以使发动机性能达到最佳状态，发动机在工作时，进气歧管内会产生一定幅度的压力波动。进气压力波以当地声速在进气系统内传播和往复反射。如果以一定长度和直径的进气歧管与一定容积的谐振室组成谐振系统，并使其固有频率与气门的进气周期协调，那么在特定的转速下，就会在进气门关闭之前，在进气歧管内产生大幅度的压力波，使进气歧管的压力增高，从而增加进气量。

为了有效地利用进气管内的动态效应来增加充气量，高转速、大负荷时应使用短而粗的气管，中、低转速和中、小负荷应使用长而细的进气管。可变进气系统能够根据发动机的实际运行工况，自动地改变进气管的长度或直径，以获得最佳的充气效率和动力性。

进气惯性增压控制系统不仅可以提高发动机的动力性，而且，由于提高发动机在中低转速下的进气速度而增强了气缸内的气流强度，所以改善了燃烧过程，使发动机中低速燃油经济性也有所提高。

### 2.4.2　进气谐波增压控制系统

进气谐波增压控制系统（ACIS）是利用进气气流惯性产生的压力波来提高充气效率。该系统根据发动机转速的高低选择不同长度的进气路径来实现可变进气。进气谐波增压控制系统是在发动机其他结构不变的基础上，在进气管中部增加了一个谐振室（大容量的真空气室）和相应的控制装置，如图 2. 51 所示。

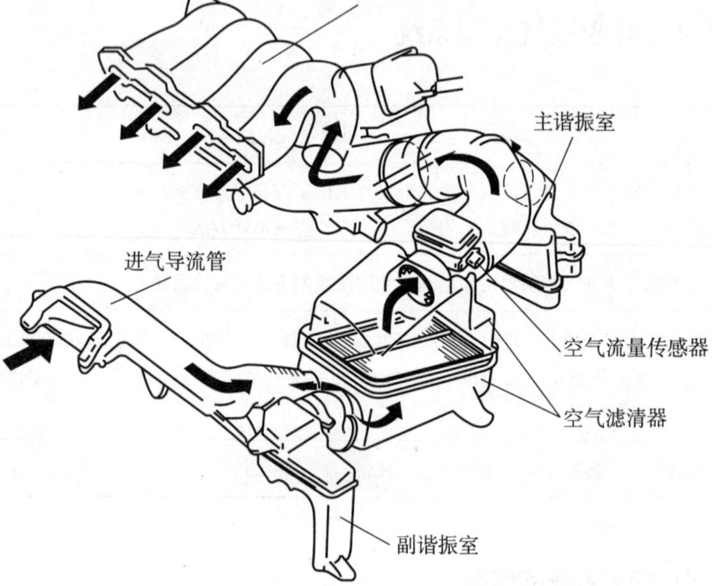


图 2. 51　进气谐波增压控制系统

在发动机进气行程中，进气管内的气体经过进气门高速流入气缸，当进气门关闭时，由于气体流动惯性使进气门附近的气体受到压缩而压力增高；当气体流动惯性过后，进气门附近被压缩的气体膨胀而流向与进气相反的方向，压力下降；膨胀的气体流动到进气管扣时又被反射回来，形成逆相位的正压力波，当进气门打开时，正压力波进入气缸内，于是提高了充气效率，这就是惯性增压的原理。

在发动机进气行程初期，由于活塞对气流的吸入作用，在进气管内产生负压波，这种负压波在进气管内传播，并到达进气管末端，此时末端若无压力变化，则该负压波被反射回来，形成逆相位的正压力波，朝着进气门的方向传播，同时气流高速流入气缸内。这时若进气门突然关闭，进气门附近的气流就会突然停止流动，于是使进气门附近的气体被压缩，压力上升。当气流的惯性力消失时，被压缩的气体开始膨胀，向与进气流相反的方向流动，压力下降，膨胀气体的压力波传到进气管口时又被反射回来，形成脉动的压力波。如果使上述进气脉动压力波与进气门开闭相配合，使反射的压力波集中于要打开的进气门附近，使进气管内的空气产生谐振，那么在进气门打开时就会形成增压进气的效果，提高充气效率。

进气谐波的波长与进气管的长度有着密切的关系，进气管道越长，波长则越长；进气管道越短，波长则越短。压力波越长，越有利于发动机在中低速范围内提高功率；而压力波越短，越有利于发动机在高速时提高功率。但是进气管的长度是固定的，为了更好地保证发动机在高速和低速的进气谐波增压效果，有些电控发动机在进气系统设置了一个大容量空气室和进气谐波控制阀，如图 2. 52 所示。

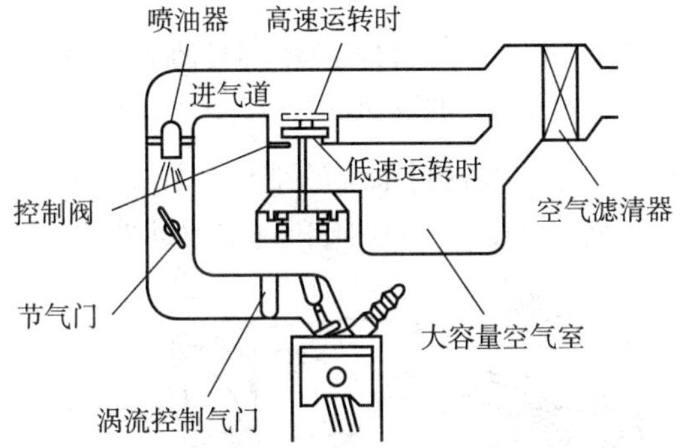


**图 2. 52　进气谐波增压控制系统的结构**

当发动机转速低时，同一气缸的进气门关闭与开启间隔的时间较长，进气增压控制阀关闭，使进气管内压力波的传播距离为进气门到空气滤清器的距离，压力波反射回到进气门附近所需时间长；当发动机处于高速区域运转时，进气压力控制阀开启，由于大容量进气室的影响，进气管内压力波传播距离缩短为从进气门到进气室之间的距离，以适应同一气缸的进气门关闭与开启间隔时间较短的情况，从而使发动机在高速运转时得到较好的进气增压效果。

进气谐波增压控制系统的工作原理如图 2. 53 所示，ECU 根据发动机转速信号控制真空电磁阀的开闭。低速时，真空电磁阀电路不通，真空通道关闭，真空罐的真空度不能进入真空气室，受真空气室控制的进气增压控制阀处于关闭状态。此时进气管长，压力波长大，以适应低速区域形成气体动力增压效果。高速时，ECU 接通真空电磁阀的电路，真空通道打开，真空罐的真空度进入真空气室，吸动膜片，将进气增压控制阀打开，由于大容量空气室的参与，缩短了压力波的传播距离，使发动机在高速区域也得到较好的气体动力增压效果，如图 2. 54 所示。

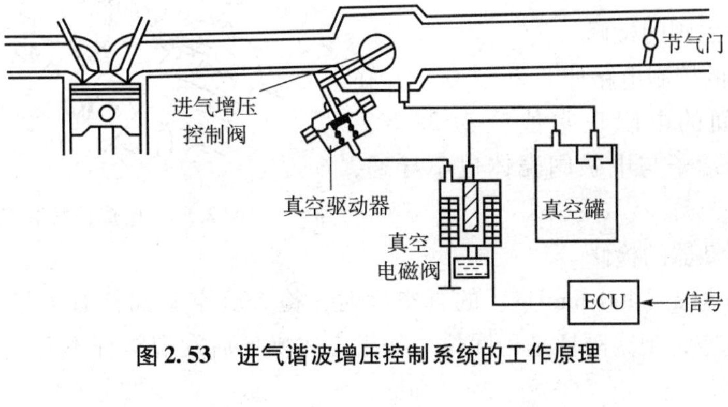


**图 2. 53　进气谐波增压控制系统的工作原理**

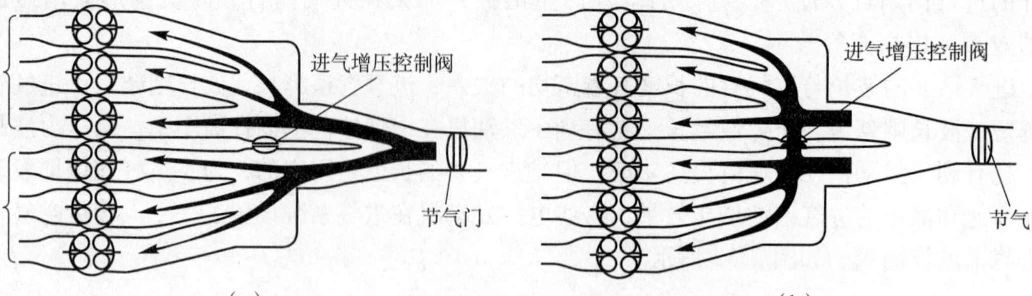


（a）　　　　　　　　（b）

**图 2.54　进气谐波增压控制系统的工作状态**

（a）进气增压控制阀关闭；（b）进气增压控制阀开启

丰田皇冠 3.0 轿车进气谐波增压控制系统的结构如图 2.55 所示，对其进行检修时，应首先检查 ACIS 的工作情况，再检查真空电磁阀和真空驱动器。

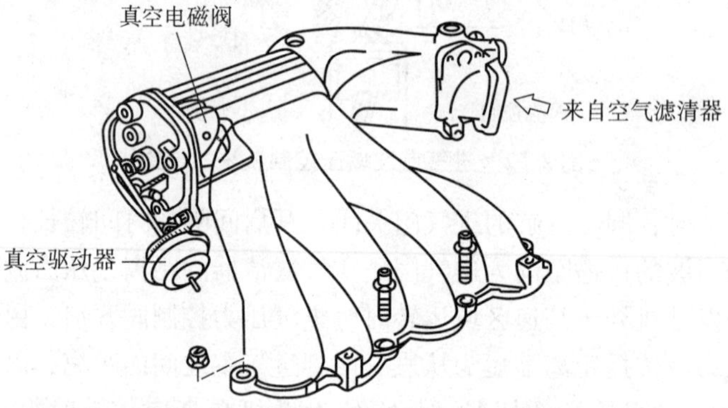


**图 2.55　丰田皇冠 3.0 轿车进气谐波增压控制系统的结构**

（1）检查 ACIS 的工作情况

如图 2.56 所示，利用三通接头将真空表接入进气控制阀的真空管路中，起动发动机，发动机在怠速运转时真空表应无指示。迅速将节气门完全打开，真空表指针应在 53.3 kPa 的位置摆动，并且真空驱动器的拉杆应伸出，说明谐波进气增压控制系统工作正常。否则，应检查真空管路，若真空管路无破裂、漏气现象，则应检查真空驱动器、真空罐及真空电磁阀是否正常。

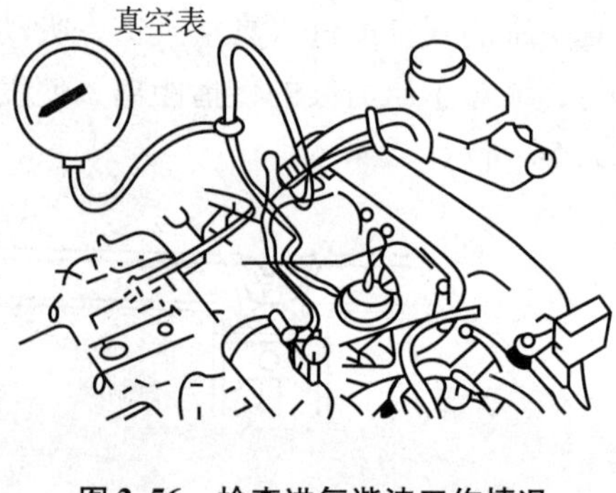


**图 2.56　检查进气谐波工作情况**

（2）真空电磁阀的检修

真空电磁阀的控制电路如图 2.57 所示，在常温下两端子间的电阻正常值应为 38.5 ~ 44.5 Ω，同时两端子与电磁阀壳体也不导通，否则应予以更换。

（3）真空驱动器的检修

当施加 53.3 kPa（400 mmHg）的真空度时，检查真空室阀杆有无移动。当真空施加 1 min后，泄放真空，观察阀杆是否回位。如果上述操作后发现阀杆不动或不回位，先旋转其调整螺钉来调节，如仍无反应则予以更换。

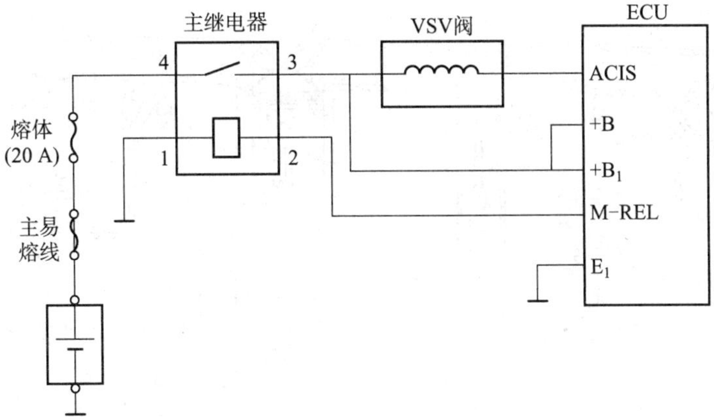


图 2.57　真空电磁阀的控制电路

### 2.4.3　动力阀可变进气控制系统

为提高发动机的充气效率，有些发动机采用了动力阀可变进气控制系统。该系统的功用为根据发动机转速、负荷的变化控制发动机进气道空气流通截面积的大小，从而改变进气量，改善发动机的动力性能和经济性能。

动力阀可变进气控制系统的基本原理如图 2.58 所示，每个气缸配有 4 个气门，2 个进气门配一个进气管道，其中一个进气通道中装有进气动力阀。当发动机在低速、中小负荷工况下工作时，动力阀关闭，发动机只利用一个进气管道进气，从而将进气截面减半，提高进气流速，增大进气气流惯性，提高发动机的充气效率；此外，随着进气流速提高也可增加进气涡流强度，从而有利于在低速、小负荷工况下提高燃烧和热效率，从而改善发动机的低速性能。当发动机在高转速、大负荷工况下工作时，动力阀开启，进气通路为两条，进气截面面积加大，进气阻力减小，充气量增加，同时，对因进气流速过高而导致的燃烧室内气流扰动也可起到抑制作用，从而大幅提高发动机的高速性能。

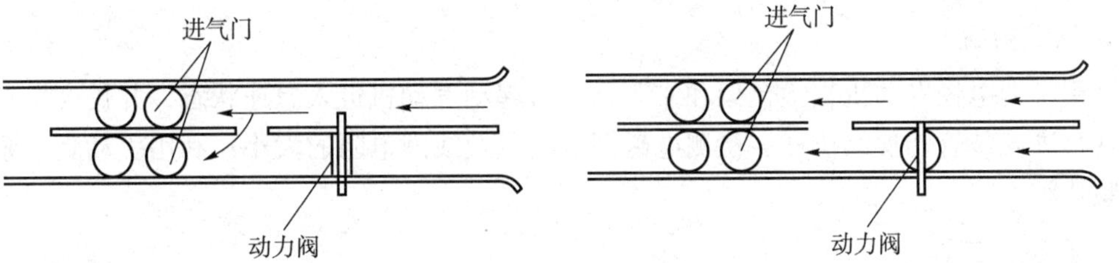


图 2.58　动力阀可变进气控制系统的基本原理

(a) 关闭；(b) 开启

动力阀可变进气控制系统的控制原理如图 2.59 所示。进气道中进气动力阀的关闭和开启是由膜片执行器来完成的。ECU 控制三通电磁阀的工作，由三通电磁阀控制执行器膜片室内的工作压力，从而控制进气动力阀的开闭。三通电磁阀不通电时，膜片执行器与三通电磁阀的空气滤清器之间的通道被关断，膜片执行器与真空罐之间形成通路，此时真空罐的负压作用在执行器膜片室。当三通电磁阀通电时，膜片执行器与空气滤清器之间形成通路，而膜片执行器与真空罐之间的通道则被关闭，此时大气压作用在执行器膜片室。

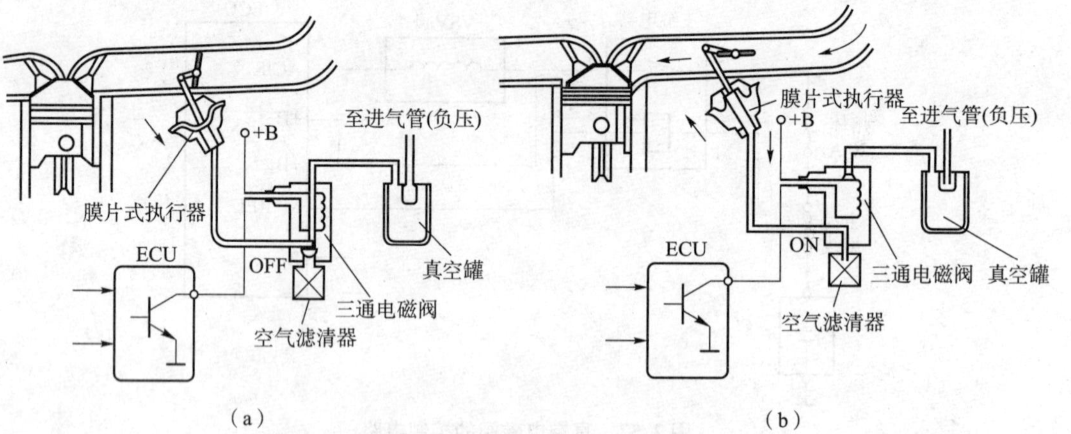


**图 2.59　动力阀可变进气控制系统的控制原理**

（a）三通电磁阀不通电；（b）三通电磁阀通电

当发动机在低转速、小负荷工况下运行时，ECU 控制三通电磁阀不通电，关闭膜片式执行器与空气滤清器之间的通道，开启膜片执行器与真空罐之间的通道，此时，真空罐将进气管路的负压通过三通电磁阀作用在执行器的膜片上，负压导致执行器带动拉杆关闭进气动力阀，即关闭了各缸的一个进气通道。当发动机在高速、大负荷工况下运行时，ECU 输出控制信号驱动电路晶体管导通，三通电磁阀通电工作。三通电磁阀通电后，关闭执行器与真空罐之间的通断，开启执行器与空气滤清器之间的通道，此时由空气滤清器进入的大气直接作用到执行器的膜片室，通过拉杆使进气动力阀打开，新鲜空气由两个进气通道进入。

维修时，根据厂家维修资料确定真空罐、执行器膜片室和真空管路有无漏气、三通电磁阀电路有无短路或断路、三通电磁阀电阻值是否符合标准。

### 2.4.4　实操训练

**1. 训练内容**

利用实训电控发动机教学台架和实车，练习起动发动机进入怠速状态，并提高发动机转速，观察进气歧管转换阀拉杆，检测电磁阀电路以及线圈电阻的大小；利用手动真空泵检查真空膜片阀。

**2. 设备、工具**

数字万用表、示波器、故障诊断仪、拆装工具、辅助接线、二极管测试灯、手动真空泵等，电喷发动机电控故障诊断台架若干台、实训车辆一辆。（根据学生数量，分组进行讲解和熟悉）

**3. 实践与考核**

①根据控制系统工作原理，检测相关执行件。

检测电磁阀控制电路、连接线路、电磁阀线圈电阻值；检查电磁阀的导通和密封情况；检查真空膜片阀的运转以及膜片室的密封情况。

实验报告：基本知识点、基本内容、检查方法及检查结论，并写出故障诊断思路与步骤。

②考核标准（可采取教师考核或者学生互评的原则）：

| 序号 | 考核内容 | 分数 | 评分标准 | 得分 | 具体原因 |
|---|---|---|---|---|---|
| 1 | 正确使用相关检测仪器 | 10 | 工具使用不规范每次扣2分 | | |
| 2 | 检测电磁阀控制电路、线圈电阻和导通情况 | 30 | 错误一项扣3分 | | |
| 3 | 检测真空电磁阀 | 10 | 错误一项扣2分 | | |
| 4 | 故障诊断思路 | 15 | 诊断思路错误扣15分 | | |
| 5 | 安全用电，规范操作 | 15 | 违规操作扣15分 | | |
| 6 | 团队合作，讨论交流 | 10 | 依据现场情况而定 | | |
| 7 | 场地打扫，工件摆放 | 10 | 依据现场情况而定 | | |
| | 总分 | 100 | | | |
| | 教师签字 | | | 年　月　日 | |

## 任务2.5　可变配气相位控制系统

| | |
|---|---|
| 任务名称 | 可变配气相位控制系统 |
| 教学目标 | 了解可变配气相位控制系统的功能和作用；<br>掌握可变配气相位控制系统的工作原理和检修方法 |
| 教学重点 | 可变配气相位控制系统的工作原理和检修方法 |
| 教学说明 | 本任务内容采用1节理论+1节实践的教学安排。首先进行1节理论讲解可变配气相位控制系统的相关内容；然后1节实践课利用整车和发动机电控台架进行可变配气相位控制系统相关线路的检测和故障检修。 |
| 自我评价 | 优秀　　良好　　中等　　及格　　不及格 |

### 2.5.1　可变配气相位控制系统的功能和作用

**1. 发动机的配气相位**

为了使发动机进气充分和排气干净，进、排气门都应提前开启和延迟关闭。用曲轴转角表示的进、排气门开闭时刻和开启持续时间，称为配气相位。配气相位主要包括进气提前角、进气迟闭角、排气提前角、排气迟闭角等。

进气提前角为了保证活塞下行时有足够大的开启面积，新鲜空气可以顺利进入气缸，一般进气提前角为上止点前10°~40°。

进气迟闭角为了利用高速气流的惯性，在活塞到达下止点后继续充气，增加进气量，一般迟闭角为下止点后40°~70°。

为了利用做功行程末气缸内的压力排出废气，减小排气行程所消耗的功率，排气提前角一般为30°~80°。

为了利用排气行程末的废气气流惯性排气，排气迟闭角一般为10°~35°。

发动机在不同转速和负荷下对配气相位的要求不同。为了获得高速大功率，要求进、排气门开启角度大，气门升程大，特别是进气迟闭角要大，以充分利用气流惯性进气。为了获得低速大转矩，进气迟闭角要小，以防止低速倒流。为了获得中小负荷良好的经济性，气门重叠角要小。只有采用可变配气技术，根据发动机运行工况的变化调整配气相位，才能提高发动机在各种工况下运行的性能。

**2. 可变配气相位控制系统的功用**

发动机ECU可以根据发动机的负荷和转速变化智能地调节配气相位，提高发动机在不同工况下的充气效果，改善发动机的动力性、经济性和排放性。其功用：

①根据发动机运行工况调整配气相位，充分利用进气惯性和排气惯性使进气充分、排气干净，提高充气效率。

②通过调整进气提前角和迟闭角，可改变充气效率随转速变化的趋势，改善发动机的动力性能和经济性能。

③通过调整配气相位可减少有害排放物。在大负荷工况时，通过对气门重叠角的控制，增加气缸内残余的废气量，降低燃烧温度，以降低$NO_x$排放量。合理控制进气提前角和排气迟闭角，合理组织进气气流，实现扫气，有利于新鲜空气与激冷层的气体混合，降低碳氢化合物的排放量。

## 2.5.2 可变配气相位控制系统的分类

可变配气相位控制系统根据控制方式不同，可分为可变气门正时、可变气门升程以及可变气门正时及升程控制系统；根据驱动方式不同，分为电控式和电控液压式控制系统。

**1. 可变气门正时控制系统**

丰田可变气门正时（VVT-i）控制系统的组成如图2.60所示，主要包括VVT-i控制器、凸轮轴正时机油控制阀、曲轴位置传感器、凸轮轴位置传感器等。

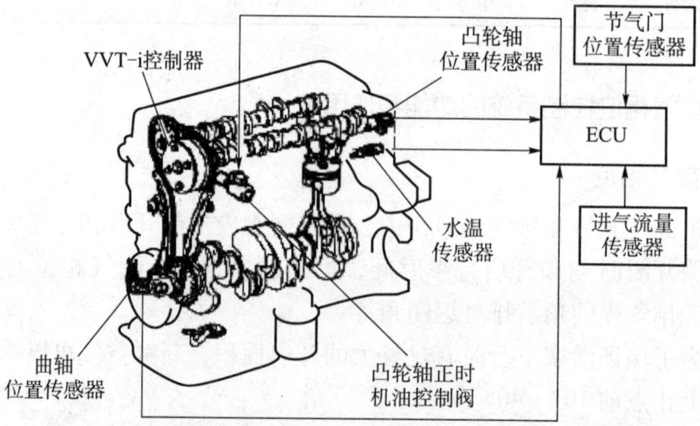


**图2.60 丰田可变气门正时（VVT-i）控制系统的组成**

曲轴（凸轮轴）位置传感器：发动机计算机根据曲轴（凸轮轴）位置传感器的信号判断发动机的转速、凸轮轴的位置、转动量及转动方向。

凸轮轴正时机油控制阀（如图2.61所示），接收发动机计算机的控制指令，调整滑阀的位置，控制VVT－i控制器的油压，使VVT－i控制器动作而驱动凸轮轴，从而改变配气相位。当发动机停机时，进气门正时处于最大迟闭角位置。

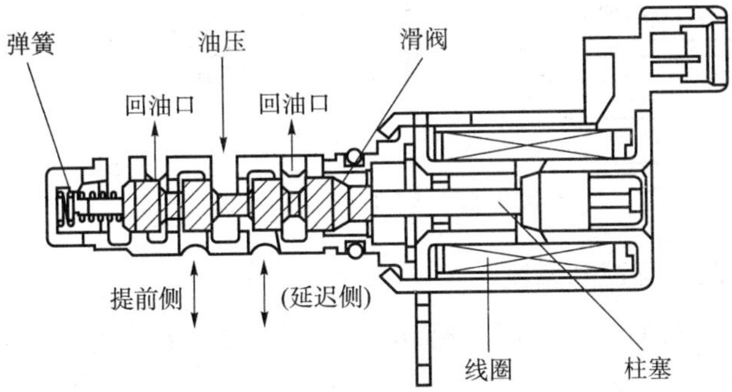


**图2.61　凸轮轴正时机油控制阀**

VVT－i控制机构如图2.62所示。该机构主要包括定时链条驱动的外壳、固定在凸轮轴上的叶片、锁销等。叶片在油压的作用下沿圆周方向驱动凸轮轴转动，从而调整进气门正时。当发动机停机时，凸轮轴被调至最大延迟状态，以利于起动。发动机在起动后油压尚未作用于VVT－i控制机构时，锁销锁定VVT－i控制机构的机械动作部件，以防止撞击而产生噪声。

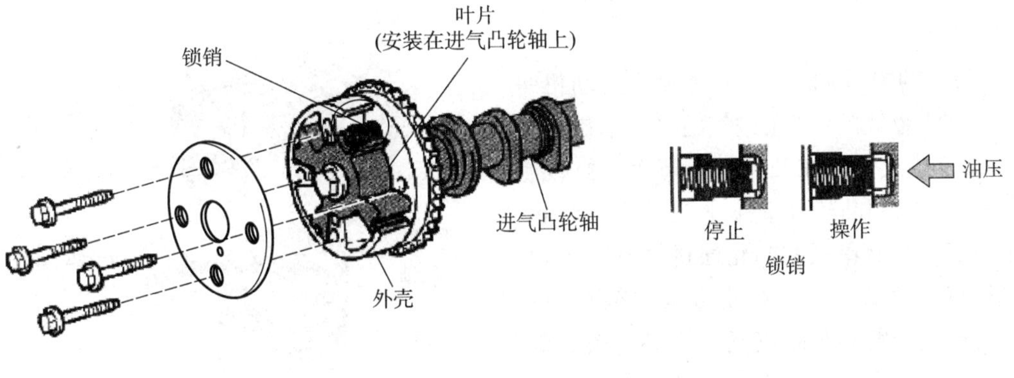


**图2.62　VVT－i控制机构**

VVT－i控制原理如图2.63所示。发动机计算机根据进气流量传感器、曲轴位置传感器、节气门位置传感器和冷却液温度传感器的信号计算出气门正时目标值，再根据曲轴位置传感器和凸轮轴位置传感器信号识别凸轮的实际正时位置，发动机ECU根据气门正时目标值和实际值的差值进行反馈控制，产生占空比调制的输出指令，送给凸轮轴正时机油控制阀，凸轮轴正时机油控制阀改变其中滑阀的位置，调整VVT－i控制器中的油压，以改变凸轮轴的位置，实现进气正时的调整。

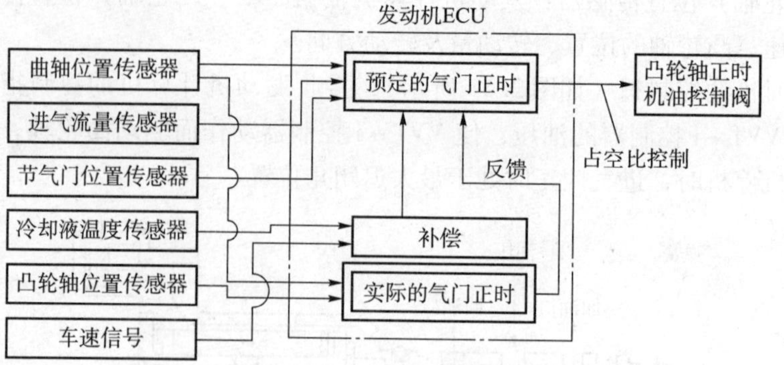


图 2.63　VVT-i 控制原理

**2. 可变气门正时及升程控制系统**

本田汽车技术可变气门正时和气门升程电子控制系统，英文简称 VTEC，是世界上第一个能同时控制气门开闭时间及升程等两种不同情况的气门控制系统。VTEC 技术在本田发动机上的应用，不仅提高了发动机的动力性，还对低转速的经济性和排放性有所改善。相对于普通发动机，VTEC 发动机所不同的是凸轮与摇臂的数目及控制方法，针对发动机的中低速和高速，使用了两组不同的气门驱动凸轮，由 ECU 根据各传感器的输入信号，通过电磁阀调节摇臂活塞液压系统，同时改变进气门的正时和升程，提高发动机的燃烧效率和大负荷、高转速时的功率性能，使发动机在低速时具有较大转矩，而在高速时又能输出较大功率，从而大大地改善了汽车的动力性和经济性。

（1）可变气门正时及升程控制系统的组成

VTEC 的组成如图 2.64 所示。发动机每个气缸有 4 个气门：2 个进气门（主、副各一个），2 个排气门。在凸轮轴上每个气缸设置 3 个承担进气的凸轮和 2 个承担排气的凸轮。每个进气门具有单独的凸轮通过摇臂来驱动，进气摇臂分成 3 部分，与主进气门接触的主摇臂、中间摇臂和与副进气门接触的次摇臂，三摇臂形成摇臂组，如图 2.65 所示。在主摇臂内有一油道与摇臂轴油道相通，在主摇臂的腔内有一正时活塞，在次摇臂的腔内有同步活塞 A 和 B，在正时活塞、同步活塞间有一正时弹簧，在主摇臂上设有一个正时板。发动机高速时使用中间摇臂，低速时使用主摇臂和次摇臂。3 根摇臂的内部装有由液压控制的正时活塞、同步活塞 A 和 B 以及阻挡活塞。液压系统由 ECU 根据发动机的转速、负荷、温度和车速等参数进行控制。

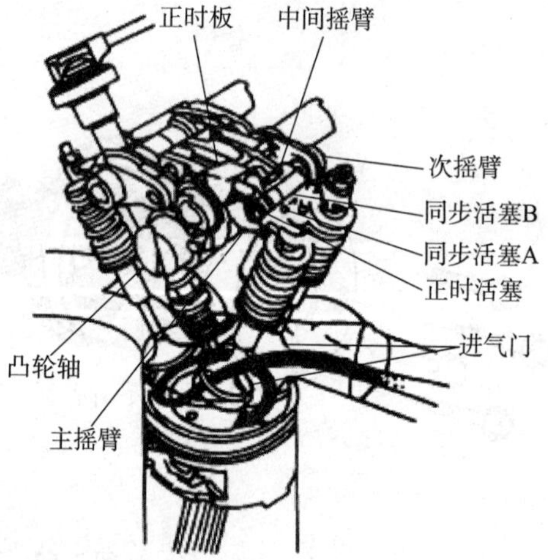


图 2.64　VTEC 的组成

VTEC 的控制系统主要包括电子控制单元、电磁阀总成和压力开关等。其中，电磁阀总成的结构如图 2.66 所示。

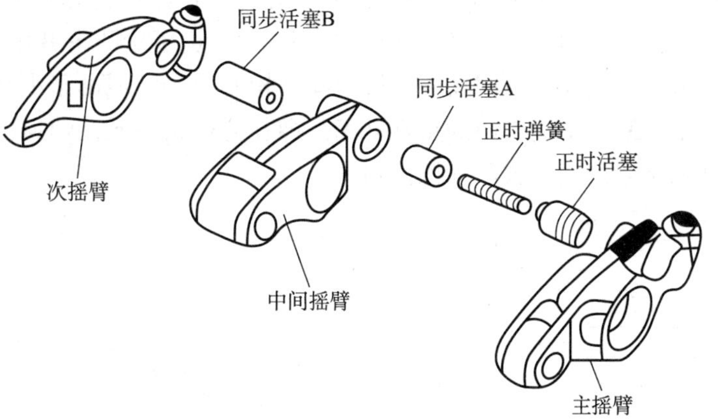


**图 2.65　气门摇臂组**

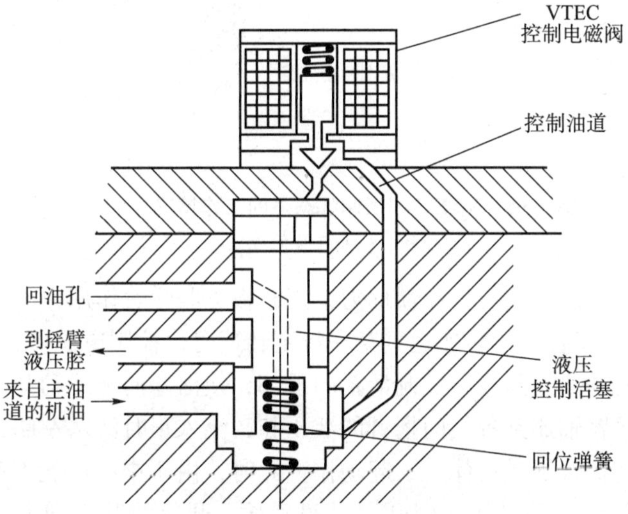


**图 2.66　VTEC 电磁阀总成的结构**

（2）可变气门正时及升程控制系统的控制原理

VTEC 的控制原理如图 2.67 所示。工作时，发动机转速、发动机负荷和冷却液温度等信号输入 ECU，ECU 对其分析处理后决定对配气机构是否实行 VTEC 控制，即电磁阀打开或关闭，进而控制液压执行阀和气门机构的动作。另外，VTEC 电磁阀开启后，VTEC 压力开关负责检测系统是否正处在工作状态，并反馈一个信号给电子控制单元以监控系统工作。当出现下列情况时系统才会实行 VTEC 控制：发动机转速达 2 300 ~ 3 200 r/min 或进入中等负荷以上时、车速高于 10 ℃时。

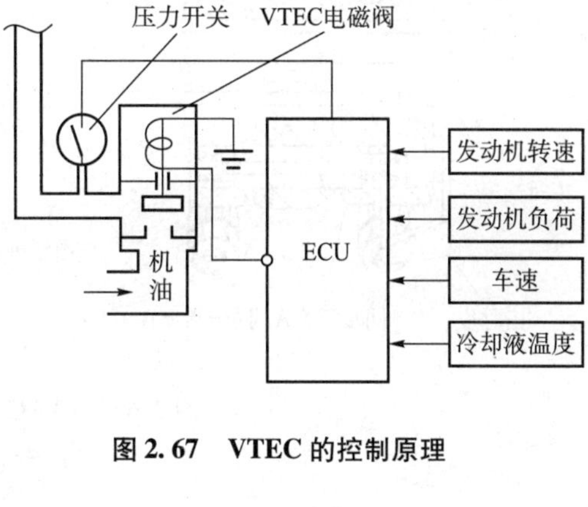


**图 2.67　VTEC 的控制原理**

发动机在低转速时，控制电磁阀没有打开，在弹簧弹力的作用下液压控制活塞在最高位置，机油经活塞中部的孔流回油底壳。如图 2.68 所示，装在主摇臂上的正时板也在弹簧作用下挡住正时活塞向右运动。此时，主摇臂、中间摇臂和次摇臂是彼此分离而独立动作的，主凸轮 A 与次凸轮 B 分别驱动主摇臂和次摇臂以控制主进气门、副进气门的开闭，主进气门升程约为 9 mm，由于次凸轮 B 的升程很小，因此副进气门只稍微打开。虽然此时中间摇臂已被中间凸轮 C 驱动，但由于中间摇臂与主摇臂、次摇臂是彼此分离的，故不影响气门的正常开闭。即在低速状态下，VTEC 机构不工作，气门的开闭情况与普通顶置凸轮轴式配气机构相同。

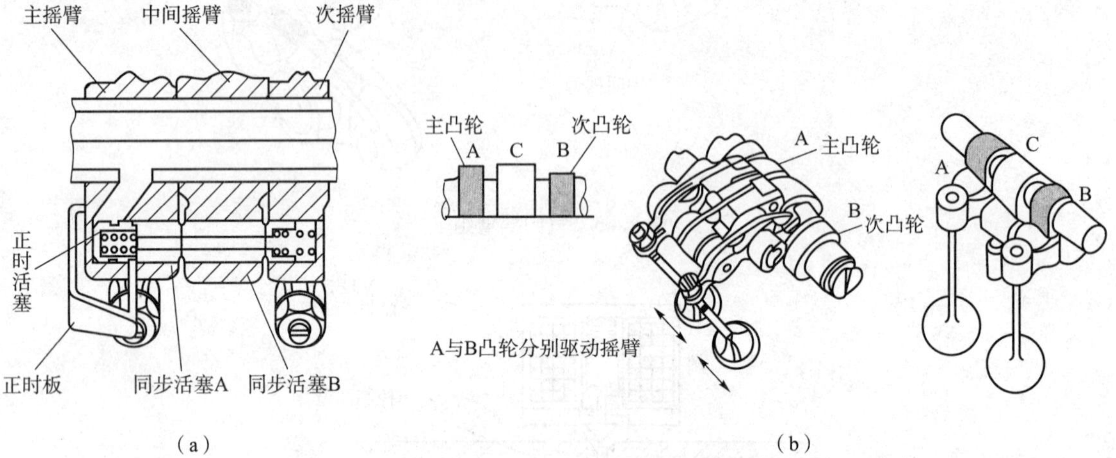


**图 2.68　VTEC 在低速状态下的工作情况**

（a）结构；（b）工作原理

当发动机高速运转时，由于离心力和惯性力，正时板克服弹簧作用力而取消对正时活塞的锁止，如图 2.69 所示。当发动机转速达到某一特定转速时，控制电磁阀接收到 ECU 的信号而接通油路，一部分机油便流到液压控制活塞的顶部，使活塞向下运动并关闭回油道，使机油经活塞中部的孔沿摇臂轴流到各气门摇臂的液压腔，流入正时活塞左侧，使同步活塞移动，将主、次摇臂和中间摇臂锁成一体，一起动作。此时，由于中间凸轮 C 较次凸轮 B 高，所以便由它来驱动整个摇臂，并且使气门开启时间延长，开启的升程增大（约为12 mm），从而达到改变气门正时和气门升程的目的。当发动机转速降低至设定值时，摇臂中的同步活塞端的油压也将由控制单元控制而降低，同步活塞将回位弹簧推回原位，3 根摇臂又将彼此分离而独立工作。

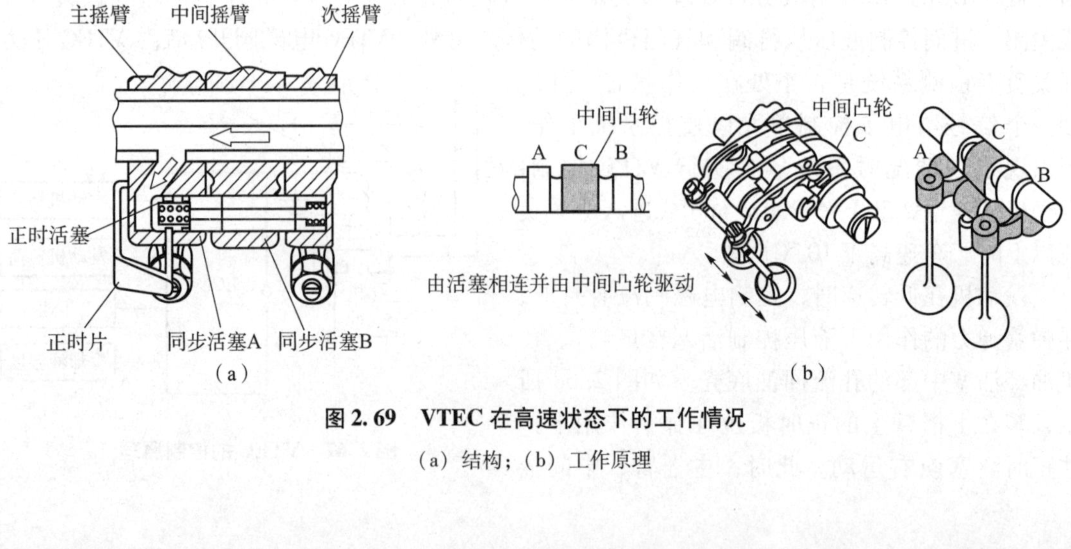


**图 2.69　VTEC 在高速状态下的工作情况**

（a）结构；（b）工作原理

## 2.5.3 可变配气相位控制系统的检修

可变配气相位控制系统出现故障时，汽车会出现动力不足、油耗上升以及排放恶化等症状。发动机可变配气相位控制不良的原因主要有凸轮轴调节器、凸轮轴调节电磁阀、ECU、相关传感器等故障以及机油压力不足、液压管路泄漏、堵塞等。

**1. VVT－i 系统的检修**

当 VVT－i 系统发生故障时，产生的相关故障码主要有 P1346、P1349 和 P1656。故障码 P1346 对应的故障原因有曲轴转速与位置传感器故障、凸轮轴位置传感器故障、机械系统故障（齿带过长）、ECU 故障。故障码 P1349 对应的故障原因有气门正时不正常、凸轮轴正时机油控制阀故障、VVT－i 控制器总成故障、ECU 故障。故障码 P1656 对应的故障原因有凸轮轴正时机油控制阀电路断路或短路故障。检修时，凸轮轴正时机油控制阀、VVT－i 控制器是检修的重点。

（1）检查凸轮轴正时机油控制阀的线圈电阻及工作状况

断开蓄电池负极和凸轮轴正时机油控制阀插头 $C_2$，检测插头端子 1、2 之间的电阻，20 ℃时为 6.9～7.9 Ω。如果不符合技术标准，应更换凸轮轴正时机油控制阀。首先将蓄电池正极接凸轮轴正时机油控制阀插头端子 1、负极接端子 2，控制阀阀门应能自由移动且在所有位置不卡滞。然后将蓄电池电压施加在凸轮轴正时机油控制阀端子间，并检查发动机转速，发动机应怠速不稳或失速。

（2）检查凸轮轴正时机油控制阀与发动机 ECU 之间的线束

检测发动机 ECU 插接器端子 24 与凸轮轴正时机油控制阀插头 $C_2$ 端子 1 之间的电阻、ECU 插接器端子 23 与凸轮轴正时机油控制阀插头 $C_2$ 端子 2 之间的电阻，正常电阻值应为 1 Ω或更小。检测发动机 ECU 插接器端子 24 与 21、23 与 21 之间的电阻，正常电阻值应为 1 MΩ或更大，若不正常，则修理或更换配线和插头。

（3）检测凸轮轴正时机油控制阀的波形（ECU 输出信号）

关闭点火开关，在发动机 ECU 插接器端子 OCV＋和 OCV－之间连接示波器。起动发动机并怠速运转，用示波器检测 OCV＋和 OCV－之间的波形，标准波形如图 2.70 所示。如果所测得的波形不正常，则说明 ECU 或凸轮轴正时机油控制阀有故障，应予以更换。

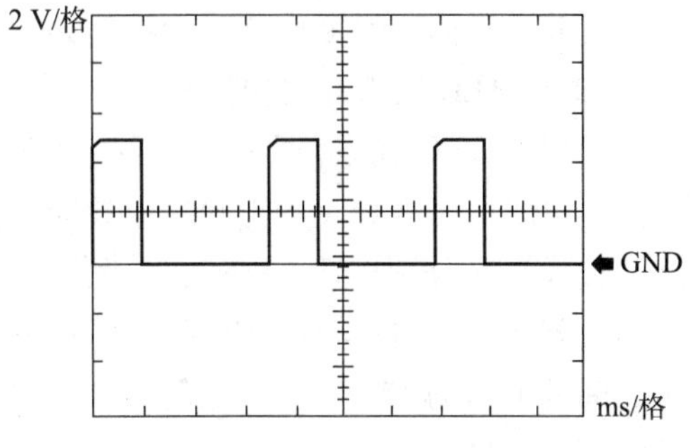

图 2.70 凸轮轴正时机油控制阀波形

（4）VVT－i 控制器的检修

关闭点火开关，将凸轮轴包上厚布夹紧在台钳上，转动控制器壳，锁销应能锁紧正时齿轮和凸轮轴，如图 2.71 所示。用尼龙胶带包住凸轮轴颈的 2 个提前油路和 2 个滞后油路，用橡胶块塞住两个提前油路和滞后油路中的 1 个，向另一个提前油路和滞后油路内施加约 150 kPa 的气压。先给正时滞后油路减压，凸轮轴正时齿轮总成应能向正时提前的反方向平滑转动，且无卡滞现象；再给正时滞后油路增压，给正时提前油路减压（应缓慢减压，以防转动冲击导致锁销损坏），凸轮轴正时齿轮总成应能向正时滞后的反方向平滑转动，且无卡滞现象。

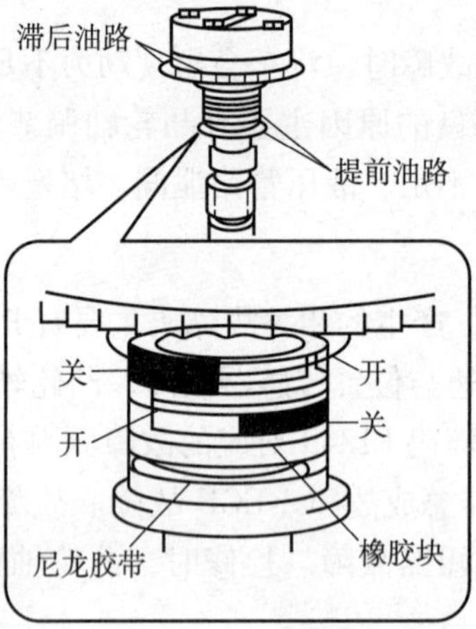


图 2.71　VVT－i 控制器的动作测试

**2. VTEC 系统的检修**

如果 VTEC 在发动机低速状态下一直工作，发动机会因进气量不足而无力；如果一直在高速状态下工作，发动机的燃油消耗量就会增加。当 VTEC 系统出现故障时，发动机故障指示灯就会点亮，显示出故障码。

（1）VTEC 电磁阀电路的检修

目测 VTEC 电磁阀与电子控制单元的连接导线是否有连接不良的现象。关闭点火开关，拆下 VTEC 电磁阀插头，检查 VTEC 电磁阀插头 1 号端子与 2 号端子（或接地）之间的电阻，正常值为 14 ~30 Ω，否则说明 VTEC 电磁阀损坏，应予更换。检查 VTEC 电磁阀插头端子 1 与 ECU 插接器相应端子之间的电阻，以及电磁阀插头端子 2 与接地之间的电阻，判断电路是否有断路故障。若导通，则接上 VTEC 电磁阀插头，检查 VTEC 电磁阀插头端子 1 与接地之间的电阻，判断电路是否有短路故障。

（2）VTEC 压力开关的检修

关闭点火开关，拆下 VTEC 压力开关插头，检测两接线端子之间的电阻。在发动机不工作时，电阻应为 0 Ω（压力开关应导通），否则，说明线路断路。起动发动机，将压力开关的两接线端子分别接蓄电池的正、负极，当发动机转速小于3 000 r/min时，压力开关应打开（两接线端子之间的电压为 0 V）；当转速大于 3 000 r/min 时，压力开关应关闭（两接线端子之间的电压为 12 V）。VTEC 压力开关插头棕/黑线与接地之间应导通，蓝/黑线与 ECU 端子之间也应导通。

（3）摇臂组的检修

使第一缸处于压缩行程上止点位置，拆下缸盖罩。用手按压第一缸的中间摇臂（进气侧），要求其能与主摇臂、次摇臂分离而单独运动。按做功顺序（1 －3 －4 －2）分别使各缸处于压缩行程上止点位置，并依次用上述方法检查每个缸的中间摇臂，结果应同上。如果中间摇臂不能单独运动，则应将主摇臂、中间摇臂和次摇臂作为整体（摇臂组）拆下，并检查中间摇臂和主摇臂内的同步活塞 A 是否能移动自如。如果某根摇臂需要更换，则必须整组地更换 3 个摇臂。

从检查油孔处注入 400 kPa 压力的压缩空气，并堵住泄油孔，然后把正时板推高

2 ~ 3 mm，这时同步活塞应能把 3 个摇臂连锁。不注入压缩空气，3 个摇臂又分开独立动作。

### 2.5.4 实操训练

**1. 训练内容**

利用实训电控发动机教学台架和实车，练习检测 VVT - i 控制电磁阀控制电路、电磁阀电阻值。

**2. 设备、工具**

数字万用表、示波器、故障诊断仪、拆装工具，电喷发动机电控故障诊断台架若干台，实训车辆一辆。（根据学生数量，分组进行讲解和熟悉）

**3. 实践与考核**

①根据控制系统工作原理，检测相关执行件。

检测控制电磁阀控制电路、连接线路、电磁阀线圈电阻值。

实验报告：基本知识点、基本内容、检查方法及检查结论，并写出故障诊断思路与步骤。

②考核标准（可采取教师考核或者学生互评的原则）：

| 序号 | 考核内容 | 分数 | 评分标准 | 得分 | 具体原因 |
|---|---|---|---|---|---|
| 1 | 正确使用相关检测仪器 | 10 | 仪器使用不规范每次扣 2 分 | | |
| 2 | 检测电磁阀控制电路、线圈电阻和导通情况 | 30 | 错误一项扣 3 分 | | |
| 3 | 故障诊断思路 | 20 | 诊断思路错误扣 15 分 | | |
| 4 | 安全用电，规范操作 | 15 | 违规操作扣 15 分 | | |
| 5 | 团队合作，讨论交流 | 15 | 依据现场情况而定 | | |
| 6 | 场地打扫，工件摆放 | 10 | 依据现场情况而定 | | |
| 7 | 总分 | 100 | | | |
| | 教师签字 | | | 年 月 日 | |

## 任务 2.6 废气涡轮增压控制系统

| 任务名称 | 废气涡轮增压控制系统 |
|---|---|
| 教学目标 | 了解废气涡轮增压控制系统的分类；<br>掌握废气涡轮增压控制系统的组成、工作原理以及控制方式；<br>掌握废气涡轮增压控制系统的检修方法 |
| 教学重点 | 废气涡轮增压控制系统的组成、工作原理和控制方式；废气涡轮增压控制系统的检修方法 |
| 教学说明 | 本任务内容采用 2 节理论 +1 节实践的教学安排。首先进行 2 节理论讲解废气涡轮增压控制系统的分类、组成和工作原理，重点讲述废气涡轮增压系统的控制原理及检修方法；然后 1 节实践课利用整车或发动机电控台架进行废气涡轮增压系统的故障诊断和检修 |
| 自我评价 | 优秀　　良好　　中等　　及格　　不及格 |

燃油机属于预混燃烧，也就是说，在着火前将燃油蒸气和空气按照一定比例混合而成，

再通过火花塞点燃混合好的可燃混合气，混合气燃烧释放能量推动活塞做功。故发动机输出功率的大小与充入气缸的空气质量有直接关系。在压缩比和发动机排量一定的条件下，提高充入气缸空气的密度是提高发动机功率的有效途径。增压可使进入气缸前的气体预先被压缩，再以高密度送入气缸；由于进气密度增大可使发动机得到更多的新鲜空气，所以可以较小的发动机排量获得较大的转矩和输出功率。有研究表明，增压使发动机功率比非增压提高40%~60%，同时燃油经济性也有所提高。

### 2.6.1 废气涡轮增压系统的分类

增压发动机就是在发动机进气过程中预先把空气压缩，提高进气压力和密度，从而提高进入气缸中的空气量。根据驱动压气机的方式不同，增压发动机可以分为机械增压、气波增压和涡轮增压三种基本类型。

**1. 机械增压**

机械增压系统所需要的功率取自发动机曲轴，通过发动机曲轴对外输出，带动压气机旋转压缩空气，提高进气量。机械增压有两种：一种为齿轮增速器驱动；另一种为传动带及电磁离合器驱动，如图 2. 72 所示。齿轮增速器驱动利用发动机曲轴，经过齿轮配合传递到增压器，增压器旋转压缩空气，提高进入气缸中的压力和密度。传动带及电磁离合器驱动曲轴，通过传动带到电磁离合器，再通过电磁离合器将动力传给增压器。增压器的动力来自发动机曲轴，如图 2. 73 所示。在低速时，增压效果比较好；在高速时，相当于给发动机带了一个负载，发动机油耗增加。

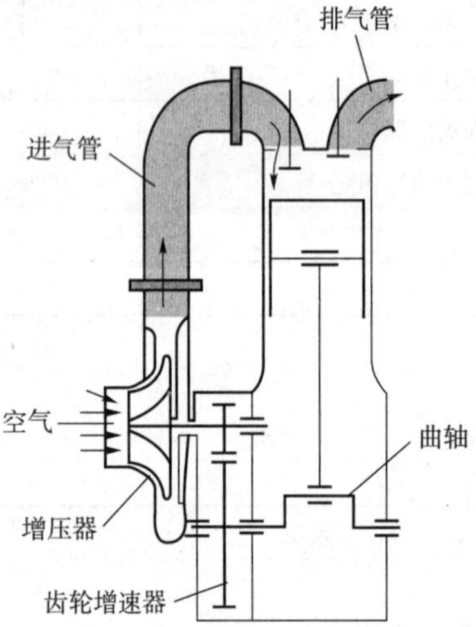


(a)

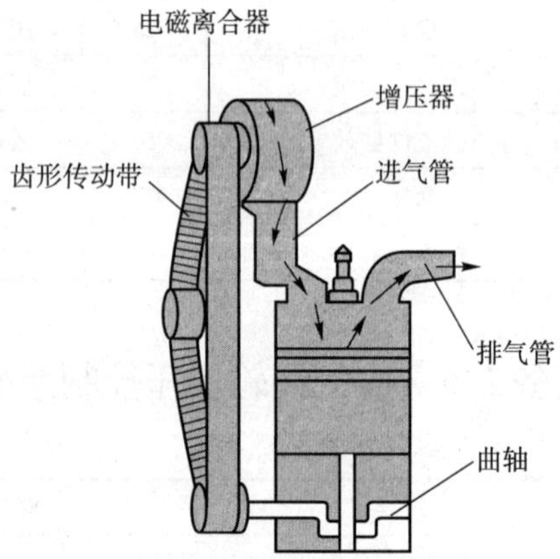


(b)

**图 2. 72 机械增压系统**

(a) 齿轮增速器驱动；(b) 传动带及电磁离合器驱动

**2. 气波增压**

气波增压是利用排气压力波使空气受到压缩，以提高进气压力。气波增压由曲轴经传动带驱动气波增压器转子，在转子中废气直接与空气接触，利用排气压力波使空气受到压缩，提高进气压力和密度，如图 2. 74 所示。气波增压系统是利用气波（膨胀波和压缩波）来传递能量的一种能量交换系统。

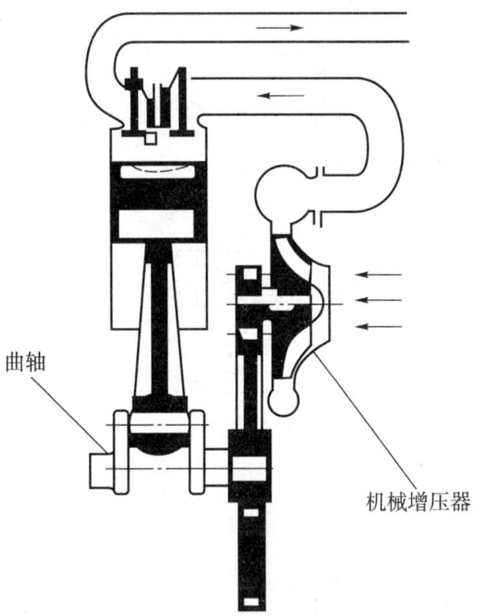


图 2.73　机械增压系统的基本原理

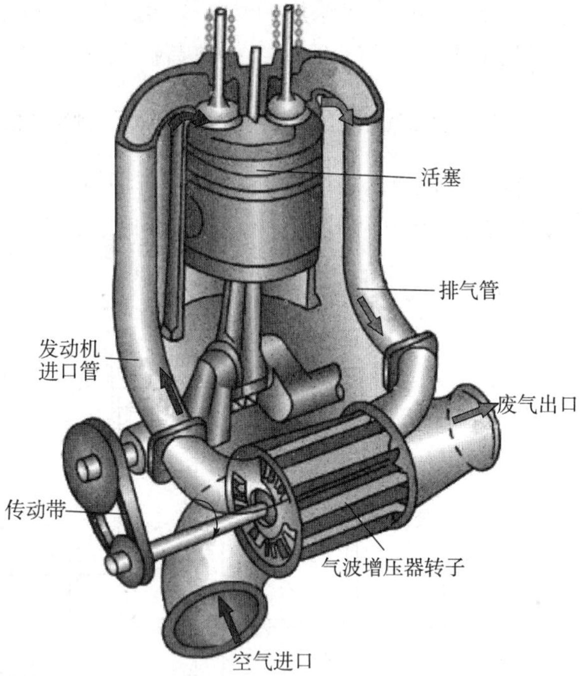


图 2.74　气波增压系统

**3. 涡轮增压**

涡轮增压（指废气涡轮增压）是利用发动机排出的具有一定能量（高压、高温）的废气驱动涡轮增压器中的动力涡轮高速转动，再带动同轴的增压涡轮一起转动，对从空气滤清器进入的新鲜空气进行压缩，然后再送入气缸，如图 2.75 所示。废气涡轮增压系统所需的压缩功率取自废气中的能量。因此，可以吸入大量的空气，显著提高进气效率，达到提高发动机输出功率的目的。

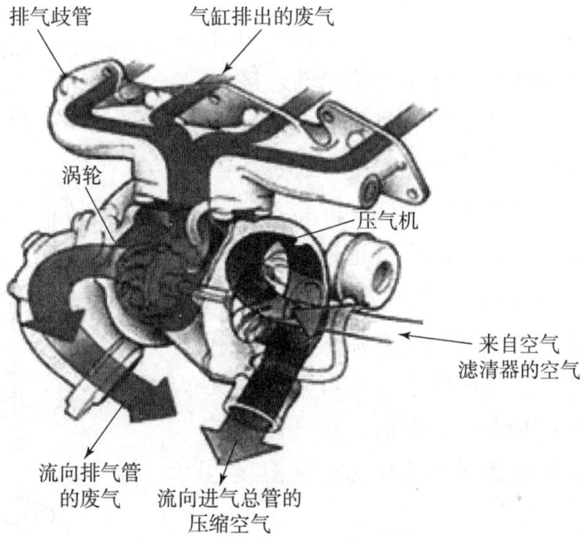


图 2.75　废气涡轮增压系统

目前在小轿车上采用的燃油发动机中应用最普遍、最有效的是废气涡轮增压，例如大众汽车的1.4T、1.8T、2.0T，标致雪铁龙汽车的1.2T、1.6T等。

### 2.6.2 废气涡轮增压系统的结构与工作原理

废气涡轮增压系统的结构与工作原理如图2.76所示。该系统主要有废气涡轮增压器（动力涡轮、增压涡轮）、膜片式控制阀、废气旁通阀和中冷器等组成。

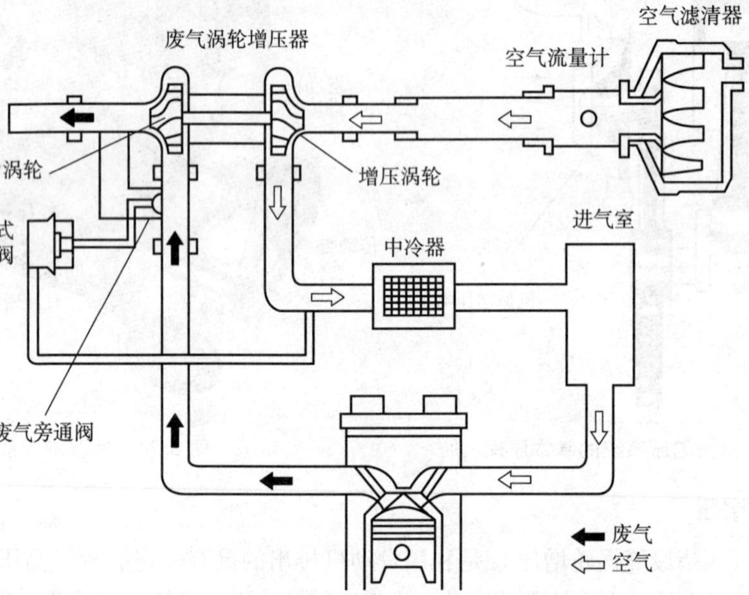


图2.76 废气涡轮增压系统的结构与工作原理

（1）废气涡轮增压器

废气涡轮增压器是废气涡轮增压系统最重要的部件，由动力涡轮、增压涡轮及中间体三部分组成，如图2.77所示。动力涡轮由涡壳、涡轮机叶轮和出气道等组成；增压涡轮由涡壳、增压叶轮和进气道等组成。涡轮机叶轮和增压叶轮同轴连接。

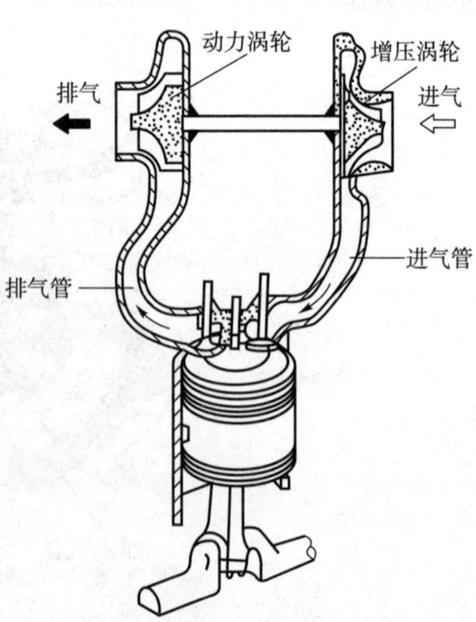


图2.77 废气涡轮增压器

发动机排气经过特定形状的喷管进入径流式动力涡轮。排气流过喷管时降压、降温、增速、膨胀，其压力能转变为动能，推动动力涡轮旋转，并带动增压器轴和增压涡轮一起旋转。空气经进气道进入增压涡轮。离心式增压涡轮旋转时，空气在离心力的作用下，沿着增压涡轮片流向叶轮周边。其流速、压力和温度均有较大增高，然后进入扩压管（有叶片式和无叶片式两种）。扩压管采用渐扩形流道，空气流经扩压管时减速增压，大部分动能转变为压力能，温度也有所升高。

废气涡轮增压器工作时最高转速可达250 000 r/min，因此，它的平衡和润滑非常重要。叶轮在工作时高速旋转，轴和轴承需要冷却和润滑。涡轮增压器一般都采用浮动轴承，它与轴以及轴承座之间都有间隙，形成双层油膜。增压器工作时，轴承在轴与轴承座中转动，来自发动机润滑系统主油道的机油，经进油口进入，润滑和冷却增压器轴与轴承，再经出油口返回油底壳。在增压器轴上装有油封，用来防止机油窜入增压涡轮或动力涡轮涡壳内。增压器工作时产生的轴向推力，由设置在增压涡轮一侧的整体式推力轴承承受。由于燃油机增压器的热负荷大，因此在增压器中间体的动力涡轮侧设置水套，并用水管与发动机的冷却系统相连。有些涡轮增压器在中间体内不设置冷却水套，只靠机油及空气对其冷却。

（2）中冷器

中冷器用来降低进入气缸前的空气温度，使其密度增加，进而提高发动机功率，降低油耗，降低热负荷以及减轻爆燃。

（3）膜片式控制阀

膜片左侧经增压压力调节电磁阀通增压空气，右侧作用弹簧，如图 2. 78 所示。当增压压力低时，弹簧推动膜片左移，带动联动杆将排气旁通阀关闭；当增压压力高时，膜片右移，通过联动杆将排气旁通阀打开，使部分排气直接排入排气管，从而降低涡轮机转速和增压压力。

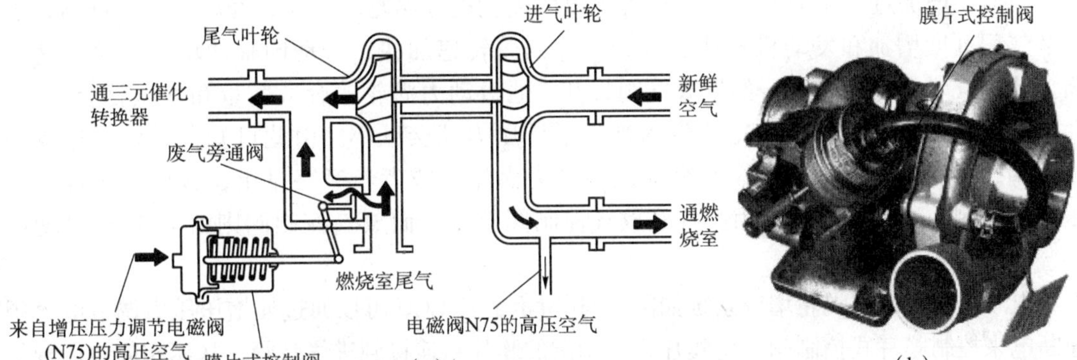


（a）　（b）

**图 2. 78　膜片式控制阀工作原理**

（a）工作原理；（b）安装位置

（4）增压压力调节电磁阀

增压压力调节电磁阀是一个二位三通阀，如图 2. 79 所示。当电磁阀断电时，膜片式控制阀的左室与低压空气端连通；当电磁阀通电时，膜片式控制阀的左室与高压空气端连通。

### 2.6.3　废气涡轮增压系统的控制原理

采用涡轮增压技术后，由于平均有效压力增加，发动机也较容易产生爆燃，热负荷偏高，易使发动机功率下降，甚至造成机件损坏。同时，由于进气歧管内空气密度增加，被压缩的空气温度随之增高，气缸内过高的空气温度使发动机爆燃倾向增大。为了保证发动机在不同转速及工况下都得到最佳增压值，以防止发动机爆燃和限制热负荷，对涡轮增压系统增压压力必须进行控制。

增压控制系统的作用就是根据发动机的运行工况变化，通过合理调节增压压力，进一步优化发动机的动力性、经济性以及排放性。目前，控制增压压力的方法很多，使用广泛而有效的是调节进入动力涡轮室的废气。

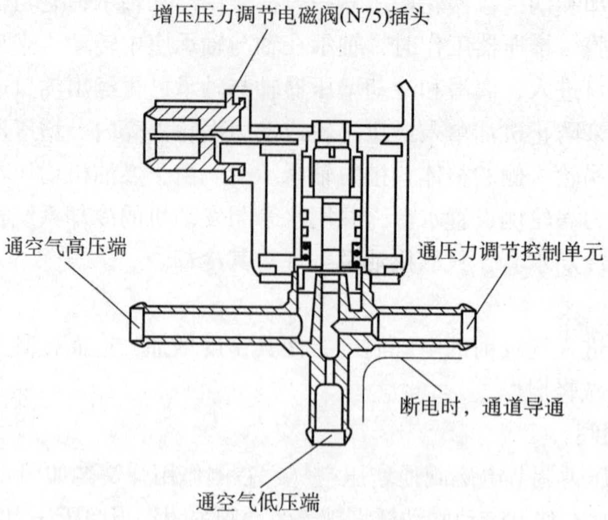


**图 2.79　增压压力调节电磁阀**

当需要增加进气压力时，排气歧管排出的废气进入涡轮增压器，经动力涡轮排出；随着节气门开度增加和发动机转速升高，动力涡轮转速加快，带动同轴的增压涡轮转速提高，使进气增压压力增大。如果放气阀打开，通过动力涡轮的废气数量和气压就会减小，动力涡轮转速降低，增压涡轮产生的进气增压压力就会减小。由此可知，只要通过控制放气阀，改变废气通路走向，使废气进入动力涡轮室或者经旁路排出，就可以实现增压压力的控制。通常，放气阀由膜片式放气控制阀控制，而放气控制阀则由 ECU 通过增压电磁阀进行控制。

电子控制式废气涡轮增压系统如图 2.80 所示，其 ECU 可以通过使增压压力调节电磁阀通断电来控制膜片式控制阀，使膜片式控制阀的膜片室连接到进气歧管，从而相应地得到低或高的控制压力，以控制废气旁通阀的开关。

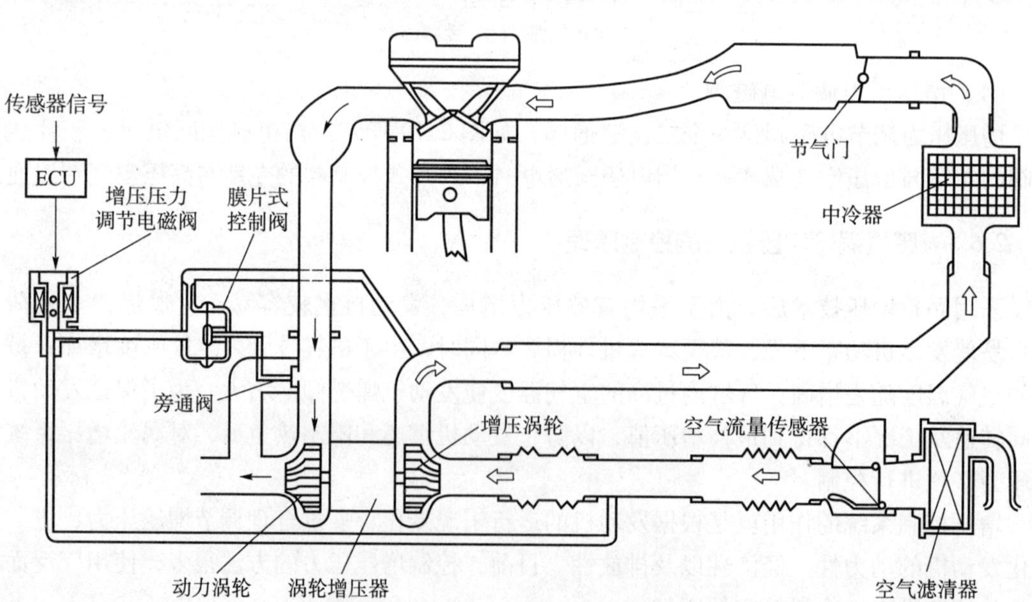


**图 2.80　电子控制式废气涡轮增压系统**

在ECU的存储器中，存储着发动机增压压力特性图的有关数据。增压压力理论值随发动机转速变化。在发动机工作时，ECU根据增压压力等传感器输入的信号，可以确定当时的实际进气增压压力，然后将实际进气压力与存储的理论值进行比较。若实际值与理论值不相符合，ECU则输出控制信号，对增压压力控制电磁阀进行控制，改变膜片式控制阀上的压力，使废气旁通阀动作。当实际进气压力低于理论值时，废气旁通阀阀门关闭；当实际进气压力高于理论值时，废气旁通阀阀门打开。

在实际控制中，为了获得较好的控制效果，大多数采用调节点火正时和调节增压压力相结合的办法。因为单一地降低增压压力会引起发动机运行性能降低；另外，由于采用涡轮增压后，发动机排气温度较高，所以不适宜单独采用调节点火正时的办法来控制爆燃，否则，温度的增高对高温排气驱动的涡轮有不利影响。因此，两种方法并用是首选模式。通常是，当ECU根据传感器输入的信号判断出发动机发生爆燃时，它既推迟点火提前角，又平行地降低增压压力。当这两方面调节使爆燃消失时，再通过点火正时调节装置将点火提前角调节至最佳，从而保证发动机输出最大功率。当点火提前角达到最佳值时，再慢慢增加空气来增加压力。

### 2.6.4 废气涡轮增压系统工作不良的原因及检修

**1. 废气涡轮增压系统工作不良的原因**

废气涡轮增压系统工作不良时，汽车会出现异响、加速无力、油耗上升、排气管冒黑烟、烧机油等异常现象，其主要原因有控制电路故障和气路故障两个方面。废气涡轮增压系统控制电路故障包括电磁阀故障、发动机ECU故障、传感器信号不良等；气路故障包括废气涡轮增压器漏油、异响或卡滞，膜片执行器损坏或调节异常等。

**2. 废气涡轮增压系统的检修**

上海大众帕萨特B5轿车AWL 1.8T发动机安装的废气涡轮增压系统如图2.81所示。它包括发动机控制模块J220、增压压力传感器G31、增压压力调节电磁阀N75、涡轮增压器换气电磁阀N249等。其控制电路如图2.82所示。

（1）基本检查

①检查废气涡轮增压器的涡轮壳，应无因过热、咬合、变形或其他损伤而产生的裂纹，否则应更换废气涡轮增压器。

②检查涡轮油孔，应无淤积和堵塞。

③检查废气涡轮增压装置的进油管和回油管，应无堵塞、压瘪、变形或其他损坏。

④检查废气涡轮增压器，应不漏机油。

⑤检查安装在活性炭罐和废气涡轮增压器前部进气软管之间的活性炭罐单向阀、制动助力器和进气歧管之间的单向阀，应安装正确，上面的箭头应指向导通方向。

⑥检查所有的管路，应连接牢固，无泄漏、老化等。

（2）增压压力的检测

用故障诊断仪和涡轮增压器检测仪进行增压压力的检测，当发动机转速为2 500 r/min时，检测值应为1.6～1.7 bar（160～170 kPa）。

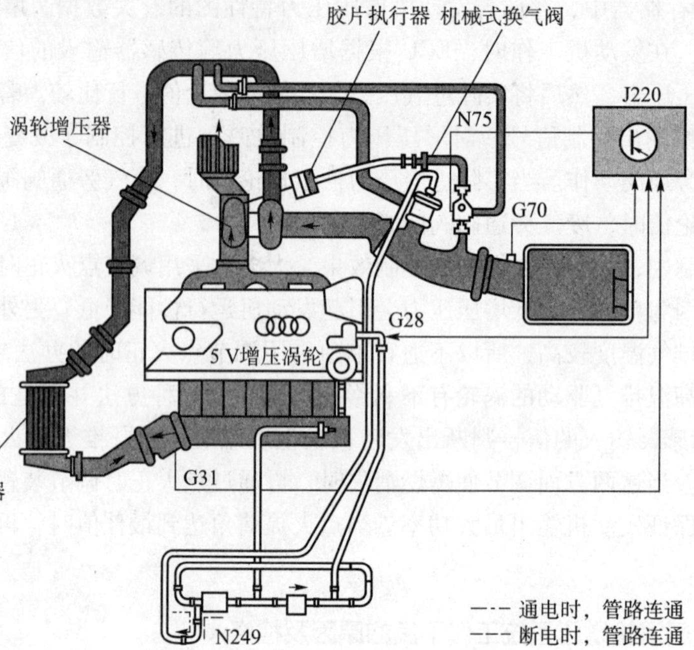


图 2.81　AWL 1.8T 废气涡轮增压系统

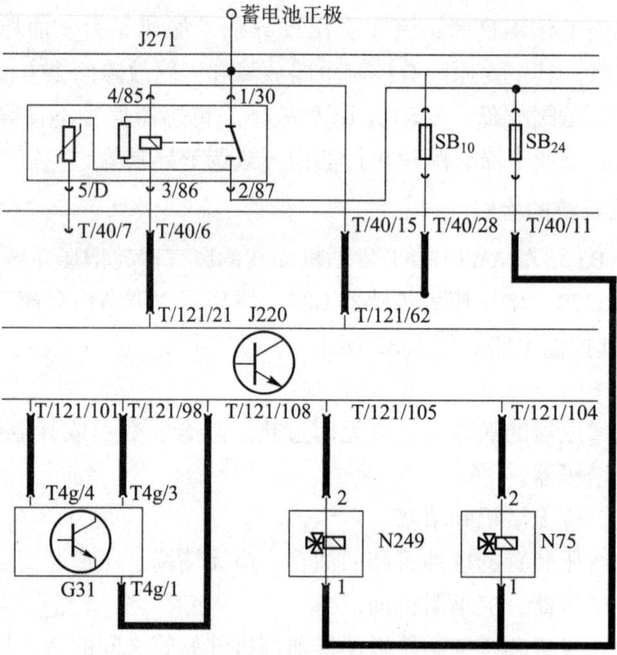


图 2.82　AWL 1.8T 废气涡轮增压系统的控制电路

（3）增压压力调节电磁阀 N75 的检修

①从增压压力调节电磁阀 N75 上拆下软管，接上辅助软管，起动执行元件诊断，并接通 N75，电磁阀发出“咔嚓”声响。

②拔下电磁阀的导线插接器，测量电磁阀两端子之间的电阻，应为 25 ~ 35 Ω。

③将数字万用表串联在搭铁及触点“1”之间，使起动机短时工作，其电压规定值为

12 V左右。

（4）增压压力传感器 G31 的检修

①用故障诊断仪读取故障码，如果有与增压压力传感器有关的故障码，则检查增压压力传感器的供电电压。

②检查供电电压。从增压压力传感器上拔下导线插头，接通点火开关，用万用表检测增压压力传感器导线插头供电端子（3 号端子）和接地端子（1 号端子）之间的电压，电压值应约为 5 V。如果供电电压未达到上述要求，则应检查增压压力传感器线路是否断路或短路；如果供电电压达到上述要求，则应检查增压压力传感器的信号电压。

③检查信号电压。插上增压压力传感器导线插头，用万用表检测增压压力传感器导线插头 4 号端子（信号端子）和 1 号端子（接地端子）之间的信号电压。发动机在怠速运转时，电压值应约为 1. 9 V；发动机在急加速时，电压值应为 2. 0 ~ 3. 0 V。如果信号电压不符合上述要求，则应检查信号线路是否断路或短路；如果线路正常，则更换增压压力传感器。

④检查增压压力调节单元及连接管路。让发动机怠速运转 5 min，急踩加速踏板使发动机转速迅速升高到 5 000 r/min，增压压力调节单元的推杆应能正常移动，无卡滞现象。

### 2.6.5 实操训练

**1. 训练内容**

利用上海大众帕萨特 B5 轿车 AWL 1. 8T 发动机教学实训台架和实车，学习涡轮增压控制系统的组成，画出涡轮增压系统的控制电路，对涡轮增压系统进行基本检查，检测相关电磁阀和传感器的供电电压、输出信号以及相关电阻值。

**2. 设备、工具**

数字万用表、示波器、故障诊断仪、拆装工具，电喷发动机电控故障诊断台架若干台，实训车辆一辆。（根据学生数量，分组进行讲解和熟悉）

**3. 实践与考核**

①根据涡轮增压控制系统控制原理，画出电路图并进行相关检查。

学习涡轮增压控制系统的组成，并对其基本检查项目进行检查；检测涡轮增压系统的传感器、电磁阀的供电电压、输出信号以及相关电阻值。学会分析简单故障的原因，并能够进行简单故障诊断。

实验报告：基本知识点、基本内容、检查方法及检查结论，并写出故障诊断思路与步骤。

②考核标准（可采取教师考核或者学生互评的原则）：

| 序号 | 考核内容 | 分数 | 评分标准 | 得分 | 具体原因 |
|---|---|---|---|---|---|
| 1 | 正确使用相关检测仪器 | 10 | 工具使用不规范每次扣 2 分 | | |
| 2 | 画出控制系统电路 | 10 | 错误一项扣 3 分 | | |
| 3 | 正确识别涡轮增压控制系统的组成部件 | 5 | 错误一项扣 1 分 | | |

续表

| 序号 | 考核内容 | 分数 | 评分标准 | 得分 | 具体原因 |
|---|---|---|---|---|---|
| 4 | 基本项目检查 | 5 | 错误一项扣 1 分 | | |
| 5 | 涡轮增压压力传感器相关检测 | 15 | 错误一项扣 3 分 | | |
| 6 | 增压压力调节电磁阀的检测 | 15 | 错误一项扣 3 分 | | |
| 7 | 简单故障诊断思路 | 5 | 诊断思路错误扣 5 分 | | |
| 8 | 安全用电，规范操作 | 15 | 违规操作扣 15 分 | | |
| 9 | 团队合作，讨论交流 | 10 | 依据现场情况而定 | | |
| 10 | 场地打扫，工件摆放 | 10 | 依据现场情况而定 | | |
| | 总分 | 100 | | | |
| | 教师签字 | | | 年 月 日 | |

## 模块小结

空气供给系统主要由空气滤清器、空气流量传感器（L 型）或进气歧管压力传感器（D 型）、节气门、节气门位置传感器、进气总管、进气歧管等组成；另外，进气温度传感器、怠速控制阀也被安装在空气供给系统中。

空气流量传感器的功用是检测发动机进气量的大小，并将进气量信息转换成电信号输入电子控制单元（ECU），以供 ECU 计算确定喷油时间（即喷油量）和点火时间。进气量信号是控制单元计算喷油时间和点火时间的主要依据。

空气流量传感器类型多样，有叶片式、卡门涡流式和热丝（膜）式。其中，热丝（膜）式空气流量传感器能够直接检测空气气流的质量流量，避免海拔高度变化引起的检测误差，检测精度高，工作性能稳定，响应速度快，被广泛应用于各种类型的燃油喷射系统中。

热线（膜）式空气流量传感器出现的故障一般有两种情况：一种是完全失效，电路断路或短路；另一种是热丝污染或热膜破裂，传感器计量失准，不能提供正确的空气进气流量信号，使混合气过稀或过浓，引起发动机工作不良。

进气歧管压力传感器将发动机进气歧管内绝对压力（真空度）转换成电压信号，与发动机转速信号一起输送到 ECU，ECU 根据进气歧管内绝对压力和发动机转速信号计算出空气流量，作为确定喷油器基本喷油量和点火时间的依据。

节气门位置传感器可以将节气门的开度（发动机负荷）转换成电信号输送给 ECU，ECU 以此判定发动机的运转工况（如怠速工况、部分负荷工况、大负荷工况等），并根据发动机不同工况对混合气浓度的需求来控制喷油时间。

电子节气门控制系统在 ECU 的控制下，通过节气门驱动装置驱动节气门，可实现节气门开度的快速精确控制，使发动机在最适当的状态下工作，从而提高汽车的动力性、安全性及舒适性，降低排放污染。它主要由节气门体、加速踏板、加速踏板位置传感器、节气门位置传感器、节气门驱动装置和 ECU 等组成，通常采用双加速踏板位置传感器和双节气门位置传感器实现双信号输出。加速踏板位置传感器产生反映加速踏板下踏量大小和变化速率的电压信号并输入 ECU，用于检测加速踏板的位置变化情况。

发动机怠速控制（ISC）的目的就是在保证发动机排放要求且运转稳定的前提下，由 ECU 自动控制怠速工况下的空气供给量，维持发动机以稳定怠速运转，以降低燃油消耗量，即实现对热机怠速工况进气量和空燃比的闭环反馈控制。

进气惯性增压控制系统利用进气的惯性效应来提高充气效率，从而提高发动机的动力性和经济性。

智能可变气门正时系统是一种控制进气凸轮轴气门正时的机构，在进气凸轮轴与传动链轮之间具有油压离合装置，让进气门凸轮轴与链轮之间转动的相位差在 0°～40° 内可以改变，通过调整凸轮轴转角对气门正时进行优化，从而提高发动机在所有转速范围内的动力性、经济性和排放性。

可变气门正时及气门升程电子控制系统有中低速用和高速用两组不同的驱动凸轮，由 ECU 根据传感器的输入信号，通过电磁阀调节摇臂活塞液压系统，改变进气门正时与升程，提高发动机的燃烧效率和大负荷、高转速时的功率性能，使发动机在低速时具有较大的转矩，而高速时又能输出较大的功率，因此极大地改善了汽车的动力性和经济性。

废气涡轮增压是利用发动机排出的具有一定能量（高压、高温）的废气驱动涡轮增压器的动力涡轮高速转动，再带动同轴的增压涡轮一起转动，对从空气滤清器进入的新鲜空气进行压缩，然后再将其送入气缸，由此，可以吸入大量的空气，显著提高进气效率，达到提高发动机输出功率的目的。

## 练习题

### 一、填空题

1. D 型燃油喷射系统通过检测________和发动机转速，推算出吸入的________，又被称为________控制型。

2. 热丝式空气流量传感器中的热丝指的是________________________，冷丝指的是________________。

3. 在发动机运转过程中，当节气门开度增大时，进气歧管压力________，进气歧管压力传感器的信号电压________。

4. 在用示波器检测触点与可变电阻组合式节气门位置传感器的输出信号电压波形时，波形上不应有________、________和________。

5. 怠速控制的实质是对怠速工况下的________进行控制。

6. 负温度系数型热敏电阻具有温度升高电阻值________、温度降低电阻值________的特性，而且呈明显的________ 关系。

7. 随着冷却液温度的上升，应逐步________喷油脉宽、________混合气浓度。

8. 电子节气门控制系统采用冗余设计的两个传感器具有________的输出特性，可________，增加系统的可靠性。

9. 提高充入气缸的空气密度常用的两种方法是________增压和________增压，现代汽车以________为主。

10. 废气再循环系统工作不良，不仅造成发动机________，而且会引起发动机________，怠速运转________，甚至熄火。

二、选择题

1. 对于速度密度型燃油喷射系统，对喷油器的喷油时间影响最大的是（　）。

A. 热丝式空气流量传感器　　B. 进气歧管压力传感器

C. 氧传感器　　D. 冷却液温度传感器

2. 属于质量流量型的空气流量传感器的是（　　）。

A. 卡门涡旋式空气流量传感器　　B. 进气歧管压力传感器

C. 叶片式空气流量传感器　　D. 冷却液温度传感器

3. 在正常情况下，当拔下冷却液温度传感器插头时，发动机转速会（　）。

A. 突然下降　　B. 突然上升

C. 忽高忽低　　D. 没有变化

4. 发动机在起动时，怠速控制阀预先设定在（　　）位置，有利于发动机的起动。

A. 怠速　　B. 微微开启

C. 部分开启　　D. 全开

5. 电子节气门控制系统工作时，ECU 通过调节（　　）来控制直流电动机的输出转矩，进而调节节气门转角的大小。

A. 电压　　B. 电流

C. 频率　　D. 占空比

6. 当发动机（　　）时，需要进行废气再循环。

A. 冷却液温度低　　B. 正常温度大负荷

C. 高速和全负荷　　D. 怠速及小负荷

7. 当发动机高速运转时，VTEC 发动机的主进气门、副进气门由（　　）驱动。

A. 主凸轮　　B. 次凸轮

C. 中间凸轮　　D. 占空比

8. 减少 $NO_x$ 排放的主要方法是（　　）。

A. 燃油蒸发排放控制　　B. 废气再循环控制系统

C. 氧传感器及三元催化剂转化控制系统　　D. 二次空气喷射控制系统

9. 利用进气过程气流的动态效应，改善发动机高低速充气效率的措施有（　　）。

A. 扩大进气管直径　　B. 增大进气管弯曲部分的曲率半径

C. 采用多气门机构　　D. 可变气门控制技术

10. 如果怠速控制阀的阀体锥面有较多积炭，将会导致发动机（　　）。

A. 进气量减小、混合气过浓，冷起动困难

B. 进气量减小、混合气过稀，冷起动困难

C. 进气量增大、混合气过稀，冷起动困难

D. 进气量增大、混合气过浓，冷起动困难

三、简答题

1. 如何进行热膜式空气流量传感器的检测？

2. 从功能上讲，节气门位置传感器与空气流量传感器有怎样的关系？

3. 电子节气门控制系统的组成及其工作原理是什么？
4. 谐波进气增压系统的工作原理是什么？
5. 废气涡轮增压的工作原理是什么？
6. 节气门位置传感器的工作原理是什么？说明其引脚含义。
7. 相对其他几种流量传感器，热膜式空气流量传感器有何特点？
8. 简述进气温度传感器的工作原理以及检测方法。

# 模块三

## 发动机燃油供给系统

### 任务 3.1　燃油供给系统的组成

| 任务名称 | 燃油供给系统的组成 |
| --- | --- |
| 教学目标 | 掌握燃油供给系统的作用及组成；<br>掌握燃油供给系统各组成部分的结构及工作原理 |
| 教学重点 | 燃油供给系统的组成及工作原理 |
| 教学说明 | 本任务采用 1 节理论 +1 节实践进行教学，也可理论、实践穿插同时进行。利用发动机总成实物及燃油泵、燃油压力调节器、喷油器等单个实物部件，通过触摸、拆装等方式来逐步了解燃油供给系统的组成及各组成部分的结构及工作原理 |
| 自我评价 | 优秀　　良好　　中等　　及格　　不及格 |

燃油供给系统的作用是根据发动机各工况的要求向发动机提供清洁的、具有适当压力并经精确计量的燃油。系统结构如图 3.1 所示，包括燃油箱、燃油滤清器、电动燃油泵、供油管、回油管、燃油分配管、燃油压力调节器、喷油器等。本模块主要介绍电动燃油泵、燃油压力调节器和喷油器的组成结构、工作原理、控制方式及常见故障与检修。

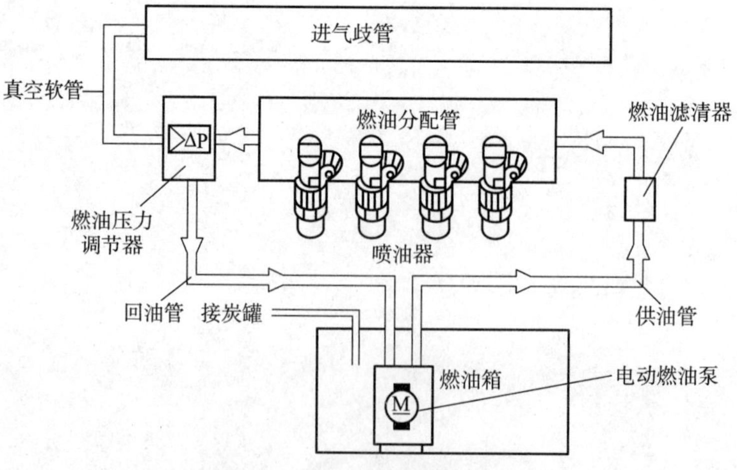


图 3.1　燃油供给系统的组成

燃油供给系统的工作原理如图 3.2 所示。电动燃油泵将燃油从燃油箱中吸出并加压，经燃油滤清器过滤杂质，通过管道输送至燃油分配管，用燃油压力调节器使燃油分配管中的燃油压力与进气歧管压力的差值保持恒定（一般燃油压力比进气歧管压力高出 250 ~ 300 kPa），然后在 ECU 的控制下（喷油开始时刻和喷油持续时间）由喷油器向各进气管中喷射燃油，多余的燃油经燃油压力调节器流回油箱。

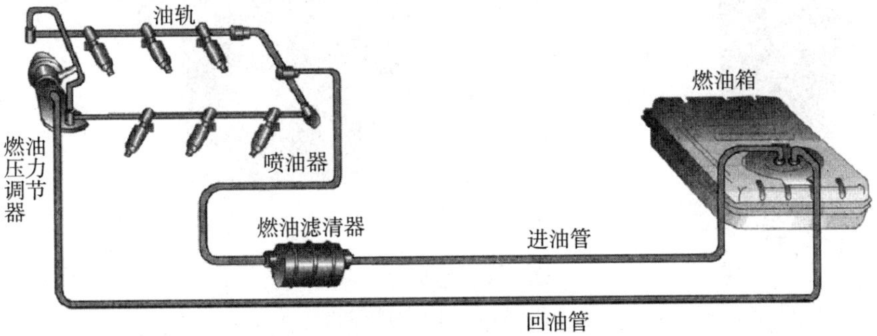


**图 3.2　燃油供给系统的工作原理**

由于回油管的燃油将发动机舱内的热量带回燃油箱而导致燃油升温，造成燃油蒸发过多，排放物中碳氢化合物增多，所以目前有些发动机的燃油供给系统通过采用无回油管系统来减少燃油蒸发排放，将燃油滤清器、燃油压力调节器与燃油泵一体装入油箱，形成单管路燃油系统，如图 3.3 所示为丰田威驰 SA－FE 型发动机的燃油供给系统示意图。

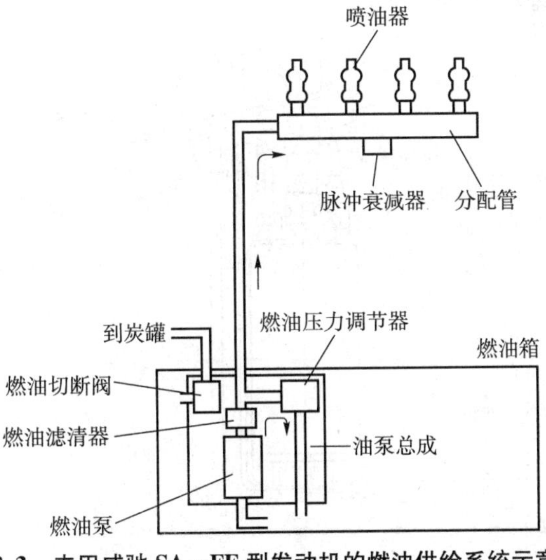


**图 3.3　丰田威驰 SA－FE 型发动机的燃油供给系统示意图**

### 3.1.1　电动燃油泵

燃油泵的作用是将燃油从油箱中吸出，并以足够的泵油量和泵油压力向燃油系统供油，如图 3.4 所示。为防止发动机供油不足及高温而产生的气阻，燃油泵的最高输出油压需要 470 kPa 左右，曾经在货车上采用过机械膜片式燃油泵，现代轿车则广泛采用电动燃油泵。

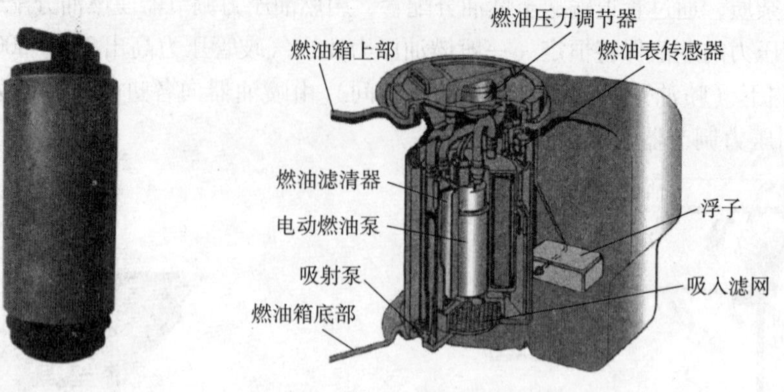


**图 3.4　电动燃油泵**

(a) 外形；(b) 内部结构

电动燃油泵常见的安装位置有两种，即油箱外置型和油箱内置型。油箱外置型电动燃油泵安装在油箱外，串联在输油管上，易布置，安装自由度大，但噪声大，易产生气阻；油箱内置型电动燃油泵安装在油箱内部，浸泡在燃油里，这样可以防止产生气阻和燃油泄漏，且噪声小。此外，内置型还在油箱中设一个小油箱，将燃油泵放在小油箱中，这样可以防止在燃油不足而汽车转弯或倾抖时，燃油泵吸入空气而产生气阻，如图 3.5 所示。目前大多数电动燃油泵均采用油箱内置型电动燃油泵。

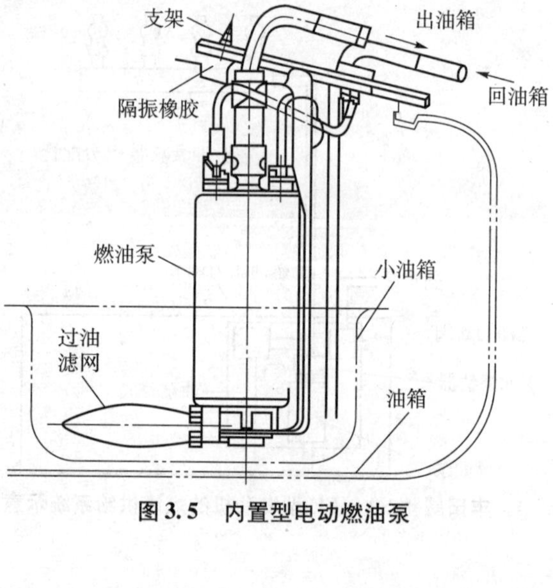


**图 3.5　内置型电动燃油泵**

**1. 组成结构**

无论是哪种型式的电动燃油泵，其结构基本上是相同的，即都是由直流电动机、燃油泵、限压阀、单向阀和外壳等组成，如图 3.6 所示；所不同的只是采用的燃油泵的型式各异。

泵安装于直流电动机的一端，由直流电动机的电枢轴带动旋转，直流电动机则由 ECU 控制。

当点火开关打开时，直流电动机的电路接通，电枢受到电磁力的作用而转动，带动燃油泵一起转动，将燃油从燃油箱中吸出，经进油口进入燃油泵。当燃油泵内油压超过单向阀的弹簧压力时，燃油经出油口泵入燃油分配管，再分配到各个喷油器。

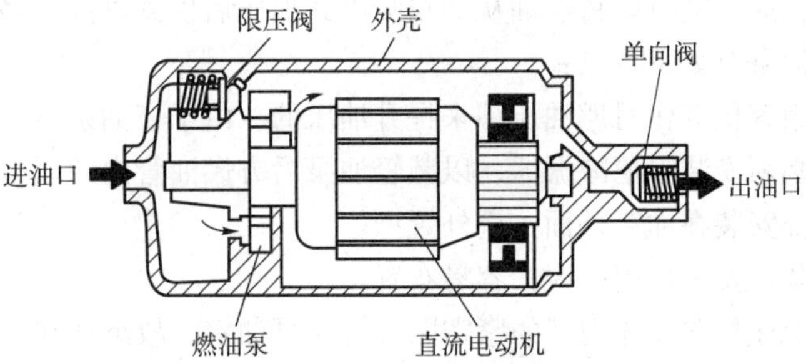

**图 3.6　电动燃油泵结构**

当燃油泵内的油压超过规定值时（一般为 320 kPa），油压将克服限压阀弹簧的弹力使限压阀打开，部分燃油经限压阀返回到进油口一侧，使泵内压力不致过高而损坏燃油泵。

电动燃油泵常见的结构型式有四种，即滚柱式、涡轮式、转子式和侧槽式，目前应用较多的是滚柱式和涡轮式两种。

（1）滚柱式

滚柱式电动燃油泵的结构如图 3.7 所示，由直流电动机、滚柱泵、单向阀、限压阀等组成。其中滚柱泵结构由滚柱、泵转子、泵壳体等组成。

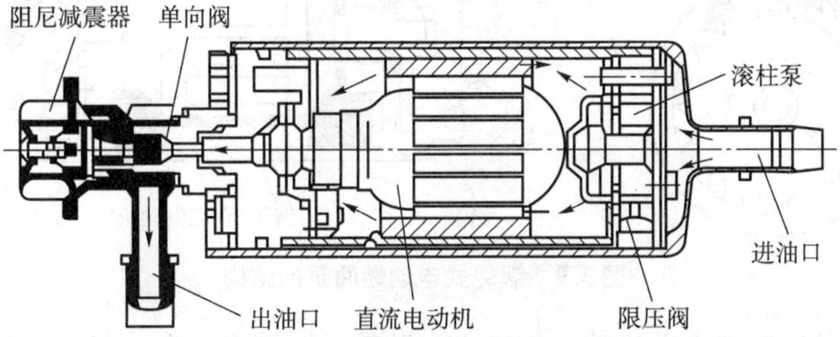

**图 3.7　滚柱式电动燃油泵的结构**

滚柱式电动燃油泵的工作原理如图 3.8 所示。装有滚柱的泵转子偏心安装在电动机的转子轴上，随电动机一起旋转。滚柱安装在泵转子的凹槽内，可以自由移动，泵壳体侧面制有进油口和出油口。

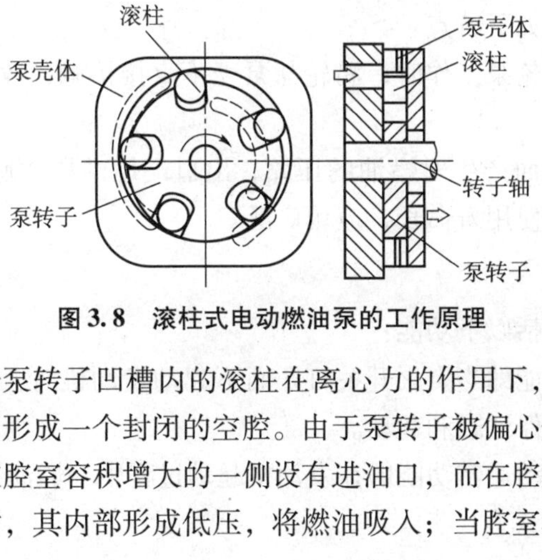

**图 3.8　滚柱式电动燃油泵的工作原理**

泵转子旋转时，位于泵转子凹槽内的滚柱在离心力的作用下，压靠在泵壳体的内表面上，两个相邻的滚柱之间形成一个封闭的空腔。由于泵转子被偏心安装，腔室的容积在转动过程中不断变化，所以在腔室容积增大的一侧设有进油口，而在腔室容积变小的一侧设有出油口。当腔室容积变大时，其内部形成低压，将燃油吸入；当腔室容积变小时，其内部压力增大，将燃油压出，这样就可以将燃油从油箱吸出并加压后供到供油管路中。

滚柱式电动燃油泵有如下特点：

①滚柱泵是利用容积变化对燃油压缩来提升油压的。由于燃油泵出口端输油压力脉动较大，所以在出口端必须安装阻尼减振器，以减轻油泵后方燃油管内的压力脉动。这使燃油泵体积增大，故一般都安装在油箱外面，属外置型。

②由于外置安装，安装自由度大，容易布置。

③滚柱泵依靠滚柱与泵壳体内壁的紧密贴合构成泵油室，故滚柱和泵壳体易磨损，运转中噪声较大，使用寿命不长。

（2）涡轮式

涡轮式电动燃油泵的结构如图 3.9 所示，由直流电动机、涡轮泵、单向阀、限压阀等组成，其中涡轮泵由叶轮、叶片和外壳组成。

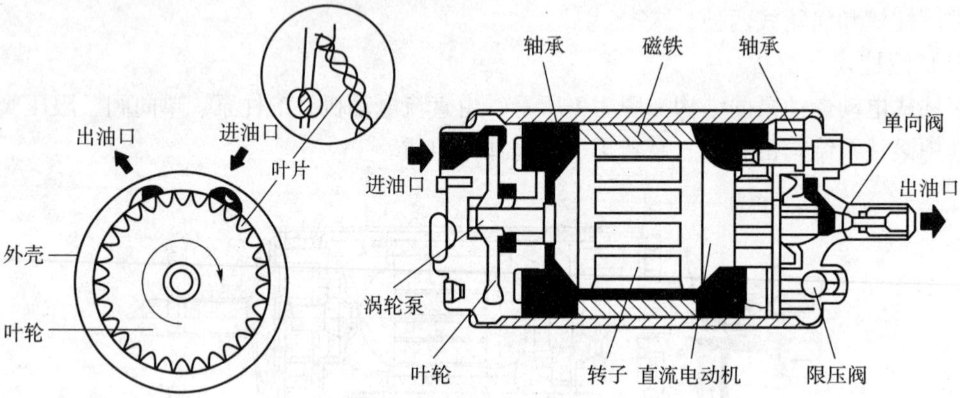


**图 3.9　涡轮式电动燃油泵的结构**

涡轮泵的叶轮安装在电动机的电枢轴上，叶轮的圆周上制有小槽，叶片安装在小槽内部。直流电动机旋转时带动叶轮一起转动，由于离心力的作用，叶轮周围小槽内的叶片紧贴泵壳，并将燃油从进油腔带往出油腔。由于进油腔的燃油被不断带走，故产生一定的真空度，油箱内的燃油经进油口吸入，而出油腔燃油不断增多，燃油压力升高。当油压升到一定值时，会顶开出油口的单向阀而输出。

涡轮式电动燃油泵有如下特点：

①与滚柱泵相比，涡轮泵工作时，涡轮与泵壳不直接接触，故工作时噪声低、振动小、磨损小、可靠性高。

②不存在因容积变化而产生对燃油的压缩，出口端燃油压力脉动小，可取消阻尼减振器，便于直接装入油箱，使用寿命长，应用广泛。

**2. 控制电路**

电动燃油泵的控制包括以下功能：

①运转功能。运转功能即当点火开关打开而不起动发动机时，油泵能预先运转 3 ~ 5 s，向油管中预充压力燃油，保证顺利起动。

②起动运转功能。起动运转功能即在发动机起动过程中，燃油泵能同时运转，保证起动时供油。

③恒速运转功能。恒速运转功能即在发动机正常运转过程中，燃油泵能始终保持恒速运转，保证正常的泵油压力和泵油量。

④变速运转功能。变速运转功能即根据发动机工况的变化控制油泵高、低速运转变换。当发动机在高速、大负荷工况下耗油较多时，燃油泵以高速运转；当发动机在低速、中小负荷工况下工作时，燃油泵以低速运转，以减少不必要的燃油泵磨损和电能消耗。

⑤自动停转保护功能。自动停转保护功能即发动机熄火后，即使点火开关仍处于接通状态，燃油泵也能自动停转。这一功能可防止汽车因碰撞等事故造成油管破裂时的燃油大量外溢，避免因点火开关处于接通而引起火灾。

燃油泵控制电路的上述功能不一定全反映在某一车型上，各车型控制电路所能实现的控制功能不尽相同，有的控制功能较少，有的控制功能较多。下面介绍几种常见的油泵控制电路。

（1）由 ECU 控制的燃油泵控制电路

如图 3.10 所示，此种控制电路应用于 D 型和采用热丝（膜）、卡门旋涡式空气流量传感器的 L 型电控燃油喷射系统中，燃油泵转速不变、输油量恒定。该控制电路由 ECU 和电路断开继电器对燃油泵工作进行控制。

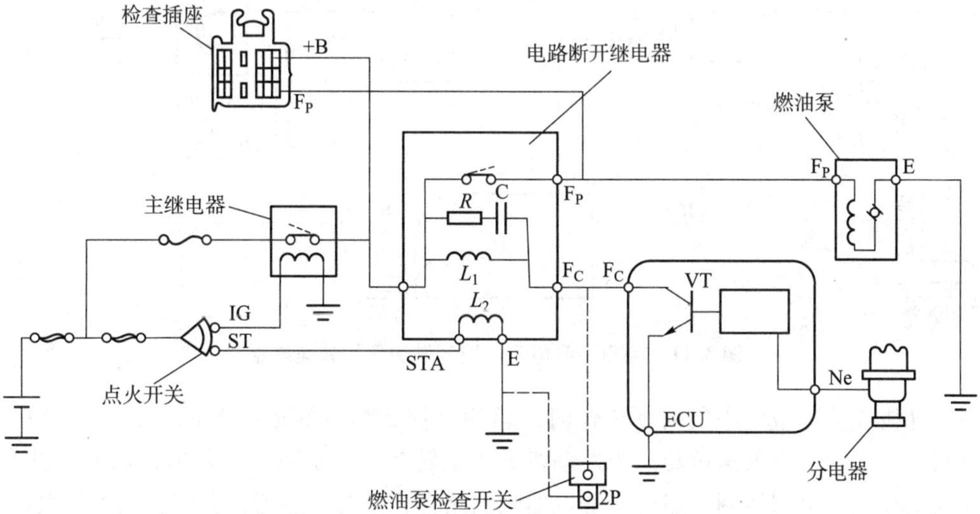


**图 3.10　由 ECU 控制的燃油泵控制电路**

起动发动机时，点火开关处于“起动”挡，点火开关 ST 端子通电，电路断开继电器 $L_2$ 线圈通电，使电路断开继电器触点闭合，电源向燃油泵供电，燃油泵工作，处于起动供油状态。

发动机起动后进入正常运转时，转速传感器将发动机转速 Ne 信号输入 ECU，ECU 控制晶体管 VT 导通，$L_1$ 线圈通电，电路断开继电器触点继续保持闭合状态，燃油泵继续工作。

发动机停止运转时，ECU 接收不到转速传感器发出的 Ne 信号而使晶体管 VT 截止，线圈 $L_1$ 断电，电路断开继电器触点打开，燃油泵供电线路中断，燃油泵停止工作。

这种控制方式还具有预运转功能，即当点火开关由“OFF”至“ON”挡，但不起动发动机时，ECU 会控制燃油泵运转 3 ~5 s，使油路中的油压提高，从而方便起动。

对这种形式的控制电路，用连接线将检查插座中的 +B 和 $F_P$ 插孔连接起来，可使燃油泵运转。用此方法可判断燃油泵及其控制电路的故障。

(2) 具有转速控制的燃油泵控制电路

燃油泵的转速由外加电压决定。一般燃油泵转速控制分低速和高速两级，目前常见的燃油泵转速控制方式有利用串联电阻器控制燃油泵的转速、利用燃油泵 ECU 控制燃油泵的转速、利用发动机 ECU 直接控制燃油泵的转速三种。

①利用串联电阻器控制燃油泵的转速。如图 3.11 所示，在燃油泵控制电路中增设一个电阻器（降压电阻）和燃油泵控制继电器（电阻器旁路继电器）以实现对燃油泵转速进行二级控制（高速、低速）。发动机工作时，ECU 根据发动机转速和负荷，对燃油泵控制继电器进行控制，燃油泵控制继电器则控制电阻器是否串入燃油泵电路中，以此控制电源加到燃油泵电动机上的不同电压，从而实现燃油泵转速的变化。

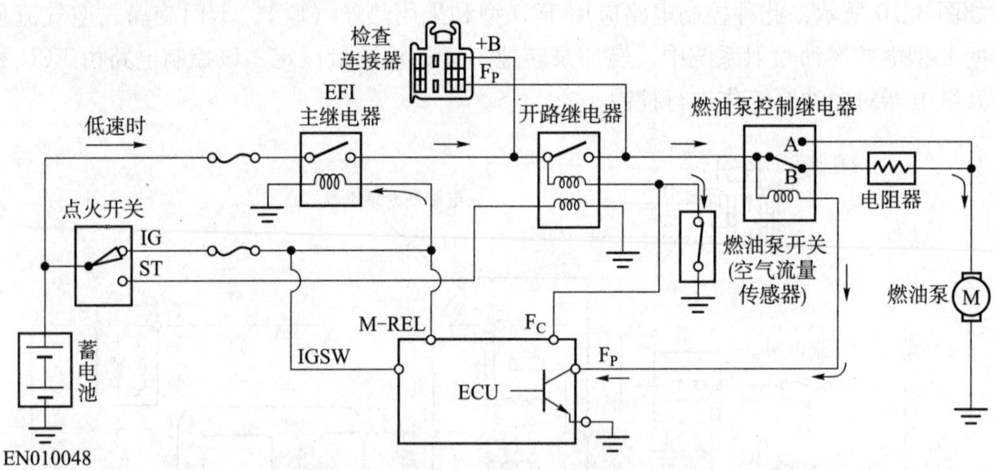


**图 3.11　利用串联电阻器控制燃油泵的转速电路**

当发动机在低速或中小负荷下工作时，燃油泵控制继电器触点 B 闭合，电阻器串入燃油泵电路中，燃油泵以低速运转。当发动机处于高转速、大负荷下工作时，ECU 输出信号，切断燃油泵控制继电器线圈电路，使继电器触点闭合，此时电阻器被旁路，燃油泵电动机直接与电源相通，燃油泵处于高速运转。

②利用燃油泵 ECU 控制燃油泵的转速。该种方式为了对燃油泵进行控制，特别是对燃油泵转速进行控制，专设一个燃油泵 ECU 对燃油泵转速进行二级控制（高速、低速），如图 3.12所示。燃油泵 ECU 对燃油泵转速（泵油量）的控制，也是通过控制加到燃油泵电动机上的电压来实现的。

当发动机在起动阶段或高转速、大负荷下工作时，发动机 ECU 向燃油泵 ECU 的 FPC（燃油泵控制）端输入一个高电平信号，此时燃油泵 ECU 的 Fp 端向燃油泵电动机供应较高的电压（相当于蓄电池的电压），使燃油泵高速运转。发动机起动后，在怠速或小负荷下工作时，发动机 ECU 向燃油泵 ECU 的 FPC 端输入一较低电平信号，此时 ECU 的 Fp 端向燃油泵电动机供应低于蓄电池的电压（约 9 V），使燃油泵低速运转。

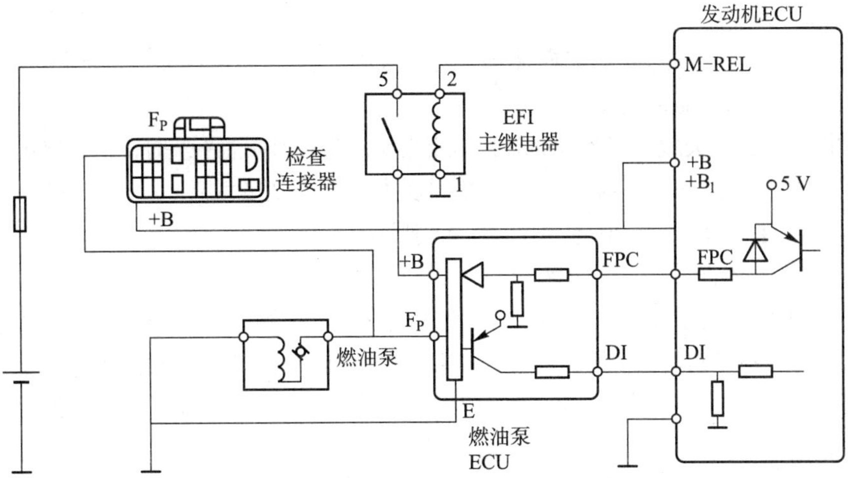


**图 3.12 利用 ECU 控制燃油泵的转速电路**

当发动机的转速低于最低转速（如 120 r/min）时，燃油泵 ECU 断开燃油泵电路，使燃油泵停止工作。尽管此时点火开关处于接通状态，燃油泵也不工作。图中发动机 ECU 与燃油泵 ECU 间的连接线 DI 为燃油泵 ECU 的故障诊断信号线路。

③利用发动机 ECU 直接控制燃油泵的转速。如图 3.13 所示，发动机工作时，发动机 ECU 原则上根据燃油消耗量、需要的回油量和供油装置的温度等，通过内部的控制回路 IC 控制功率晶体管 VT 进行高频率（约 20 kHz）的导通和截止，控制 $A$ 点的平均降压值（分压值），使燃油泵保持在所需的工作电压。燃油泵的工作电压和发动机负荷成正比变化。发动机 ECU 在进行实际控制时，燃油泵的工作电压主要随发动机转速和喷油脉宽变化而变化。图中的二极管 VD 为反馈二极管，在功率晶体管 VT 工作截止的瞬间，反馈电流经过二极管构成回路，此时不仅可以平缓工作电流，也可节省电功率。

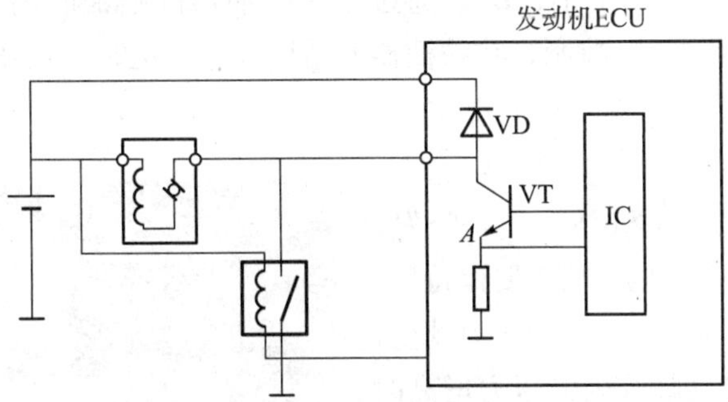


**图 3.13 利用发动机 ECU 直接控制燃油泵的转速电路**

随着发动机功率的增大，燃油泵的泵油量也必然增大，从而导致燃油泵消耗的电功率和燃油泵的噪声都比较大。利用发动机 ECU 直接控制燃油泵的工作电压（驱动电压），进而控制燃油泵的转速，可以减少电能消耗 40%，燃油泵的运转噪声也降低了很多。

**3. 常见故障与检修**

燃油供给系统正常工作时要求燃油泵能提供正常的燃油压力，即燃油泵或控制电路必须工作正常。当燃油泵受到一些原因的影响时，会导致汽车出现起动困难、怠速不稳、加速不良、行驶无力、走走停停等现象，这些原因一般有如下几种：

①热气阻的影响。

②脏堵造成的泵油量降低，如燃油箱不定期清洗，造成油泵进油口处滤网堵塞；清洗油泵和滤网后，泵油量不能恢复正常。

③泵油能力衰退或失效，多为滤油器脏堵或接反；有时因加油不及时，造成热负载加大。

④碳刷、弹簧、换向片、绕组发热，磨损加大，电阻值变大。

⑤燃油泵转速下降，油压和油量下降，使燃油泵失效。

⑥一般对电动燃油泵的检测方法为：

a. 电动燃油泵工作情况检查。先用一根跨接线将故障检测插座上的两个检测插孔短接，然后打开点火开关（不要起动发动机）。这时从燃油箱处应能听到燃油泵的运转声音。若听不清运转声音，则可用手捏住燃油软管，这时应能感到有输油压力；否则，表明电动燃油泵不工作，应检查电动燃油泵电源熔断丝、继电器和控制线路有无故障。如果都正常，则应拆检电动燃油泵。

b. 检测电动燃油泵的电阻。用万用表“电阻”挡测量电动燃油泵上两个接线端子的电阻（线圈），其阻值应为 2 ~ 3 Ω（20 ℃ ~ 40 ℃）；否则，应更换电动燃油泵。

c. 电动燃油泵压力和保持压力的测量。蓄电池电压应在 12 V 以上，拆下蓄电池负极电缆，释放燃油系统的油压，接上油压表。在重新接上蓄电池负极电缆之后，用跨接线将电动燃油泵的两个检测孔短接，然后打开点火开关，让燃油泵工作，并读取油压表的油压，其值应符合规定。如果高于规定值，则应更换压力调节器；如果低于规定值，则应检查输油软管和连接处有无漏油，检查燃油泵、燃油滤清器和燃油压力调节器是否正常等。

### 3.1.2 燃油压力调节器

作为决定发动机性能的参数，喷油器的喷油量取决于喷油器的喷孔截面、喷油时间和喷油压差（即燃油分配管内的油压与进气歧管内的气体压力之差）。在电子燃油喷射（Electronic Fuel Injection，EFI）系统中，ECU 通过控制喷油器的喷油时间来实现对喷油量的控制。要保证燃油喷射量的精确控制，在喷油器的结构尺寸一定时，就必须保持恒定的喷油压差，使喷油器喷出的燃油量唯一地取决于喷油器的开启时间。

但是由于进气歧管内的气体压力是随发动机转速和负荷的变化而变化的，所以要保持恒定的喷油压差，就必须根据进气歧管内压力的变化来调节燃油压力，即进气歧管内的压力增高时，燃油压力也应相应增高；反之，则降低。

因此需要设置燃油压力调节器（又称回油阀），其作用是根据进气歧管压力的变化来调节系统油压（即燃油分配管内油压），使两者的压力差保持恒定，一般为 250 ~ 300 kPa。

**1. 组成结构**

燃油压力调节器位于燃油分配管的一端（见图 3.14），或与燃油泵一体安装于油箱内，

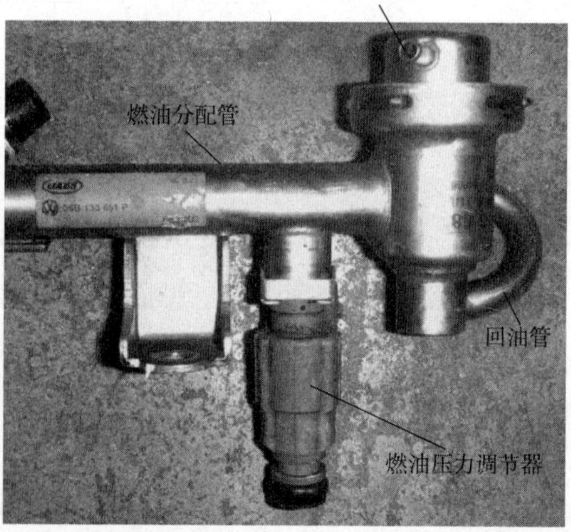


**图 3.14 燃油压力调节器的安装位置**

主要由膜片、弹簧、阀球和壳体等组成。

膜片将燃油压力调节器分隔成上下两个腔。上腔通过软管与进气歧管相通，下腔有进油口连接燃油分配管，回油口与燃油箱连通。这样，膜片上方承受的压力为弹簧的弹力和进气歧管内气体的压力之和，膜片下方承受油压，如图 3. 15 所示。

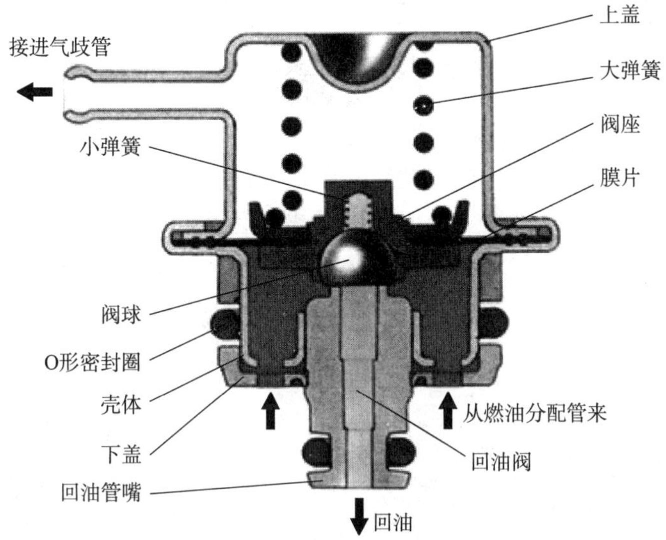


**图 3. 15　燃油压力调节器的结构**

### 2. 工作原理

发动机工作时，由于电动燃油泵泵送的油量远大于喷射所需的油量，故在油压作用下膜片移向弹簧室一侧，阀门打开，部分燃油流回油箱，燃油分配管内保持一定的油压，此时膜片上、下压力处于平衡状态。

当进气歧管内气体压力下降（真空度增大）时，膜片向上移动，使回油阀开度增大，回油量增加，从而使燃油分配管内油压下降，以保持与变化了的歧管压力差值恒定；反之，当进气歧管内的压力升高（真空度降低）时，膜片带动回油阀向下移动，回油阀开度减小，回油量减少，使燃油分配管内油压升高。发动机停止工作时，燃油分配管内压力下降，回油阀在弹簧作用下逐渐关闭，使燃油泵单向阀与回油阀之间的油路内有一定的保持压力。

### 3. 常见故障与检修

通常，点火系统故障，燃油供给系统故障，喷油器、节气门体和怠速电动机不干净等故障都会导致燃油压力调节器故障，从而导致汽车不容易点火、燃油受到污染等故障。

燃油压力调节器常见故障部位有：

①真空膜片损坏、有裂纹，燃油从此裂缝中渗出，然后通过真空管进入进气道，这会造成燃油压力调节器的回油量失效、发动机的喷油量不准确。

②回位弹簧弹力减弱，燃油系统压力变小。

③接进气歧管的软管漏气，燃油压力不能随进气歧管真空度的变化而变化。

④阀体关闭不严，燃油系统压力变小。

⑤管路堵塞，燃油系统压力升高。

由于燃油压力调节器故障会导致燃油压力变化，所以需要检测发动机运转时燃油管路内的油压。检测燃油压力时，应准备一个量程为1 MPa左右的油压表及专用的油管接头，按下列步骤检测燃油压力：

（1）系统泄压

起动发动机，在发动机运转中拔下电动燃油泵继电器（或继电器熔丝、电动燃油泵电源插头），待发动机自行熄火后，再转动起动开关；起动发动机2～3次，燃油压力即可完全释放，燃油关闭点火开关，插上电动燃油泵继电器（或继电器熔丝、电动燃油泵电源插头）。

（2）安装油压表

对于桑塔纳2000GSi AJR发动机，拆除蓄电池负极接地线，松开进油管接头（拆开螺栓时，要用一块棉布包住油管接头，以防燃油喷溅），将油压表串接在进油管中。擦干溅出的燃油，重新装上蓄电池负极接地线。油压表也可以安装在燃油滤清器油管接头、分配油管进油接头，或用三通接头接在燃油管道上便于安装和观察的任何部位，如图3.16所示。

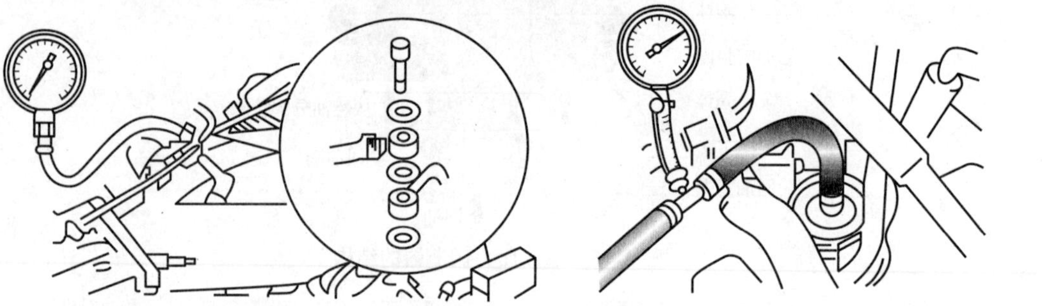

(a)　　(b)

**图3.16　油压表的安装位置**

（a）安装在冷起动喷油器油管接头上；（b）利用三通接头安装

（3）检测油压

①发动机运转时燃油压力的检测。打开燃油压力表开关，起动发动机并怠速运转，检测此时的燃油压力，桑塔纳2000GSi AJR发动机正常值约为250 kPa。

踩下加速踏板，缓慢增大节气门开度，检测节气门不同开度时的燃油压力，桑塔纳2000GSi AJR发动机燃油压力应在280～300 kPa跳动，丰田系列轿车燃油压力则在265～304 kPa变化。

拔下燃油压力调节器上的真空管，检测怠速时的燃油压力应和节气门全开时的燃油压力基本相等。对于桑塔纳2000GSi AJR发动机，该压力正常值约为300 kPa。重新接上真空管，燃油压力略有50 kPa的下降。若测得油压过高，则应检查油压调节器及其真空软管。若测得的油压过低，则应检查电动燃油泵、燃油滤清器及油压调节器。

②系统保持压力的检测。关闭点火开关，10 min后，桑塔纳2000GSi AJR发动机燃油保持压力应大于150 kPa。如果保持压力小于150 kPa，起动发动机并怠速运转。当油压建立起来后，关闭点火开关，同时关闭燃油压力表开关，继续观察压力表指针是否会下降。如果压力仍然下降，可能的原因有油压调节器阀门密封不严、喷油器滴油、管路有渗漏。如果压力变为正常，则说明压力表开关之前的油路密封存在问题，如管路渗漏、燃油泵出油止回阀关闭不严。

（4）拆卸油压表

释放燃油系统的油压，拆下蓄电池负极接地线，拆下油压表，重新接好油管接头。接好蓄电池负极接地线，预置燃油系统的油压，最后检查油管各处有无漏油。

### 3.1.3 喷油器

#### 1. 组成结构

喷油器是发动机电控燃油供给系统的一个关键的执行器，通常安装在各进气歧管或进气道附近的缸盖上，并用燃油分配管固定。其作用是在 ECU 的控制下，将燃油呈雾状定时定量喷入进气歧管内。

电控燃油喷射系统采用电磁式喷油器。按照喷油器电磁线圈的电阻值不同分为高阻（13 ~ 18 Ω）喷油器和低阻（2 ~ 3 Ω）喷油器，国内电控燃油喷射系统采用高阻喷油器，如桑塔纳 2000GSi 轿车 AJR 发动机的喷油器电磁线圈的电阻值为（15. 9 ±0. 35）Ω。按给油方式又分为上部给油和下部给油，一般都采用上部给油方式。

按总体结构不同可分为轴针式、球阀式和片阀式，如图 3. 17 所示。目前常用的是轴针式喷油器。

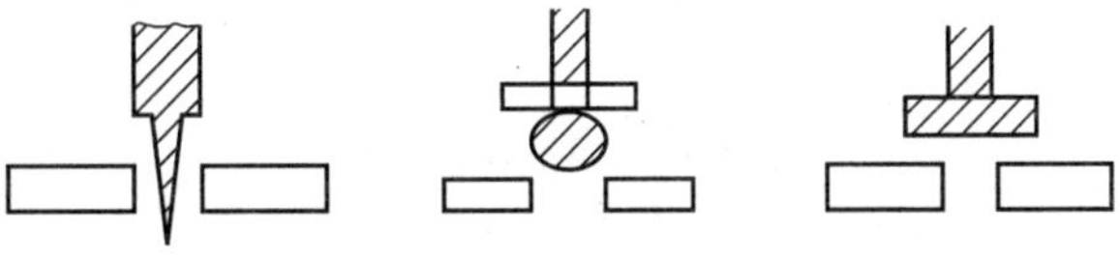


**图 3. 17　喷油器的形式**

（a）轴针式；（b）球阀式；（c）片阀式

以轴针式喷油器为例，其结构如图 3. 18 所示，由滤网、电磁线圈、衔铁、针阀、喷油轴针等组成。喷油器内部的电磁线圈经线束与计算机连接，喷油器头部的针阀与衔铁连接为一体。它的一端为进油口，与燃油分配管连接；另一端为喷油口，插入进气歧管中，两端分别用 O 形密封圈密封。

#### 2. 工作原理

喷油器相当于电磁阀，当电磁线圈通电时，便产生吸力，将衔铁和针阀吸起，打开喷孔，燃油经针阀头部的轴针与喷孔之间的环形间隙高速喷出，并被粉碎成雾状。电磁线圈不通电时，磁力消失，弹簧将衔铁和针阀下压，关闭喷孔，停止喷油。

喷油器的通电、断电由 ECU 以电脉冲控制，喷油量由电脉冲宽度决定，即脉冲宽度决定喷油持续时间和喷油量。喷油器喷油时间极短，持续在 2 ~ 10 ms，一般针阀升程约为 0. 1 mm。

球阀式和片阀式喷油器，其结构和工作过程与轴针式喷油器基本一致，主要区别在于阀体结构不同，如图 3. 19 所示。

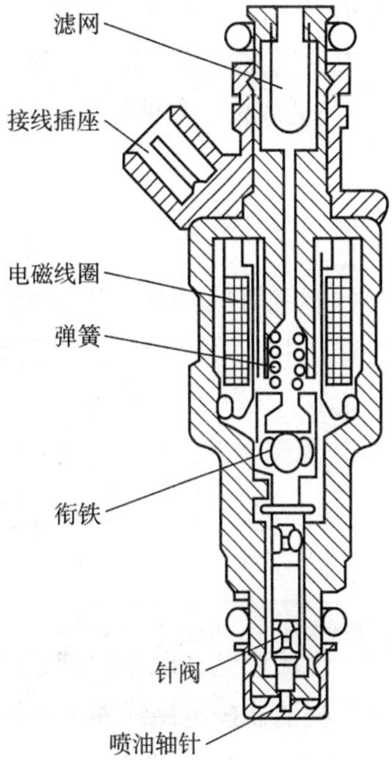


**图 3. 18　轴针式喷油器的结构**

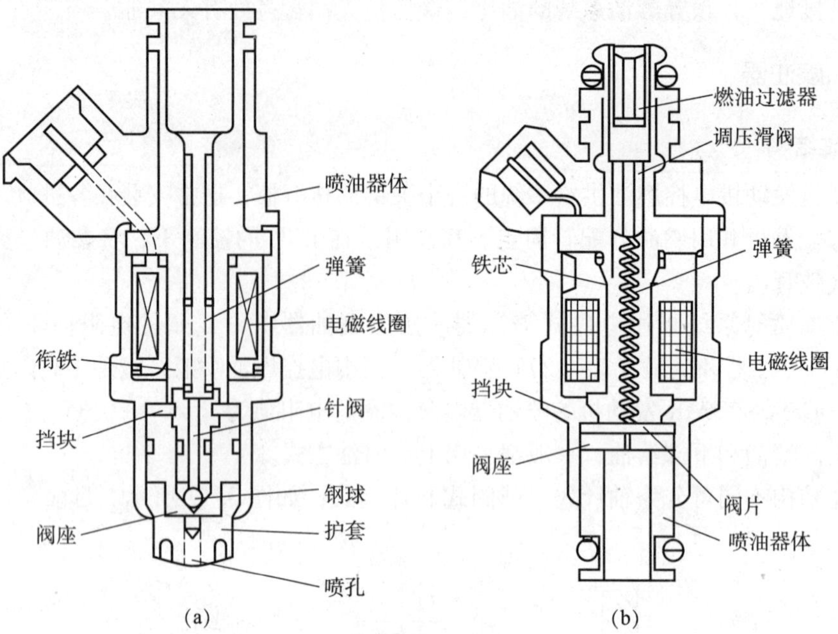


**图 3.19　喷油器的结构**

（a）球阀式；（b）片阀式

### 3. 控制方式

喷油器的基本控制电路如图 3.20 所示。曲轴位置传感器、空气流量计等传感器信号输入 ECU 后，ECU 根据数学计算和逻辑判断结果，发出脉冲信号指令控制喷油器喷油。当脉冲信号的高电平加到驱动晶体管 VT 的基极时，VT 导通，喷油器的电磁线圈电流接通，产生电磁吸力将针阀吸开，喷油器开始喷油；当脉冲信号的低电平加到驱动晶体管 VT 的基极时，VT 截止，喷油器的电磁线圈电流切断，在复位弹簧弹力作用下针阀关闭，喷油器停止喷油。

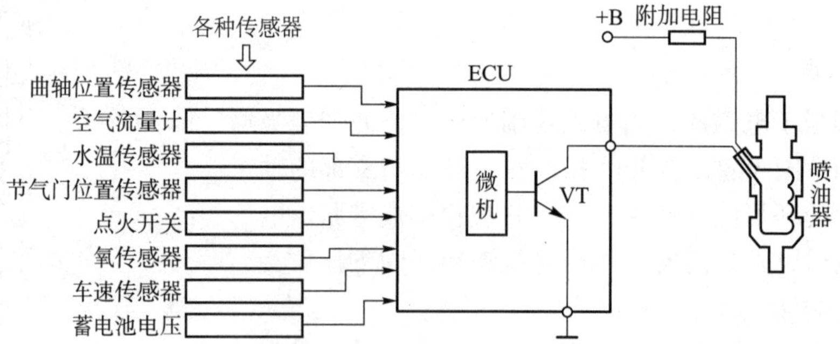


**图 3.20　喷油器的基本控制电路**

由此可见，ECU 是通过控制喷油器的搭铁回路来实现对喷油器的控制的。

喷油器按电磁线圈的控制方式不同，可分为电压驱动式和电流驱动式两种。

（1）电压驱动式

电压驱动式是指通过控制喷油器的工作电压来控制喷油器的工作，如图 3.21 所示。在电压驱动式电路中使用高阻值喷油器时，可将蓄电池电压直接加在喷油器上；而使用低阻值喷油器时，则在电路中串入附加电阻，将蓄电池电压分压后加在喷油器上。这是因为低阻喷油器电磁线圈匝数少、电阻小，如果直接和蓄电池电源连接，则电流大、发热快、易烧坏电磁线圈，故串入附加电阻可保护低阻值喷油器。

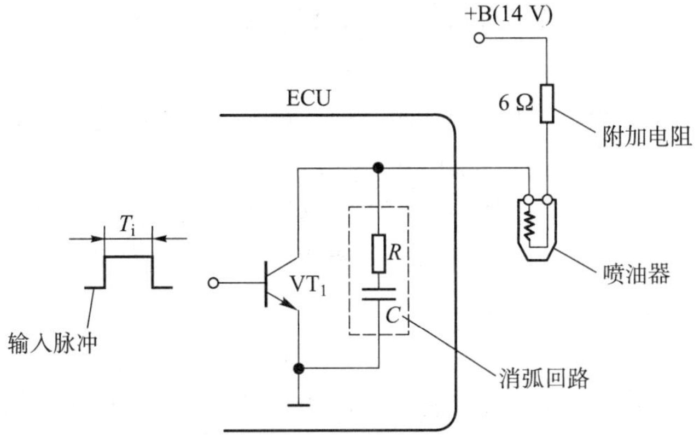


**图 3. 21　电压驱动式**

（2）电流驱动式

电流驱动式是指通过控制喷油器的工作电流来控制喷油器的工作，即喷油器的驱动脉冲信号开始时用一个较大的电流，使电磁线圈产生较大的电磁吸力，以迅速打开喷口；随后用较小的电流保持喷口的开启状态，从而防止电磁线圈过热，因此驱动效果好，如图 3. 22 所示。电流驱动方式只适用于低阻值喷油器，蓄电池电压直接加在喷油器上，由于喷油器阻值小，驱动电路接通时，通过喷油器电磁线圈的电流很快上升，使针阀迅速打开。随着电流的上升，检测点 *A* 的电位也很快升高。当 *A* 点电位上升到设定值时，电流控制回路会控制晶体管 $VT_1$ 以 20 MHz 的频率交替地导通和截止，使通过喷油器电磁线圈的平均电流保持在 1 ~2 A，并保持针阀的开启状态。

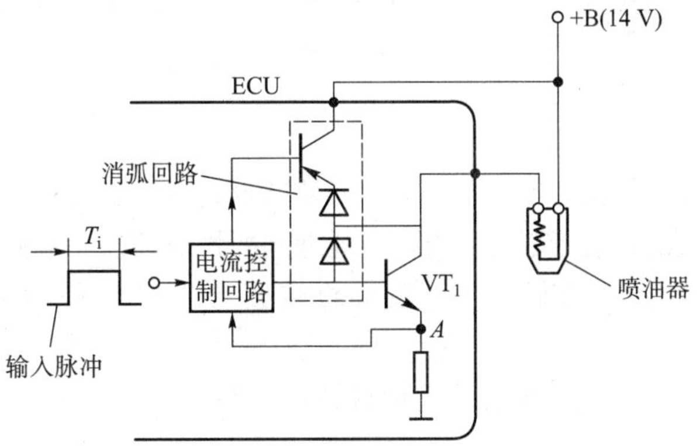


**图 3. 22　电流驱动式**

电流驱动式的特点是电流的变化速度快，所以针阀开启速度也较快，这样有利于扩大喷油器的动态喷射量范围。电压驱动较电流驱动回路要简单，但加入附加电阻可使回路阻抗加大，从而导致流过线圈的电流减小，喷油器上产生的电磁力降低，针阀开启迟滞时间延长。一般来说，电流驱动式喷油器的迟滞时间（无效喷射）最短，其次为电压驱动式低阻值型，而电压驱动式高阻值型的最长。

**4. 常见故障与检修**

喷油器在长时间的喷射过程中，不可避免地产生磨损；又因为喷油器在高温、高压下工作，所以很可能会出现积炭或胶质物堵塞喷嘴等现象；而这些现象会造成发动机不能起动或起动困难、动力下降、加速迟缓、怠速不稳、容易熄火及排气管冒黑烟等不良情况。

喷油器常见的故障有不喷油、喷油雾化不良、漏油等。这些故障主要原因是受到发动机运转时高温的影响，以及燃油中所含的树脂、树脂烯烃等物质会逐渐附着在喷油器末端细小的喷孔上，造成喷油器堵塞，影响燃油的正常通过和雾化。另外，劣质燃油中含有水分，极易使喷油器针阀锈蚀，导致卡滞，从而造成喷油器漏油或不喷油。喷油器电磁线圈老化或短路，控制电路接触不良、短路及计算机内部故障均可造成喷油器不喷油。

对喷油器故障进行检测可以采用下面几种方式：

（1）喷油器工作声音的测听

起动发动机，暖车到正常的工作温度，然后使其怠速运转，用听诊器测听各缸喷油器工作的声音，可能遇到的情况有以下三种：

①发动机运转时应该能听到喷油器有节奏的“嗒嗒”声，这是喷油器在电脉冲作用下的工作声（可用拔掉喷油器线束插头后测听响声是否消失的方法来确认是否为喷油器工作的声音）。如果各缸喷油器的工作声音清脆均匀，则说明各喷油器工作正常。

②若某缸喷油器的工作声音很小，则说明该喷油器的工作不正常，可能是针阀卡滞，应该进行进一步的检查。针阀密封锥面受损后，缸内可燃气体也会窜入配合面中形成积炭，使针阀咬死，喷油器便失去喷油作用，致使该缸停止工作。如果出现针阀咬死，则将针阀偶件置于废机油中加热至沸腾冒烟为止，然后取出，用垫着软布的手钳夹住针阀尾部慢慢活动，将其抽出，沾上清洁机油，使针阀在阀体内反复活动研磨，直到把针阀偶件倒置时针阀能从阀体内自行缓缓退出为止。

③若听不到某缸喷油器的工作声音，则说明该喷油器不工作。对此，应检查喷油器控制路线测量的喷油器电磁阀电阻。若控制线路及电磁线圈正常，则说明喷油器针阀完全卡死，应更换喷油器。

（2）断缸检查

发动机起动后，暖车到正常工作状态，然后使其怠速运转，依次拔下各缸喷油器的线束插头，使喷油器停止喷油，进行断缸检查。可能遇到的情况有以下两种：

①若拔下某缸喷油器线束插头后，发动机转速有明显下降，则说明该喷油器工作正常。

②若拔下某缸喷油器线束插头后，发动机转速无明显变化，则说明该缸工作不良或不工作。

（3）喷油器电磁线圈电阻的测量

拔下喷油器线束插头，用万用表测量喷油器两接线柱，可能遇到的情况有以下两种：

①如果电磁线圈正常，则应能导通，其电阻应为 3 ~ 5 Ω（低阻抗型）或 12 ~ 16 Ω（高阻抗型）。

②如果电磁线圈有问题，则不能导通。若电磁线圈电阻正常，则测量线束；若也正常，则插好喷油器线束插头待用。

（4）喷油器控制电路故障的检查

喷油器控制电路的故障有以下三种情况：

①给喷油器提供电源的电路出现故障。

②从喷油器出来的反馈电路出现了故障。

③汽车计算机的喷油控制功能失效。

（5）喷油器提供电源电路故障的检测

打开点火开关，拔下某缸喷油器线束插头，测量线束插头的两个插孔，应至少有一个插孔的电源为 12 V；否则，说明喷油器的电源线有断路，可以进一步查看电源线保险丝是否被烧断、发动机电源系统是否有故障。如果发动机电源系统或者保险丝没有故障，则说明发动机电源到喷油器的电路可能有断路处。

（6）喷油器反馈电路故障的检测

若给喷油器提供电源的电路没问题，就应该检测喷油器到计算机的线路是否断路。检查时应先关闭点火开关，拔下各个喷油器的线束插头，按照维修车型维修资料上的计算机各端子布置图，用万用表测量各个喷油器至计算机的线路有无断路。如果没有维修资料，也可以依次测量计算机线束插头中的各个端子，其中应至少有一个端子是和喷油器线束插头和计算机连接的端子相通；否则，说明喷油器到计算机的线路有断路，查出修复即可。

（7）汽车计算机的喷油控制功能失效的确定

如果喷油器的供电线路和喷油器到计算机的电路没故障，而喷油器仍不喷油，则发动机控制计算机有故障，其喷油控制功能失效。计算机的控制功能主要是计算机中的某些分立元件，如二极管、三极管、电阻等。一般测量导致计算机的喷油控制功能失效的原因是计算机中驱动喷油器的开关三极管损坏，此时，可以取出集成电路板，先根据该车型的维修技术资料确定计算机接线插头上和喷油器连接的插脚，再顺着集成电路板上的印刷电路找到计算机中的开关三极管。用万用表测量这些三极管，看是否异常；如果三极管不正常，则可以更换一个相同型号的三极管。

### 3.1.4 实操训练

**1. 训练内容**

利用发动机总成实物、发动机台架及燃油泵、燃油压力调节器、喷油器等单个实物部件，通过触摸、拆装、检测等方式来逐步了解燃油供给系统的组成及各组成部分的结构、工作原理及控制方式。

**2. 设备、工具**

万用表、故障诊断仪、维修工具等，电喷发动机电控故障诊断台架若干台，动态解剖发动机试验台一台。（根据学生数量，分组进行讲解和熟悉）

**3. 考核**

①实操报告：基本知识点、基本内容，包括燃油喷射系统的组成、各部分的作用及控制。

②考核标准（可采取教师考核或者学生互评的原则）：

| 序号 | 考核内容 | 分数 | 评分标准 | 得分 | 具体原因 |
|---|---|---|---|---|---|
| 1 | 正确使用万用表、维修工具等 | 5 | 工具使用不规范每次扣2分 | | |
| 2 | 燃油喷射系统的组成及安装位置 | 10 | 错误一项扣3分 | | |
| 3 | 燃油泵结构及控制电路 | 20 | 错误一项扣3分 | | |
| 4 | 喷油器安装位置及控制电路 | 20 | 错误一项扣3分 | | |
| 5 | 设置相关故障 | 20 | 错误一项扣3分 | | |
| 6 | 安全用电，规范操作 | 10 | 违规操作扣10分 | | |
| 7 | 团队合作，讨论交流 | 10 | 依据现场情况而定 | | |
| 8 | 场地打扫，工件摆放 | 5 | 依据现场情况而定 | | |
| | 总分 | 100 | | | |
| | 教师签字 | | | 年　月　日 | |

## 任务3.2　燃油喷射控制

| 任务名称 | 燃油喷射控制 |
|---|---|
| 教学目标 | 掌握喷油正时的控制方法；<br>掌握喷油量的控制方法 |
| 教学重点 | 喷油正时、喷油量的控制 |
| 教学说明 | 本任务采用1节理论+1节实践进行教学，也可理论、实践穿插同时进行。利用发动机台架对喷油正时和喷油量的控制进行进一步的熟悉 |
| 自我评价 | 优秀　　良好　　中等　　及格　　不及格 |

在电子控制燃油喷射系统工作过程中，ECU接收各种传感器输出的发动机工况信号，根据ECU内部预先编制的控制程序和存储的实验数据，确定适应发动机工况的喷油时间、喷油脉宽等参数，完成喷油器的喷油正时控制、喷油量控制和断油控制，从而使发动机保持在最佳运行状态。

### 3.2.1　喷油正时控制

喷油正时即为喷油器何时开始喷油。燃油喷射系统可以分为单点喷射和多点喷射。单点燃油喷射系统只有一只或两只喷油器，安装在节气门体上，发动机一旦工作就连续喷油。多点燃油喷射系统中的每个气缸配有一只喷油器，安装在燃油分配管上。

根据燃油喷射时序不同，在多点燃油喷射系统中，燃油喷射可分为同时喷射、分组喷射和顺序喷射三种喷射方式。

### 1. 同时喷射

同时喷射是指各缸喷油器同时喷油，其控制电路如图 3.23 所示，各缸喷油器并联在一起，所有喷油器共用一个喷油驱动电路。

发动机工作时，ECU 根据曲轴位置传感器和凸轮轴位置传感器输出的基准信号发出喷油指令，控制晶体管 VT 的导通与截止，继而控制喷油器的电磁线圈电流接通与切断，使各缸喷油器同时喷油和停止喷油。曲轴每转一周（360°），各缸喷油器同时喷油一次，一次喷油量为发动机一次燃烧需要燃油量的 1/2，喷油正时与发动机工作循环无关，即每个工作循环喷油两次。

这种喷射方式的控制电路（图 3.23）和控制时序（图 3.24）简单、通用性较好，但各缸喷油时刻不可能最佳、各缸混合气浓度不均匀，已很少采用。

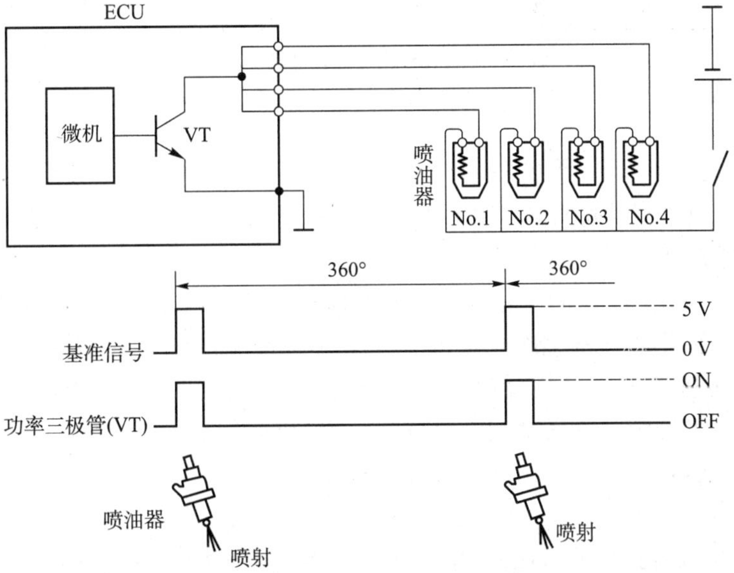


**图 3.23　同时喷射的控制电路**

喷射　360°　点火

| | | | | | | | | | |
|---|---|---|---|---|---|---|---|---|---|
| 1缸 | 进 | 压⚡ | 功 | 排 | 进 | 压⚡ | 功 | 排 | 进 |
| 2缸 | 排 | 进 | 压⚡ | 功 | 排 | 进 | 压⚡ | 功 | 排 |
| 3缸 | 功 | 排 | 进 | 压⚡ | 功 | 排 | 进 | 压⚡ | 功 |
| 4缸 | 压⚡ | 功 | 排 | 进 | 压⚡ | 功 | 排 | 进 | 压⚡ |

**图 3.24　同时喷射的控制时序**

### 2. 分组喷射

分组喷射是将喷油器喷油分组，由 ECU 控制喷油过程分组交替喷射，一般将四缸发动机分成二组，六缸发动机分成三组，八缸发动机分成四组。图 3.25 所示为四缸发动机分组喷射的控制电路。图 3.26 所示为分组喷射的控制时序。

发动机工作时，曲轴每转一周，只有一组喷油器喷油。分组喷射方式虽然不是最佳的喷油方式，但与同时喷射相比，燃油雾化质量有所改善。

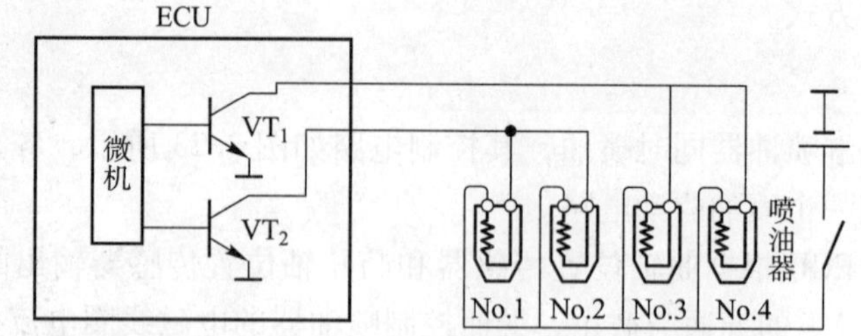


**图 3.25　四缸发动机分组喷射的控制电路**

720°

| | | | | | | | | | |
|---|---|---|---|---|---|---|---|---|---|
| 1缸 | 进 | 压ϟ | 功 | 排 | 进 | 压ϟ | 功 | 排 | 进 |
| 3缸 | 排 | 进 | 压ϟ | 功 | 排 | 进 | 压ϟ | 功 | 排 |
| 4缸 | 功 | 排 | 进 | 压ϟ | 功 | 排 | 进 | 压ϟ | 功 |
| 2缸 | 压ϟ | 功 | 排 | 进 | 压ϟ | 功 | 排 | 进 | 压ϟ |

**图 3.26　分组喷射的控制时序**

### 3. 顺序喷射

顺序喷射就是各缸喷油器按照发动机各缸点火顺序喷油。顺序喷射的控制电路如图 3. 27 所示。在顺序喷射系统中，发动机工作一个循环，各缸喷油器轮流喷油一次，按特定的顺序依次进行喷射。

实现顺序喷射的一个关键问题是需要知道即将到达排气上止点的是哪一个气缸。为此，ECU 需要一个气缸判别信号（G 信号）。ECU 根据凸轮轴位置传感器信号（G 信号）、曲轴位置传感器信号（Ne 信号）和发动机各缸点火顺序，确定各缸的工作位置，如图 3. 28 所示。当确定某缸活塞运行至排气行程上止点前某一位置时，ECU 输出喷油控制信号，接通喷油器电磁线圈电路，该缸即开始喷油。顺序喷射的控制时序如图 3. 29 所示。

顺序喷射能保证各缸喷油均在最佳时刻进行，控制精度好、各缸混合气浓度均匀，已普遍采用。

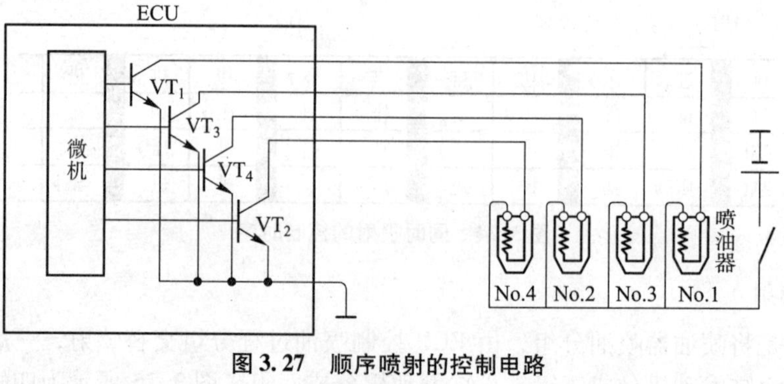


**图 3. 27　顺序喷射的控制电路**

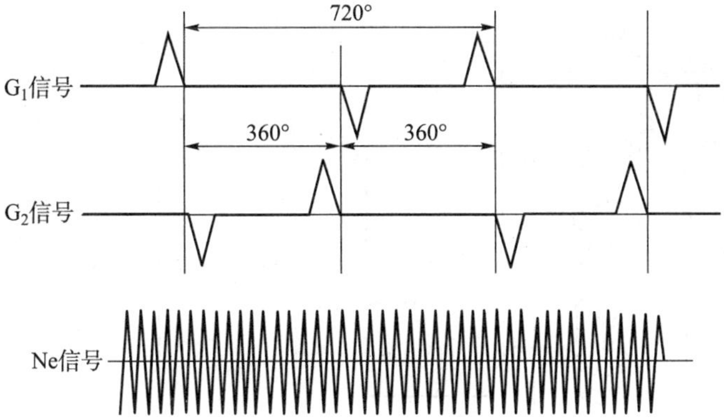


**图 3.28　顺序喷射的信号**

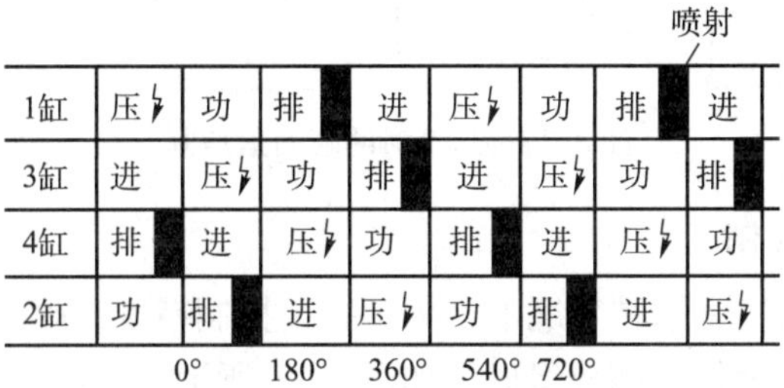


**图 3.29　顺序喷射的控制时序**

### 3.2.2　喷油量的控制

发动机工况不同，对混合气浓度的要求也不相同。为使发动机在各种运行工况下都能获得最佳的混合气浓度，以提高发动机的经济性和降低排放污染，需要对喷油量进行控制。

当喷油器的结构和喷油压差一定时，喷油量的多少就取决于喷油时间。在燃油电控燃油喷射系统中，喷油量的控制是通过对喷油器喷油时间（喷油脉宽）的控制来实现的。

喷油量的控制根据发动机的工况不同可以分为发动机起动时的喷油量控制和发动机起动后的喷油量控制。

**1. 起动时的喷油量控制**

发动机在起动时转速很低，且转速波动较大，在这种情况下，无论是空气流量传感器还是进气歧管绝对压力传感器，其检测精度都偏低，输出的信号误差较大，不能精确计算进气量。

因此，在起动时，ECU 首先根据点火开关、曲轴位置传感器和节气门位置传感器提供的信号，判定发动机是否处于起动工况，以便决定是否按起动程序控制喷油；然后，根据冷却液温度传感器信号确定基本喷油量；最后，用进气温度和蓄电池电压等参数进行修正，得到起动时的喷油量。起动时的喷油量控制如图 3. 30 所示。温度越低，喷油量越大；温度越高，喷油量越少。

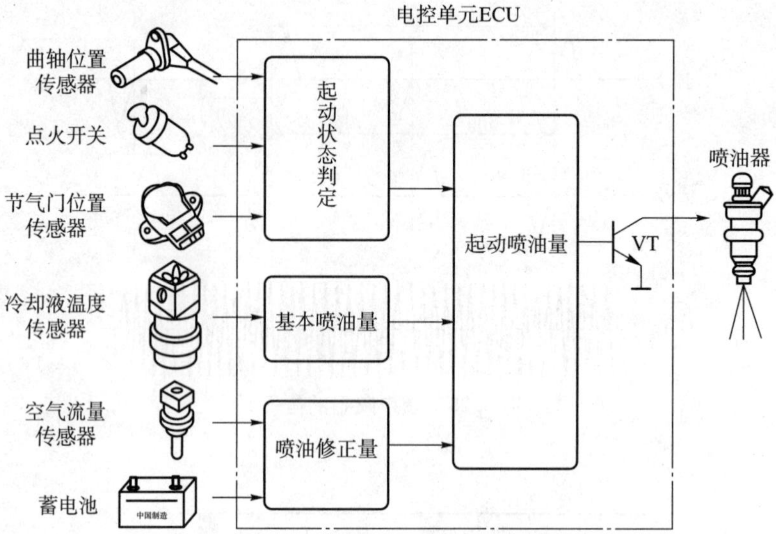


**图 3.30　起动时的喷油量控制**

## 2. 起动后的喷油量控制

在发动机起动后进入正常运转工况下，为了提高控制精度，喷油器的总喷油量由基本喷油量、喷油修正量和喷油增量三部分组成，如图 3.31 所示。

总喷油量 = 基本喷油量 + 喷油修正量 + 喷油增量

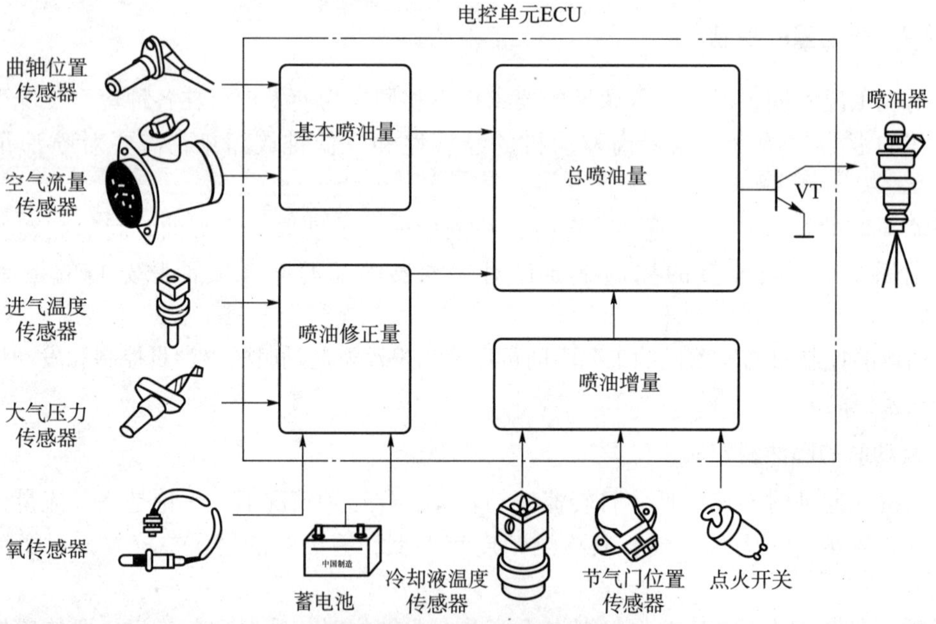


**图 3.31　起动后的喷油量控制**

基本喷油量是由进气量传感器（空气流量传感器或进气歧管绝对压力传感器）和发动机转速传感器（曲轴位置传感器）的信号计算确定的；喷油修正量是由与进气量有关的进气温度传感器、大气压力传感器、氧传感器和蓄电池电压等信号计算确定的；喷油增量是由反映发动机工况的点火开关信号、冷却液温度传感器和节气门位置传感器等的信号计算确定的。

（1）基本喷油量

基本喷油量是在标准大气状态（温度为 20 ℃，压力为 101 kPa）下，根据发动机每个工作循环的进气量、发动机转速 $n$ 和设定的空燃比（即目标空燃比 $A/F$）确定的。

（2）喷油修正量

当发动机实际运行条件改变时，应对基本喷油量进行适当的修正，以保证发动机正常运行，通常考虑进气温度、大气压力和蓄电池电压三个方面的影响。修正量的大小用修正系数表示，即：

$$修正系数=\frac{修正后的喷油量}{基本喷油量}$$

①进气温度修正。由于进气温度影响进气密度，所以也影响进气量。当进气温度升高时，空气密度增大，同样体积进气量的质量会随着温度的升高而降低，若不对喷油量进行修正，则混合气会变浓。

对于采用进气压力传感器和体积流量（叶片式、卡门旋涡式）传感器进行进气量检测的喷射系统，由于检测的是空气的体积流量，因此需要 ECU 根据进气温度传感器的信号，对喷油量进行修正，使发动机在各种运行条件下，都能获得最佳的喷油量。

修正的方法为：当进气温度高于 20 ℃时，ECU 将确定修正系数小于 1，以适当减少喷油量（缩短喷油时间）的方式进行修正；反之，当进气温度低于 20 ℃时，ECU 将确定修正系数大于 1，以适当增加喷油量（延长喷油时间）的方式进行修正。

②大气压力修正。大气压力也会影响到进气的密度，从而影响进气量。当汽车行驶到高原地区时，海拔高度增加，大气压力降低，使空气密度降低，对于同样体积的空气流量，其质量就会降低。为避免混合气过浓以及油耗过高，应根据大气压力对喷油器的喷油时间进行修正。

修正的方法为：当大气压力低于 101 kPa 时，ECU 将减小修正系数，以适当减少喷油量（缩短喷油时间）的方式进行修正，避免混合气过浓和油耗过高；反之，当大气压力高于 101 kPa 时，ECU 将以适当增加喷油量（延长喷油时间）的方式进行修正。

③蓄电池电压修正。由于喷油器针阀的机械惯性、电磁线圈的磁滞特性以及磁路效率的影响，在喷油脉冲加到喷油器电磁线圈后，针阀并不是随着电脉冲同步升起并上升到最大值，而是有一段滞后时间。通常把从脉冲开始出现到针阀呈现最大升程所需的时间称为开阀时间 $T_0$；同样，从脉冲消失到针阀落座关闭也需要一定的时间，该段时间称为关阀时间 $T_C$，开阀时间与关阀时间之差（$T_0-T_C$）称为无效喷射时间，在这段时间内喷油器并不喷油。其中开阀时间受蓄电池电压的影响较大，而关阀时间受蓄电池电压的影响较小。当蓄电池电压变化时，会影响到喷油器开启时刻，从而造成喷油量的误差，所以，ECU 也会根据蓄电池电压对喷油量进行修正。通常采用修正通电时间的方法来消除蓄电池电压变化对喷油量的影响。

修正的方法为：以蓄电池电压 14 V 为基准，当蓄电池输入 ECU 的电压低于 14 V 时，ECU 将增大喷油脉冲的占空比，即增大修正系数，使喷油器的喷油时间增长；反之，当蓄电池电压升高时，ECU 将减小占空比，即减小修正系数，使喷油时间缩短。

④空燃比反馈控制修正。试验证明：当混合气的空燃比控制在理论空燃比（14.7）附近时，三元催化转换器转换效率最高。如果仅仅利用空气流量传感器和发动机转速传感器计

算求得充气量，那么很难将空燃比控制在理论空燃比（14.7）附近。

为了达到排气净化的目的，电控发动机都安装了三元催化转换器和氧传感器，借助于安装在排气管上的氧传感器反馈空燃比信号对喷油量进行反馈优化控制，将空燃比精确控制在理论空燃比（14.7）附近，使三元催化转换器发挥最高的转换效率。为保证发动机具有良好的工作性能，空燃比并不是在发动机的所有工况下都进行反馈控制。在下述情况下，ECU对空燃比不进行反馈控制：

a. 发动机起动工况；

b. 发动机起动后暖机工况；

c. 发动机大负荷工况；

d. 加速工况；

e. 减速工况；

f. 氧传感器温度低于正常工作温度；

g. 氧传感器输入 ECU 的信号电压持续 10 s 以上时间保持不变。

（3）喷油增量

当发动机运行工况发生变化时，需要在基本喷油量的基础上额外增加一部分喷油量，以加浓混合气。一般在发动机低温起动后、暖机过程、大负荷、加速过程等工况下，需要加浓混合气。喷油增量的大小用增量比 $K_{SA}$ 表示，即：

$$\text{增量比}\ K_{SA}=\frac{\text{基本喷油量}+\text{喷油增量}}{\text{基本喷油量}}$$

①低温起动后喷油增量。发动机冷车起动后，由于低温混合气雾化不良，燃油会在进气管上沉积而导致混合气变稀，发动机运转不稳，甚至熄火。

为此，在起动后的短时间内，必须增加喷油量，使混合气加浓，保证发动机稳定运转而不致熄火。喷油增量比的大小取决于起动时发动机的温度，并随起动后时间的增长而逐渐减小至 1，如图 3.32 所示。

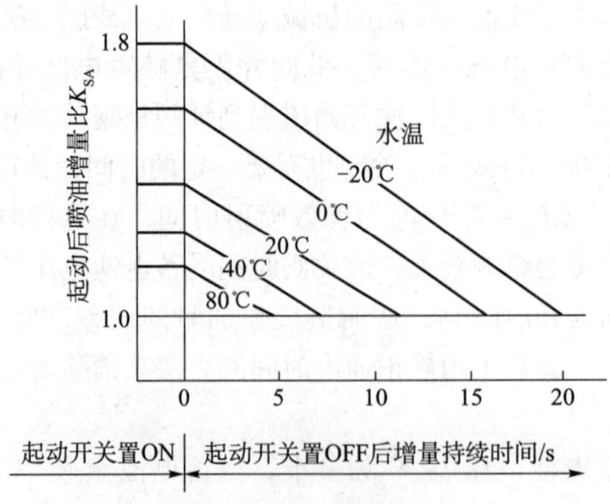


**图 3.32　低温启动后喷油增量**

②暖机过程喷油增量。暖机过程喷油增量是指在暖机过程中，ECU 根据冷却液温度确定的喷油增量。在冷车起动结束后的暖机过程中，发动机温度较低，燃油雾化较差，部分燃

油凝结在进气管和气缸壁上，使混合气变稀，燃烧不稳定。因此在暖机过程中必须增加喷油量，其燃油增量比 $K_{CT}$ 取决于冷却液温度传感器，如图 3.33 所示。

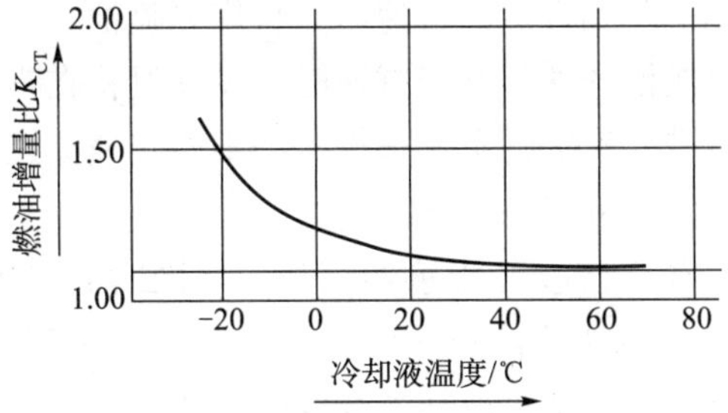


**图 3.33　暖机过程喷油增量**

③大负荷工况喷油增量。当发动机在大负荷工况下运行时，为获得良好的动力性，需要供给浓混合气。ECU 根据进气管绝对压力传感器或空气流量传感器信号以及节气门位置传感器信号判断发动机负荷状况，大负荷时适当增加喷油量，供给浓于理论空燃比的功率混合气，满足输出最大功率的要求。

④加速过程喷油增量。当汽车加速时，为了保证发动机能够输出足够的扭矩，改善加速性能，必须增大喷油量。

在发动机运转过程中，ECU 将根据节气门位置传感器信号和进气量传感器信号的变化速率，判定发动机是否处于加速工况。汽车加速时，节气门突然开大，节气门位置传感器信号的变化速率增大，与此同时，空气流量就突然增大，歧管压力也突然增大，进气量传感器信号突然升高。ECU 接收到这些信号后，立即发出增大喷油量的控制指令，使混合气加浓。燃油增量比 $K_{CT}$ 的大小与加浓时间取决于加速时发动机冷却液的温度。冷却液温度越低，燃油增量比越大，加浓持续时间越长，如图 3.34 所示。

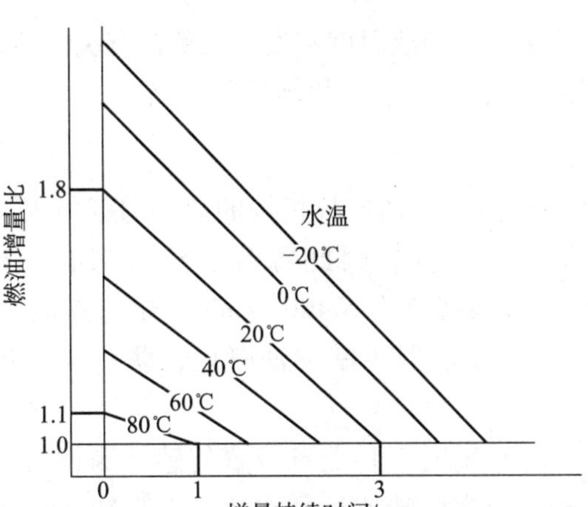


**图 3.34　水温和燃油增量比关系**

### 3.2.3　断油控制

断油控制是 ECU 在某些特殊工况下，暂时中断燃油喷射，以满足发动机运行时的特殊需要。断油控制包括发动机减速断油控制、超速断油控制和清除溢流控制等。

**1. 减速断油控制**

减速断油控制是当发动机在高转速运转过程中突然减速时，ECU 自动控制喷油器中断燃油喷射，直到发动机转速下降到设定的转速时，再恢复喷油。

当汽车在高速行驶中突然松开油门踏板减速时，发动机将在汽车惯性力的作用下高速旋转。由于节气门已经关闭，进入气缸的空气很少，如不停止喷油，混合气将会很浓而导致燃烧不完全，排气中的有害气体成分将急剧增加。

发动机在运转过程中，ECU 接收各传感器信号。当同时满足下列三个条件时，ECU 会立即发出停止喷油指令，控制喷油器停止喷油：节气门位置传感器的信号表示怠速触点闭合、冷却液温度传感器信号表示发动机冷却液温度已经达到正常温度、曲轴位置传感器信号表示发动机转速高于某一转速（该转速称为燃油停供转速），如图 3. 35 所示。

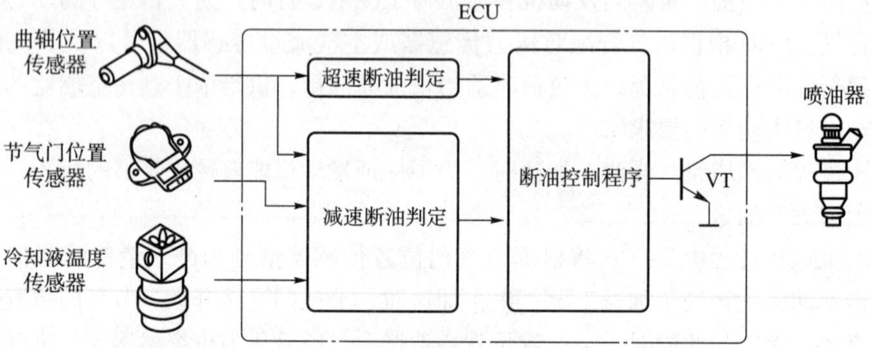


**图 3. 35　减速断油控制**

当喷油停止，发动机转速降低到燃油复供转速或怠速触点断开时，ECU 即发出指令，控制喷油器恢复供油。

燃油停供转速和复供转速与冷却液温度和发电机负荷有关。冷却液温度越低，发动机负荷越大（如空调接通），燃油停供转速和复供转速就越高。

**2. 超速断油控制**

发动机在工作时，转速越高，曲柄连杆机构的离心力就越大。当离心力过大时，发动机就有“飞车”而损坏机件的危险，因此每台发动机都有一个极限转速，如桑塔纳2000GSi 轿车的 JR 发动机的极限转速为 6 400 r/min。超速断油就是当发动机转速超过允许的极限转速时，ECU 就控制喷油器中断燃油喷射，防止发动机超速运转而损坏机件，控制过程如图 3. 36 所示。

在发动机运行过程中，ECU 随时都将曲轴位置传感器测得的发动机实际转速与存储器中存储的极限转速进行比较。当实际转速达到或超过极限转速（80 ~ 100 r/min）时，ECU 就发出停止喷油指令，控制喷油器停止喷油，限制发动机转速进一步升高。喷油器停止喷油后，发动机转速将降低。当发动机转速下降至低于极限转速（80 ~ 100 r/min）时，ECU 将控制喷油器恢复喷油。

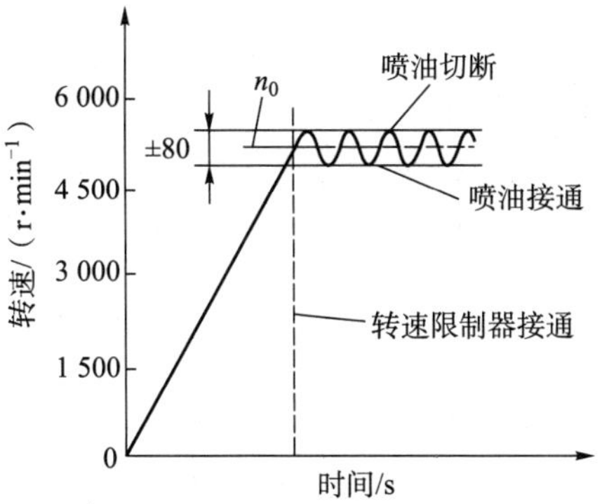


**图 3.36　超速断油控制**

**3. 清除溢流控制**

装备电控燃油喷射式发动机的汽车，当发动机多次起动未成功时，淤积在缸内的浓混合气就会浸湿火花塞，使其不能跳火而导致发动机不能起动。清除溢流控制就是将发动机油门踏板踩到底，接通起动开关起动发动机时，ECU 自动控制喷油器中断喷油，以便排除气缸内的燃油蒸气，使火花塞干燥，从而能够跳火。

电控系统清除溢流的条件是：

①点火开关处于起动位置；

②节气门全开；

③发动机转速低于 500 r/min。

只有在以上三个条件都满足时，电控系统才能进入清除溢流状态。由此可见，在起动燃油喷射式发动机时，不必踩下油门踏板，直接接通起动开关即可。否则电控系统可能进入清除溢流状态而使发动机无法起动。

## 3.2.4　实操训练

**1. 训练内容**

利用发动机台架对喷油正时、喷油量的控制及断油控制进行进一步的熟悉。

**2. 设备、工具**

万用表、故障诊断仪、维修工具等，电喷发动机电控故障诊断台架若干台。（根据学生数量，分组进行讲解和熟悉）

**3. 考核**

①实操报告：基本知识点和基本内容，包括喷油正时的分类、不同工况下喷油量的控制及断油控制。

②考核标准（可采取教师考核或者学生互评的原则）：

| 序号 | 考核内容 | 分数 | 评分标准 | 得分 | 具体原因 |
| --- | --- | --- | --- | --- | --- |
| 1 | 正确使用万用表、维修工具等 | 5 | 工具使用不规范每次扣2分 | | |
| 2 | 发动机台架采用的喷油正时方式 | 10 | 喷油正时描述错误各扣3分 | | |
| 3 | 不同工况下的喷油量控制 | 20 | 喷油量控制描述错误各扣3分 | | |
| 4 | 断油控制 | 20 | 断油控制描述错误各扣3分 | | |
| 5 | 设置相关故障 | 20 | 故障检测错误各扣3分 | | |
| 6 | 安全用电，规范操作 | 10 | 违规操作扣10分 | | |
| 7 | 团队合作，讨论交流 | 10 | 依据现场情况而定 | | |
| 8 | 场地打扫，工件摆放 | 5 | 依据现场情况而定 | | |
| | 总分 | 100 | | | |
| | 教师签字 | | | 年 | 月　日 |

## 模块小结

本模块主要介绍了燃油供给系统的作用是根据发动机各工况的要求向发动机提供清洁的、具有适当压力并经精确计算的燃油。燃油供给系统包括燃油箱、燃油滤清器、电动燃油泵、供油管、回油管、燃油分配管、燃油压力调节器、喷油器等。

燃油泵的作用是将燃油从油箱中吸出，并以足够的泵油量和泵油压力向燃油系统供油。通常采用外置型电动燃油泵。

燃油压力调节器的作用是根据进气歧管压力的变化来调节系统油压（即燃油分配管内油压），使两者的压力差保持恒定，一般为250～300 kPa。

喷油器的作用是在ECU的控制下，将燃油以雾状定时定量喷入进气歧管内。喷油器按结构分有轴针式、球阀式和片阀式。喷油器其实就是一个电磁阀，其驱动方式有电压驱动和电流驱动两种。

喷油正时即为何时喷油，多点燃油喷射系统根据喷射时序不同分为同时喷射、分组喷射、顺序喷射，目前多采用顺序喷射，即根据发动机工作时各缸的点火顺序来控制各缸的喷油器喷油。

喷油量根据发动机工况的不同而不同。根据发动机的工况将喷油量的控制分为起动时喷油量的控制和起动后喷油量的控制。起动时喷油量的控制并不根据进气量的多少来确定喷油量的多少，而是根据ECU内部的程序来确定。起动后喷油量的控制分为基本喷油量、喷油修正量和喷油增量三部分。基本喷油量由空气进量的多少确定，喷油修正量由进气温度、大气压力、蓄电池电压等确定，喷油增量由发动机工况确定。

断油控制是ECU在某些特殊工况下，暂时中断燃油喷射，以满足发动机运行时的特殊需要。断油控制包括发动机减速断油控制、超速断油控制和清除溢流控制等。

## 练习题

### 一、填空题

1. 内置型电动燃油泵安装在________内部，浸泡在________里，可防止产生________和________。

2. 电动燃油泵装有________，以防止发动机停止运转时供油压力突然下降而引起燃油倒流，保证系统中仍有________，并能避免高温时________现象的发生。

3. 燃油分配管的功用是固定________和________，并将燃油分配给每只________。

4. 喷油器的喷油量取决于 ECU 提供的________（简称________），单位为________ ms。

5. 喷油器的驱动方式分为________和________两种方式。

6. 喷油正时是指喷油器开始喷油时________和________。

7. 在发动机冷起动时，ECU 按照存储器中预先编制的________和________控制喷油。

8. 起动后喷油器的喷油量分成________、________和________三部分。

9. 在多点顺序喷射系统中，点火时刻在________开始，喷油时刻在________开始。

10. 在实际控制电路中，喷油器实际喷油量的大小并不完全取决于________，而是取决于________。

### 二、选择题

1. 燃油供给系统的燃油油压与进气歧管压力之差由（　　）决定。

A. 燃油压力　　B. 大气压力

C. 进气歧管压力　　D. 压力调节器的调压弹簧

2. 当点火开关打开而不能起动发动机时，油泵能预先运转（　　），燃后向油管中预充压力燃油，保证发动机顺利起动。

A. 3 ~ 5 s　　B. 10 ~ 12 s

C. 1 ~ 2 min　　D. 3 ~ 4 min

3. 电动燃油泵的控制不包括以下（　　）功能。

A. 运转　　B. 恒速运转

C. 自动停转保护　　D. 高速自动停转

4. 进行燃油泵工作情况检查时，若电动燃油泵电源熔断丝、继电器和控制线路没有故障，应（　　）。

A. 拆检电动燃油泵　　B. 更换电动燃油泵

C. 检查喷油器工作情况　　D. 检修燃油压力滤清器

5. 可在最佳喷油时间定时向各缸喷射所需喷油量的是（　　）。

A. 同时喷射　　B. 顺序喷射

C. 分组喷射　　D. 连续喷射

6. 占空比是指脉冲信号的（　　）之比。

A. 通电时间与断电时间　　B. 通电时间与通电周期

B. 通电周期与通电时间　　D. 断电时间与通电周期

7. 进行燃油压力检测时，应首先进行（　　）。

A. 断开蓄电池负极　　B. 拆下燃油管

C. 连接燃油压力表　　D. 卸掉管路中的燃油压力

8. 当喷油器堵塞时，发动机不可能出现的是（　　）。

A. 起动困难　　B. 加速缓慢

C. 喘振　　D. 怠速过高

9. 当电源电压升高时，电源电压修正的结果是使喷油量（　　）。

A. 减小　　B. 增大

C. 不变　　D. 不确定

10. 当进气温度升高时，进气温度修正的结果是使喷油量（　　）。

A. 减小　　B. 增大

C. 不变　　D. 不确定

三、简答题

1. 简述电动燃油泵常见的安装位置及其优缺点。

2. 简述滚柱式电动燃油泵的工作原理。

3. 如图 3.37 所示，利用 ECU 如何控制燃油泵的转速？

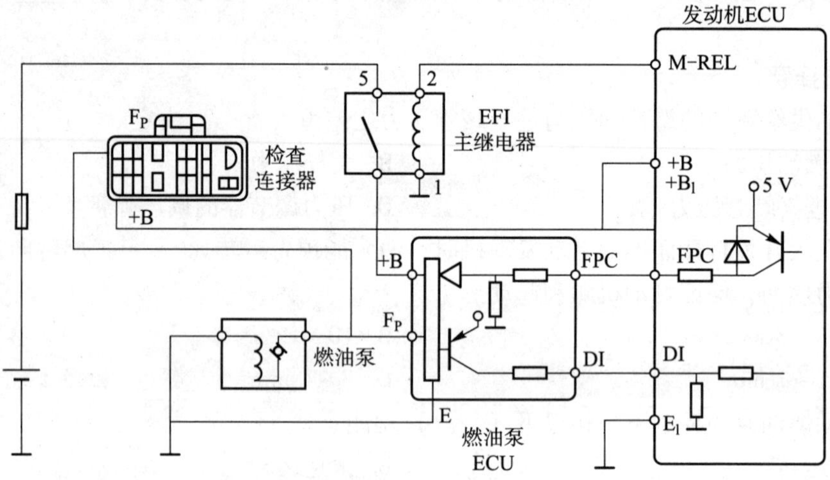


图 3.37　简答题题 3

4. 燃油压力调节器有什么作用？它是如何工作的？

5. 简述喷油器的常见故障及检测方法。

6. 喷油量是如何进行控制的？

# 模块四

## 微机控制点火系统

### 任务 4.1　微机控制点火系统概述

| 任务名称 | 微机控制点火系统概述 |
|---|---|
| 教学目标 | 掌握微机控制点火系统的组成和工作原理；<br>掌握曲轴位置传感器和凸轮轴位置传感器的结构、原理和输出信号波形；<br>掌握曲轴位置传感器和凸轮轴位置传感器的检修方法 |
| 教学重点 | 曲轴位置传感器和凸轮轴位置传感器的输出波形信号以及检测方法 |
| 教学说明 | 本任务内容实践性较强，学生可通过自己动手检测传感器相关信号，学习巩固传感器相关知识，故采用 1 节理论 +2 节实践 +1 节理论的教学安排。首先进行 1 节理论讲解基本原理和结构；然后 2 节实践边讲边检测传感器信号，巩固原理和结构的同时掌握插头端子含义和输出波形信号，以及典型故障诊断排除；最后通过一节理论课总结并提升。 |
| 自我评价 | 优秀　　良好　　中等　　及格　　不及格 |

微机控制点火系统即电控点火系统，最早在 1975 年由美国克莱斯勒汽车公司首先研制成功。该系统根据各传感器检测发动机的运行工况信息，由 ECU 对点火提前角和通电时间进行控制。近年来，微电子技术的高速发展和排放法规的不断严格，促进了微机控制点火系统的不断完善和发展。现代汽车普遍采用微机控制点火系统。

微机控制点火系统可在各种工况和环境条件下获得最佳点火提前角，从而使发动机的动力性、经济性、排放性等性能均处于最佳状态。在整个工作过程中，始终对点火线圈初级电路的通电时间加以控制，从而恒定了点火能量，不仅提高了点火的可靠性，同时降低了点火线圈的电能损耗，延长了使用寿命。微机控制点火系统通过爆震传感器实现了点火系统的闭环控制，使正常工作的发动机点火提前角处于爆震的临界状态（微爆状态），优化了燃烧过程，以及发动机的动力性。

微机控制点火系统可分为有分电器和无分电器的微机控制点火系统两大类。

有分电器的微机控制点火系统由于仍有本身机械装置，因此没有办法保证发动机各种工况下点火提前角都处于最佳状态。此外，由于分电器中旋转部件的磨损，影响点火提前角的稳定性和准确性，所以这种系统已经被淘汰，在此不再论述。

无分电器的微机控制点火系统是一种全电子化的点火系统，取消了机械的分电器。其又可细分为分组式微机控制点火系统和独立式微机控制点火系统。无分电器的微机控制点火系统的特点是：不存在机械磨损，因此减少了分火头与旁电极这一个中间跳火间隙造成的能量损耗以及由此产生的射频干扰。无机构磨损、不需调整、工作可靠，也使发动机的各部件布置更加合理、容易。

### 4.1.1 微机控制点火系统的基本组成

微机控制点火系统是现代汽车中应用广泛的一种新型点火系统，其组成主要由监测发动机运行的曲轴位置、凸轮轴位置等传感器，处理信号和发出点火指令的电子控制单元（ECU）以及对电子控制单元做出响应的点火控制器和点火线圈等的执行器三大部分组成，如图 4.1 所示。

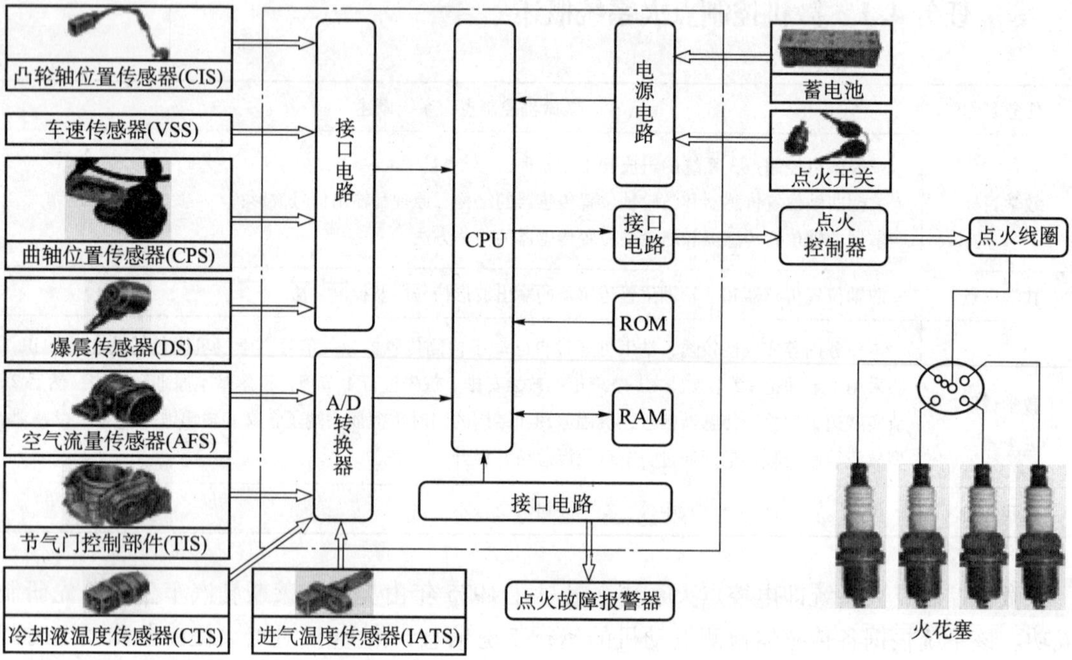


**图 4.1 微机控制点火系统的基本组成**

#### 1. 传感器

传感器是微机控制点火系统中非常重要的组成部分，它是用来检测与点火有关的发动机工况信息，并将检测结果输送给 ECU，ECU 根据传感器传送的电信号计算和控制点火时刻，并向相关的执行器发出指令，完成发动机的点火过程。虽然不同车型汽车微机控制点火系统采用的传感器在类型、数量、结构、原理和安装位置上有所不同，但主要的曲轴位置传感器、凸轮轴位置传感器、空气流量传感器、进气压力传感器、节气门位置传感器、冷却液温度传感器、进气温度传感器以及车速传感器等大多与燃油喷射系统、怠速控制系统等微机控制系统共用，且都由一个 ECU 集中控制，共同参与发动机的整个控制工作过程。

与点火系统相关的各个传感器检测相关的信号并输送到电子控制单元，曲轴位置传感器和凸轮轴位置传感器所采集的信号是实现 ECU 控制点火正常工作最基本的信号，即曲轴位置传感器信号和凸轮轴位置传感器信号决定着发动机的基本点火是否正常。曲轴位置传感器向 ECU 提供发动机的曲轴转速、曲轴转角信号，因此也称曲轴转角传感器或曲轴转速传感器。转速信号用于 ECU 分析和计算对应转速下点火提前角的大小，转角信号用来确定点火时刻的到来。而凸轮轴位置传感器采集凸轮轴位置信号输送给 ECU，使 ECU 能够识别各缸活塞到达上止点的时刻，从而相应进行点火时刻控制以及爆燃反馈控制。由于凸轮轴位置传感器能够识别是哪一缸活塞即将到达上止点，故又称为判缸传感器。

爆震传感器是微机控制点火系统中专用的传感器，也是微机控制点火系统形成闭环控制非常重要的传感器。其用来判断发动机是否发生爆震，并将爆震信号输送给 ECU，从而对点火提前角进行修正计算，实现点火提前角的闭环控制。当出现爆震时，ECU 会推迟点火时刻，即减小点火提前角，爆震消除后继续加大点火提前角，出现爆震后再推迟，不断反复，实现点火时刻的闭环控制。

微机控制点火系统是发动机实现 ECU 控制的重要组成部分，因此，除了爆震传感器，其他所有传感器都是发动机整个控制系统共用的。如燃油喷射系统中的空气流量传感器，用于检测发动机单位时间内吸入的空气量，为确定每次发动机工作循环负荷最佳空燃比的喷油量，应求得每次循环吸入的空气量，即在已知单位时间空气流量的基础上，应检测发动机转速。另外，在采用顺序喷射和分组喷射时，为有效提高发动机的性能，需要选取特定的喷油时刻，这是相对曲轴转角而言的。因此，与空气流量传感器、节气门位置传感器、冷却液温度传感器等一样，曲轴位置传感器是电子控制燃油喷射系统和电子控制点火系统所共用的，它们共同控制喷油的同时，也在调整点火的时刻。

**2. 电子控制单元**

采用集中控制系统实现微机控制已成为现代汽车发动机的主流方式，ECU 既是燃油喷射系统的控制中心，又是微机控制点火的控制中心。ECU 在发动机上能够实现控制燃油喷射的时刻和喷油时间、控制点火时刻与能量、测量进气气缸中的空气量以及自诊断故障并报警等相关功能。微机控制点火系统的 ECU 不断接收各种传感器和开关的输入信号，按照预先存储好的相关程序进行计算和分析，以判断发动机所处的运行工况，输出最佳点火提前角和点火线圈初级电路通电时间，从而驱动执行器完成发动机的点火控制。在 ECU 的只读存储器 ROM 中，不仅存储有监控和自检等程序，而且存储着发动机台架试验测定的该发动机在各种工况下的最佳点火时刻（脉谱图），如图 4. 2 所示。ECU 中的随机存储器 RAM 存储着微机控制临时需要存储的数据，如输入和输出数据、单片机运算的结果、故障码、点火提前角的修正参数等，这些数据根据发动机工况的变化随时调用或被新的数据改写。

**3. 执行器**

执行器主要包括点火控制器、点火线圈以及火花塞等。点火控制器又称为点火电子控制单元、点火模块、电子点火组件或者功率放大器，连接在 ECU 与点火线圈之间，是微机控制点火系统的执行元件，它将微机控制系统输出的点火信号进行功率放大后驱动点火线圈工作。点火线圈可以将火花塞跳火所需的能量存储在线圈磁场中，并将电源提供的低压电转变成足以击穿火花塞间隙的 15 ~ 20 kV 的高压电。在无分电器的微机控制点火系统中则有多个点火线圈。火花塞主要是利用点火线圈产生的高压电进行放电，点燃气缸内的可燃混合气。

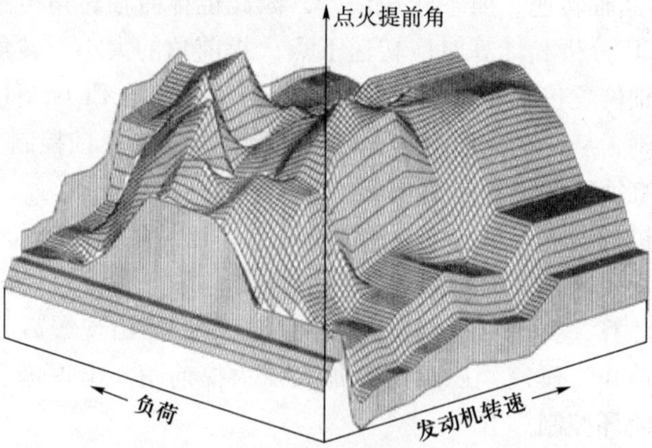

图 4.2 发动机点火提前角的脉谱图

### 4.1.2 相关重要传感器

在微机控制发动机工作系统中，曲轴位置传感器是控制喷油和点火时刻的主控参数，用来检测发动机转速、曲轴位置信号以及各缸压缩行程上止点信号，也是发动机集中控制系统中最主要的传感器。凸轮轴位置传感器又称为相位传感器，其功用是检测凸轮轴的转角位置信号，ECU 以此来确定 1 缸或某缸活塞到达上止点位置，是控制喷油和点火时刻的重要参数。

曲轴位置传感器将发动机曲轴转过的角度变换为电信号输入 ECU，曲轴每转过一定角度就发出一个脉冲信号，ECU 通过不断地检测脉冲个数，即可计算出曲轴转过的角度。与此同时，由于曲轴信号盘上的特殊结构，ECU 还能在单位时间内接收到曲轴旋转周数的脉冲，从而计算出曲轴转速。在微机控制点火系统中，发动机曲轴转角信号用来计算具体的点火时刻，转速信号用来计算和读取基本点火提前角。

凸轮轴位置传感器是确定曲轴基准位置和点火基准位置的传感器。在微机控制发动机系统中，当 ECU 控制喷油器喷油时，必须知道哪一个气缸的活塞即将到达排气上止点；当 ECU 控制火花塞跳火时，必须知道哪一个气缸的活塞即将到达压缩上止点，然后再根据曲轴转角信号控制喷油与点火。

凸轮轴位置传感器在曲轴旋转至某一特定的位置（如一缸上止点或上止点前某一确定的角度）时，向 ECU 输出一个脉冲信号，判别此时开始向上止点运行的活塞是处于压缩行程还是排气行程，以便 ECU 识别 1 缸活塞压缩上止点，从而进行顺序喷油控制、点火控制和爆燃控制。此外，凸轮轴位置信号还用于发动机起动时识别出第一次点火时刻。

根据结构与工作原理的不同，曲轴位置传感器和凸轮轴位置传感器主要分为电磁感应式、霍尔式和光电式三种。曲轴位置传感器主要安装在曲轴（前端、中部后端）、凸轮轴或分电器轴上。凸轮轴位置传感器主要安装在凸轮轴或分电器轴上。凸轮轴位置传感器的类型、结构、工作原理与曲轴位置传感器相同，故重点介绍曲轴位置传感器。

**1. 电磁感应式曲轴位置传感器**

（1）电磁感应式曲轴位置传感器的结构

电磁感应式曲轴位置传感器由传感器体和信号盘组成，如图 4.3 所示。传感器体由永久磁铁、铁芯、电磁线圈等组成。传感器体正对信号盘安装在信号盘的边缘，永久磁铁产生的磁场，穿过铁芯、气隙、信号盘、电磁线圈。信号盘安装在曲轴、凸轮轴或分电器轴上，并随之转动，信号盘上均制有若干凸齿和凹槽，同时还制有一特殊缺齿。电磁线圈的作用是当磁场变化时，输出传感器信号。传感器体与信号盘之间的气隙一般小于 2 mm，气隙过大，会使信号减弱；气隙过小，容易发生碰撞，给安装带来困难。

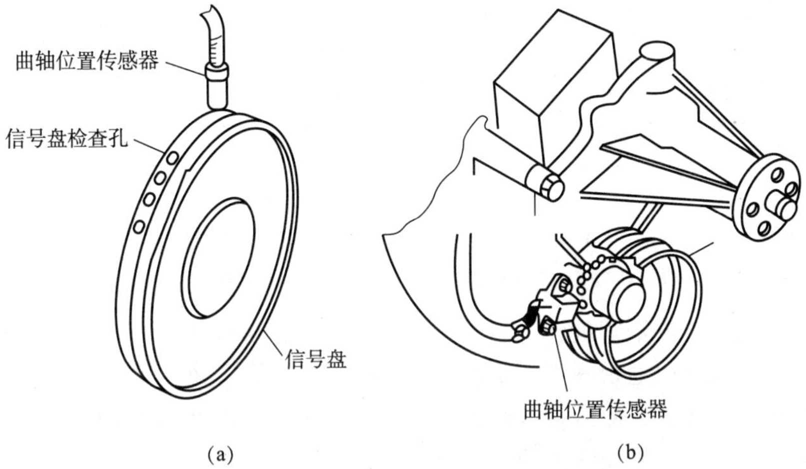


**图 4.3　电磁感应式曲轴位置传感器的结构及安装位置**

（a）结构；（b）安装位置

宝来轿车 AGN 发动机和桑塔纳 AJR 发动机上电磁感应式曲轴位置传感器的信号盘为齿盘式，在其圆周上间隔均匀地制作有 58 个凸齿、57 个小齿缺和 1 个大齿缺。大齿缺输出基准信号，对应于发动机一缸或四缸压缩上止点前一定角度。大齿缺所占的弧度相当于两个凸齿和 3 个小齿缺所占的弧度。因为信号盘随曲轴一同旋转，曲轴和信号盘旋转一周均为 360°，所以信号盘圆周上的凸齿和齿缺所占的曲轴转角为 360°，每个凸齿和小齿缺所占的曲轴转角均为 3°，大齿缺所占的曲轴转角为 15°。

（2）电磁感应式曲轴位置传感器的信号产生原理

当发动机转动时，信号盘随曲轴转动。当信号盘凸齿接近并正对铁芯时，磁感应强度增加；当信号盘由正对逐渐远离时，磁感应强度减弱，在感应线圈周围就会产生交变的感应电动势。如图 4.4 所示，磁力线的路径为永久磁铁 N 极→定子与转子间的气隙→转子凸齿→转子凸齿与定子磁头间的气隙→磁头→导磁板→永久磁铁 S 极。当信号盘旋转时，磁路中的气隙就会周期性地发生变化，磁路的磁阻和穿过感应线圈的磁通量随之发生周期性的变化。根据电磁感应原理，传感器线圈中就会感应产生交变电动势。

当信号转子按顺时针方向旋转时，转子凸齿与磁头间的气隙减小，磁路磁阻减小，磁通量增多，磁通变化率增大，感应电动势 $E$ 为正，如图 4.5 中曲线 $abc$ 所示。

当转子凸齿接近磁头边缘时［图 4.4（a）］，磁通量急剧增多，磁通变化率最大，感应电动势最高，如图 4.5 中曲线上的 $b$ 点所示。转子转过 $b$ 点后，虽然磁通量仍在增加，但磁通量的变化率在减小，因此感应电动势在下降。

当转子旋转到凸齿的中心线与磁头的中心线对齐时［图 4.4（b）］，虽然转子凸齿与磁头间的气隙最小，磁路的磁阻最小，磁通量最大，但是由于磁通量不可能继续增加，故磁通变化率为零，感应电动势也为零，如图 4.5 中曲线上的 $c$ 点所示。

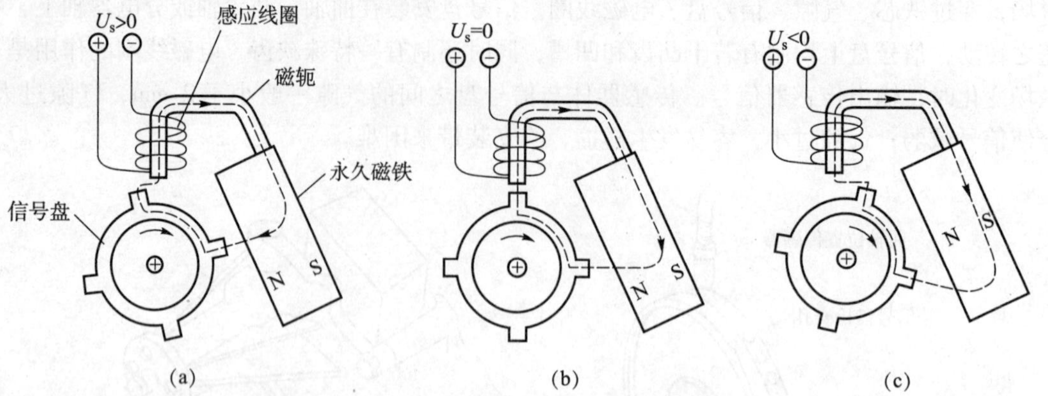


**图 4.4　磁感应式传感器的工作原理示意图**

（a）凸齿接近磁头；（b）凸齿正对磁头；（c）凸齿离开磁头

当转子沿顺时针方向继续旋转，凸齿离开磁头时［图 4.5（c）］，凸齿与磁头间的气隙增大，磁路磁阻增大，磁通量减少，所以感应电动势为负值，如图 4.5 中曲线 $cda$ 所示。当凸齿即将离开磁头边缘时，磁通量急剧减少，磁通变化率达到负向最大值，感应电动势也达到负向最大值，如图 4.5 中曲线上的 $d$ 点所示。

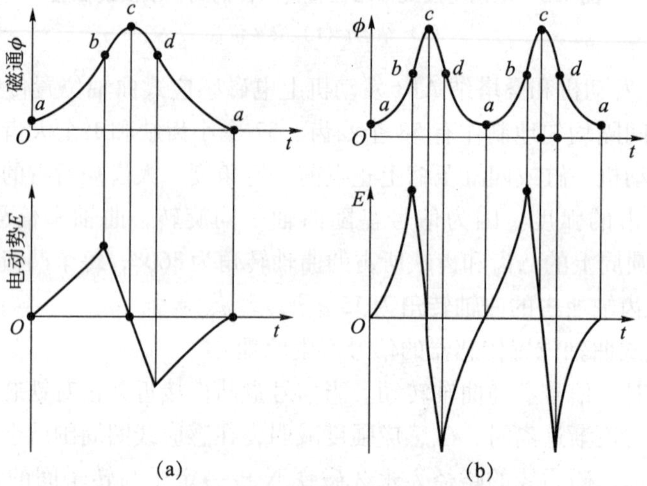


**图 4.5　传感器线圈中的磁通量和电动势的波形**

（a）低速时的输出波形；（b）高速时的输出波形

由此可见，信号转子每转过一个凸齿，就会在传感器线圈中产生一个周期的交变电动势，即电动势出现一次最大值和一次最小值，传感器线圈的输出端相应地输出一个交变电压信号。因为信号盘上设有一个产生基准信号的大齿缺，所以当大齿缺转过磁头时，信号电压所占的时间较长，即输出信号为宽脉冲信号，经整形和放大处理后输出的波形如图 4.6 所示。该信号应于 1 缸或 4 缸压缩上止点前一定角度，ECU 由此可判断 1 缸或 4 缸压缩上止点将到来。至于即将到来的是 1 缸还是 4 缸压缩上止点，则需根据凸轮轴位置传感器输入的信号来确定。由于信号盘上有 58 个凸齿，因此信号盘每转一周（发动机曲轴转一周），传感器线圈就会产生 58 个交变电压信号送向 ECU。

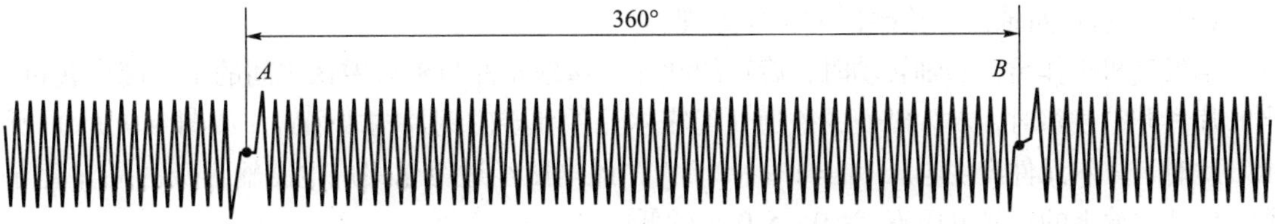


**图 4.6　桑塔纳 2000AJR 发动机曲轴转速与位置传感器输出信号**

磁感应式曲轴位置传感器将机械能转化为电能，其最大特点是不需要外接电源。当发动机转速加快时，转子凸齿转动速度也会加快，铁芯中的磁通变化率将加大，感应线圈中产生的感应电动势也会变高。

**2. 霍尔式曲轴位置传感器**

（1）霍尔效应

如图 4.7 所示，通有电流的导体垂直于磁感线放入磁场中时，在导体横向侧面上就会产生一个垂直于电流 $I$ 方向和磁场的电压 $U_H$，$U_H$ 与通过导体的电流 $I$ 和磁感应强度 $B$ 成正比，当取消磁场时，电压 $U_H$ 会立即消失。这就是霍尔效应，$U_H$ 称为霍尔电压。

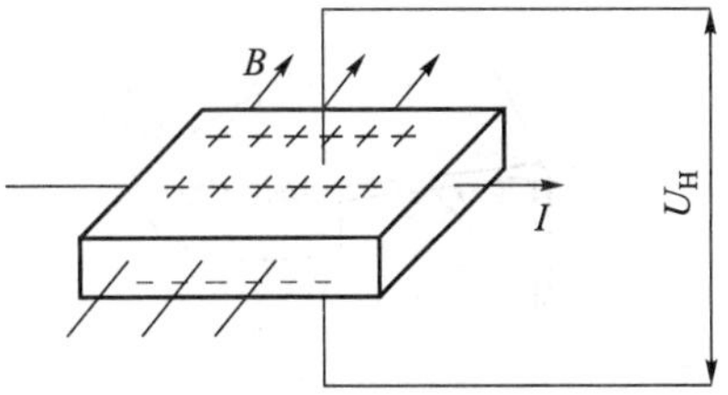


**图 4.7　霍尔效应**

在汽车上，安装了利用霍尔效应制成的能够检测位置信号的传感器，这种传感器称为霍尔效应传感器。大量实验证明，由于半导体材料也存在霍尔效应，而且其霍尔系数远远大于金属材料的霍尔系数，因此，现在一般都用半导体材料制作霍尔元件。目前，霍尔式传感器在汽车上的应用越来越多，这主要是由于其具有以下优点：输出电压信号近似于方波；输出电压的高低与被测量物体的转速无关，稳定性好。但是霍尔式需要外加电源，才能向 ECU 输出信号。

（2）霍尔式曲轴位置传感器的结构

霍尔式曲轴位置传感器的结构如图 4.8 所示，主要由叶片、霍尔元件、永久磁铁及导磁钢片等组成。叶片安装在转子轴上，叶片数量往往与发动机的气缸数相等。当叶片随转子轴一同转动时，叶片便在霍尔元件与永久磁铁之间转动，并通过不断遮挡控制其磁路的通断。

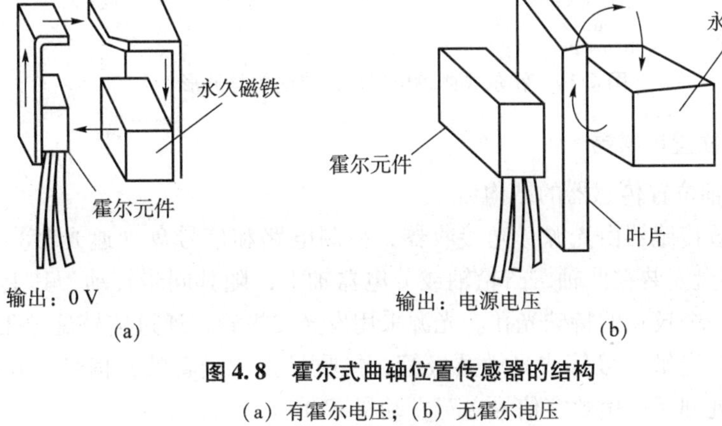


**图 4.8　霍尔式曲轴位置传感器的结构**

（a）有霍尔电压；（b）无霍尔电压

（3）霍尔式曲轴位置传感器的工作原理

当发动机工作传感器轴转动时，旋转的叶片从霍尔元件与永久磁铁之间的空气隙中转过。当叶片离开空气隙时，永久磁铁的磁通便经霍尔元件和导磁钢片构成回路，如图 4.9（a）所示。此时，霍尔元件产生电压 $U_H$ = 1.9 ~ 2.0 V，此电压经过霍尔集成电路输出极的晶体管导通，传感器输出的信号电压 $U_0$ 为 0 ~ 5.0 V 的低电平。

当叶片进入空气隙时，霍尔元件中的磁场被叶片隔断，如图 4.9（b）所示，霍尔电压 $U_H$ 此时为零，集成电路输出级的晶体管截止，传感器输出的信号电压 $U_0$ 为高电平（当霍尔传感器电源电压为 14.4 V 时，信号电压 $U_0$ = 9.8 V；当电源电压为 5 V 时，信号电压 $U_0$ = 4.8 V）。

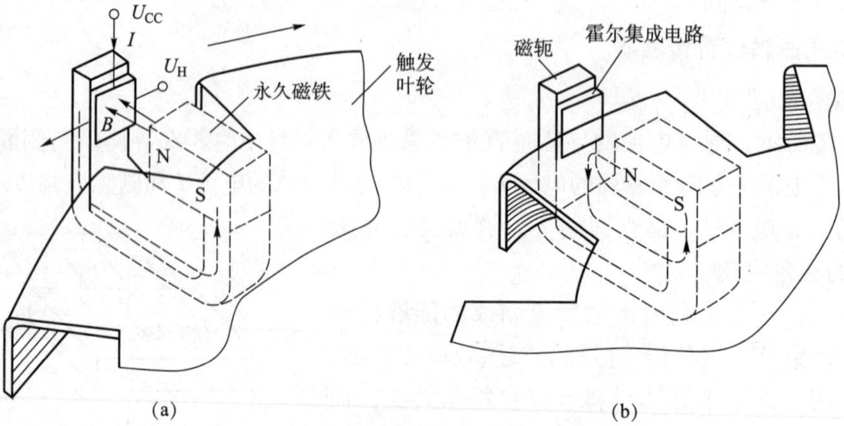


**图 4.9　霍尔式曲轴位置传感器的工作原理**

（a）叶片离开气隙；（b）叶片进入气隙

霍尔式曲轴位置传感器的信号波形如图 4.10 所示。

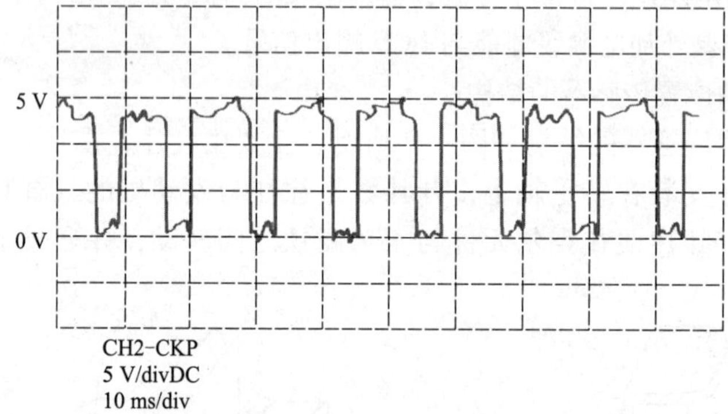


**图 4.10　霍尔式曲轴位置传感器的信号波形**

### 3. 光电式曲轴位置传感器

（1）光电式曲轴位置传感器的结构

光电式曲轴位置传感器由光源、光接收器、控制电路和信号盘（遮光盘）等组成，如图 4.11 所示。信号盘安装在曲轴、凸轮轴或分电器轴上，随其同步转动，其上均布有若干个光孔，通常还有一个较宽的特殊光孔。光源采用发光二极管，通过信号盘光孔正对着光接收器。光接收器采用光敏二极管或光敏共极管，接收发光二极管的光信号，并转换为电信号。再经控制电路处理后产生数字信号送至发动机 ECU。

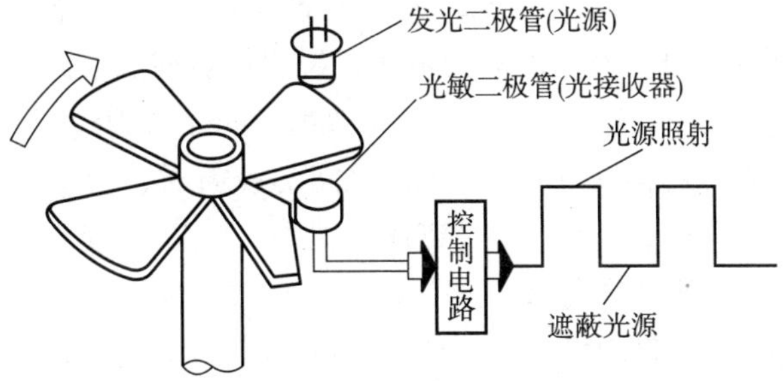


**图 4.11　光电式曲轴位置传感器的结构**

（2）光电式曲轴位置传感器的工作原理

信号盘随曲轴旋转，当光孔对准光源时，光接收器导通，传感器输出高电平信号；当光孔传感器输出低电平信号时，信号盘不停地转动，传感器输出数字脉冲信号，信号的频率随发动机转速的增大而增大。

光电式曲轴位置传感器的优点是不受电磁干扰；缺点是受灰尘影响大。光电式曲轴位置传感器的功能元件通常被密封得很好，但当维修时，可能使油污和污物进入敏感区域，从而造成污损，这就可能引起发动机不能起动、失速和断火。

**4. 曲轴位置传感器的检修**

（1）曲轴位置传感器信号不良的原因

曲轴位置传感器信号不良的原因主要有曲轴位置传感器损坏，曲轴位置传感器线路断路、短路或者虚接，ECU 故障以及曲轴位置传感器体、信号盘安装松动等。当传感器信号出现故障时，一般情况下，ECU 检测到故障后会以故障码的形式存储起来，同时停止点火和喷油，使发动机无法起动或者运行中熄火。也有些发动机用凸轮轴位置信号控制，发动机虽能继续运转，但性能会下降。

（2）曲轴位置传感器的诊断

桑塔纳 2000AJR 发动机曲轴位置传感器端子以及与 ECU 的连接关系如图 4.12 所示。

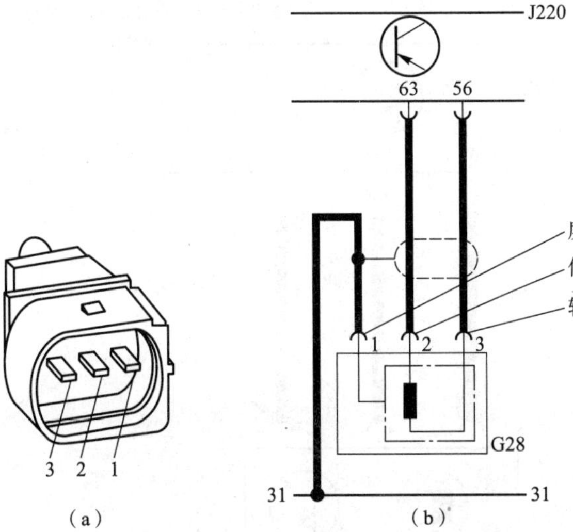


**图 4.12　曲轴位置传感器端子以及与 ECU 的连接关系**

（a）端子；（b）端子与 ECU 的连接关系

①传感器电阻的检查。断开点火开关，拔出传感器引线插头，检测传感器插座端子 2 与 3 之间电阻应为 450 ~ 1 000 Ω。若阻值为无穷大，说明信号线圈断路，应更换传感器。检测传感器端子 2、3 与端子 1 之间电阻应为无穷大。如阻值不是无穷大，则更换传感器。

②线束导通性的检查。检测传感器与 ECU 之间的线束时，分别检测传感器线束插头端子 3 与 ECU 线束插接器端子 56、传感器线束插头端子 2 与 ECU 线束插接器端子 63，其阻值小于 0.5 Ω。如为无穷大，则说明导线断路，需要修理或更换线束。

③输出信号电压的检测。起动发动机并怠速运转，用万用表交流电压挡检测传感器端子 3 与 2 之间的信号电压，应有交流信号，信号电压和频率随着发动机转速的增大而增大。

④输出信号波形检测。连接示波器，起动发动机，先怠速运转而后加速运转，从而获得波形。良好的波形在 0 V 电平上、下的幅值应基本接近，如图 4.13 所示。当发动机转速增加时，幅值会加大，频率也会加快，但是幅值、频率和形状在确定的条件（转速等）下是一致的、可重复的、有规律的和可预测的。

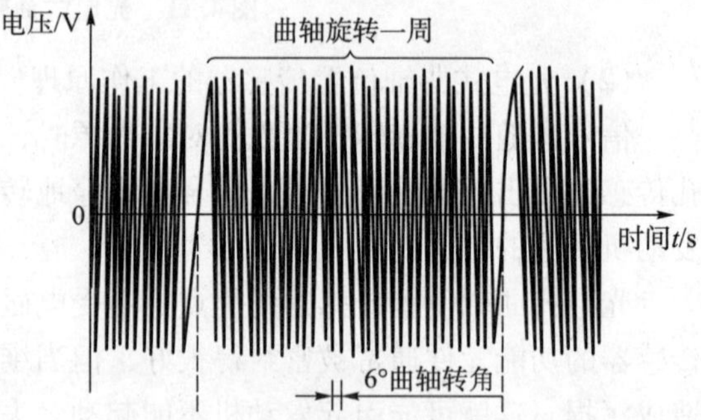


**图 4.13　曲轴位置传感器信号波形**

**5. 凸轮轴位置传感器的检修**

（1）凸轮轴位置传感器信号不良的原因

凸轮轴位置传感器信号不良的原因主要有凸轮轴位置传感器损坏，凸轮轴位置传感器线路断路、短路或者虚接，ECU 故障以及凸轮轴位置传感器体、信号盘安装松动等。当传感器信号出现故障，ECU 不能快速识别活塞是在压缩上止点还是排气上止点，也就不能在正确时刻控制喷油和点火。当 ECU 检测到故障时，会存储故障码，且不同的控制系统会起动不同的控制程序。

（2）凸轮轴位置传感器的诊断

桑塔纳 2000AJR 发动机凸轮轴位置传感器端子与 ECU 的连接关系如图 4.14 所示。

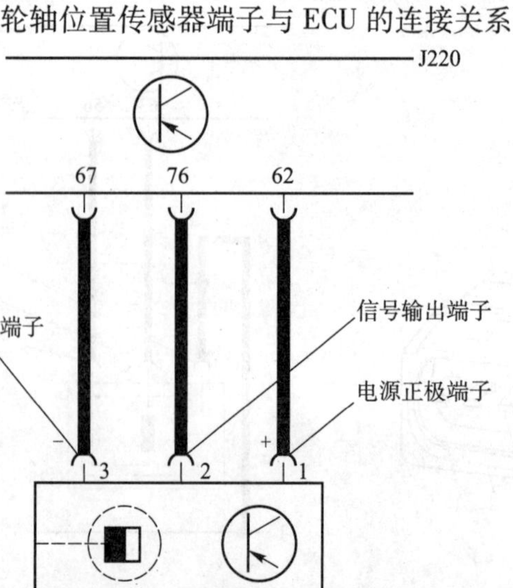


**图 4.14　凸轮轴位置传感器端子与 ECU 的连接关系**

①检测传感器的工作情况。用发光二极管试灯从传感器插头背面连接端子 2 和 3，短时起动发动机，试灯必须闪亮（发动机每转两周试灯闪亮一次）。如试灯不闪亮，则进行电源电压及线束检测。

②检测传感器电源电压。断开点火开关，拔下传感器插座上的线束插头，将万用表的正、负表笔分别连接插头端子 1 与 3；接通点火开关，测得电压标准值应当高于 4.5 V。如电压为零，说明线束断路、短路或电子控制单元 ECU 有故障；断开点火开关，继续检查导线是否短路或断路。

③检测线束导线有无断路、短路。在断开点火开关的情况下拔下 ECU 线束插接器，将万用表拨到电阻挡，两支表笔分别连接传感器插头端子 1 与 ECU 线束插接器端子 62、传感器插头端子 2 与 ECU 线束插接器端子 76、传感器插头端子 3 与 ECU 线束插接器端子 67，测得各导线的电阻值应小于 0.5 Ω。用一支表笔连接传感器插头端子 1（或 ECU 线束插接器端子 62），另一支表笔分别连接传感器插头端子 2 和 3（或连接 ECU 线束插接器端子 76 和 67），测得电阻值应为无穷大。

④检测波形。连接示波器，起动发动机，先怠速运转而后加速，获得波形，如图 4.15 所示。

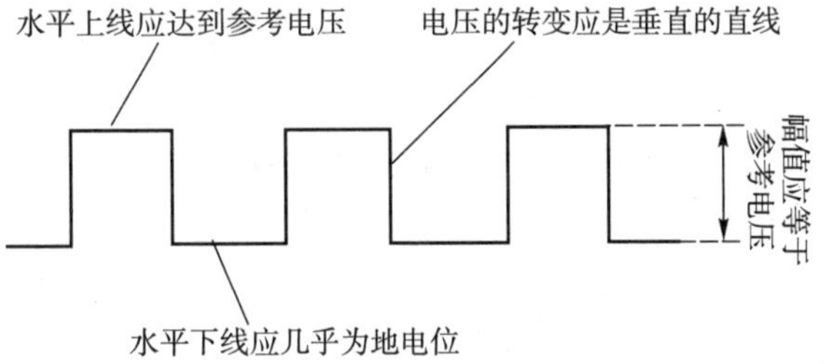


**图 4.15　凸轮轴位置传感器输出波形**

### 4.1.3　微机控制点火系统的控制过程及原理

发动机起动后进入正常运行状态，ECU 根据曲轴位置传感器的转速和转角信号、空气流量传感器的空气流量信号和节气门位置传感器提供的负荷信号计算出基本点火提前角；同时，冷却液温度传感器信号、进气温度信号、车速信号、爆震传感器信号用于修正点火提前角。ECU 利用转角信号和各缸上止点位置信号控制点火时刻、准确点火，以保证发动机工作在最佳状态。

如图 4.16 所示，空气流量传感器、曲轴位置传感器等不断向 ECU 发送发动机运转的工况信息，ECU 将其存入 RAM 中，并不断检测凸轮轴位置传感器的信号，判定是哪一缸即将到达压缩上止点。当接收到凸轮轴位置传感器信号后，ECU 立即开始对曲轴转角信号进行计数，以便控制点火控制角。与此同时，ECU 根据反应发动机工况的转速信号、负荷信号以及与点火提前角相关的传感器信号，从相应的只读存储器中查询出相应工况下的最佳点火提前角。在此期间，ECU 一直在对曲轴转角信号进行计数，判断点火时刻是否到来。当曲轴转角等于最佳点火提前角时，ECU 立即向点火控制器发出控制指令，使功率晶体管截止，点火线圈初级电流切断，次级绕组产生高压，点火系统带有分电器的发动机按发动机点火顺序分配到各个火花塞；无分电器的发动机则直接将高压电送至所需要点火的气缸火花塞上，火花塞跳火，点燃气缸内的可燃混合气。

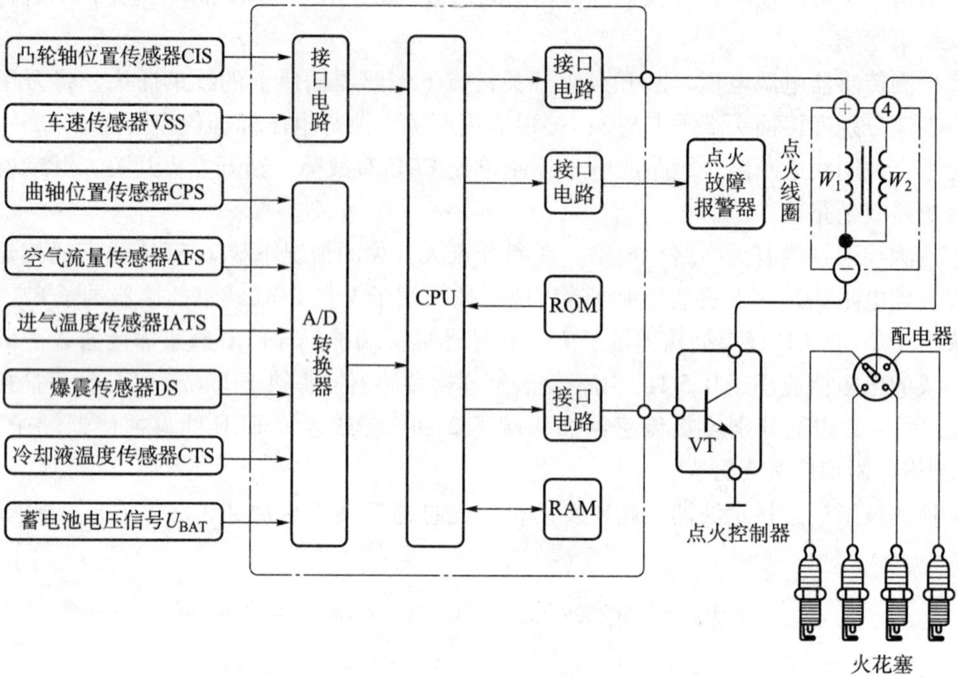


图 4.16　微机控制点火系统的工作原理

### 4.1.4　实操训练

**1. 训练内容**

利用实训电控发动机教学台架和实车，明确微机控制点火系统的组成，并查找组成部件的安装位置；同时，对曲轴位置传感器和凸轮轴位置传感器的电路进行相关检测，利用诊断检测仪器、示波器对传感器进行信号检测和数据读取。

**2. 设备、工具**

数字万用表、示波器、故障诊断仪、维修工具等，电喷发动机电控故障诊断台架若干台，实训车辆一台。(根据学生数量，分组进行讲解和熟悉)

**3. 实践与考核**

①画出微机控制点火系统的基本组成框架图，以及曲轴位置传感器和凸轮轴位置传感器的电路图。

在发动机运行条件下，利用万用表或示波器检测曲轴位置传感器输出的电压或频率；改变转速，测量曲轴位置传感器的波形，并画出信号波形图。

实操报告：基本知识点、基本内容和传感器电路图，画出传感器的信号波形图。

②考核标准（可采取教师考核或者学生互评的原则）：

| 序号 | 考核内容 | 分数 | 评分标准 | 得分 | 具体原因 |
|---|---|---|---|---|---|
| 1 | 正确使用万用表、示波器、解码器等工具 | 10 | 工具使用不规范每次扣2分 | | |
| 2 | 说明曲轴位置传感器和凸轮轴位置传感器的安装位置、功用 | 10 | 每个传感器安装位置、功用错误各扣5分 | | |
| 3 | 画传感器的电路连接图 | 20 | 错误一项扣2分 | | |
| 4 | 检测传感器输出电压 | 15 | 错误一项扣3分 | | |
| 5 | 画出传感器的波形信号 | 10 | 错误一项扣5分 | | |
| 6 | 安全用电，规范操作 | 15 | 违规操作扣15分 | | |
| 7 | 团队合作，讨论交流 | 10 | 依据现场情况而定 | | |
| 8 | 场地打扫，工件摆放 | 10 | 依据现场情况而定 | | |
| | 总分 | 100 | | | |
| | 教师签字 | | | 年　月　日 | |

## 任务4.2　微机控制点火系统重要参数的控制

| 任务名称 | 微机控制点火系统重要参数的控制 |
|---|---|
| 教学目标 | 掌握点火提前角的影响因素；<br>理解闭合角及影响因素 |
| 教学重点 | 影响点火提前角的重要因素 |
| 教学说明 | 本任务内容理论性较强，故采用1节理论的教学安排 |
| 自我评价 | 优秀　　良好　　中等　　及格　　不及格 |

点火提前角和闭合角是影响燃油发动机综合性能的两个重要控制参数。点火提前角与燃油机的动力性、经济性和排放性密切相关，合理的点火提前角可以使发动机的综合性能处在最佳状态。闭合角是影响击穿电压和点火能量的重要因素，合适的闭合可以使点火系统在很大的发动机转速范围内都可靠工作。

### 4.2.1　点火提前角

#### 1. 最佳点火提前角

为了保证发动机按照点火顺序以最佳的点火时刻点燃缸内的混合气，火花塞需要在压缩行程上止点前点燃缸内混合气。从火花塞跳火到活塞运行至压缩行程上止点，曲轴转过的角度称为点火提前角。点火提前角过大，将引起混合气燃烧过早，缸内压力上升过快，在上止点前缸内达到最大压力，使发生爆燃倾向加大，同时活塞上行阻力增加；若点火提前角过小或者在压缩上止点时点火，燃烧将延长至膨胀过程，使缸内最高温度和最大压力降低；同时，由于燃烧的炽热气体与缸壁接触面积加大，热损失增加，从而使发动机功率下降、油耗增加、排气温度过高。

能够把发动机动力性、经济性以及排放性都达到最佳状态的点火提前角称为最佳点火提前角。实践证明：发动机的最佳点火提前角，应使发动机气缸内的最大压力出现在上止点后10°～15°。

**2. 影响点火提前角的因素**

发动机的最佳点火提前角与发动机型号、发动机工况和发动机使用条件有关，不同的发动机和运转工况，最佳点火提前角是不同的。影响点火提前角的因素很多，其中最主要的是发动机的转速、负荷以及燃料的辛烷值（抗爆性）。

（1）发动机转速的影响

最佳点火提前角随发动机转速升高而加大。发动机转速提高后，在给定的时间内曲轴转过的角度会更大，而燃烧速度在相对低的转速下是不会跟随变化的。如果想使燃烧在上止点后（ATDC）10°～15°完成，那么必须使点火时刻提前。如发动机在850 r/min的怠速时，点火提前角为6°～12°，而转速增加到4 000 r/min时，点火提前角增大到28°。但当转速继续提高时，由于混合气压力与温度的提高及进气扰流的增强，燃烧速度会加快，为避免发生爆燃，最佳点火提前角的增大速度就要适当减慢。

（2）发动机负荷的影响

最佳点火提前角随发动机负荷的增大而减小。在轻载和节气门部分开度时，进气管内的真空度较高，吸进进气管和气缸内的空燃混合气的数量少。这些稀薄的混合气在压缩终了的压力较低，燃烧速度较慢，为了在上止点后（ATDC）10°～15°完成燃烧，点火时刻必须提前。在大负荷时，节气门全开，大量的空燃混合气被吸入气缸，并且进气管的真空度低，这就会导致燃烧压力增高，燃烧速度加快。此时，必须推迟点火提前角，以防止气体在上止点后（ATDC）10°～15°以前全部燃烧完毕。

（3）燃料辛烷值的影响

燃油的辛烷值越高，抗爆性越好，点火提前角可适当增大；辛烷值越低，抗爆性越差，点火提前角则应相应减小，否则容易产生爆燃。现代汽车智能化控制度高，其发动机ECU可根据使用的不同标号燃油自动调整点火提前角。

### 4.2.2 闭合角

闭合角是指在点火线圈的初级线圈通电时对应曲轴转过的角度。闭合角控制就是点火线圈初级通电时间控制。

按点火能量的储存方式不同，燃油机点火系统可以分为电感储能式和电容储能式两大类。对于电感储能式电控点火系统，当点火线圈的初级电路被接通时，其初级电流是按指数规律递增的。初级线圈被断开瞬间所能达到的断开电流值与初级线圈接通时间长短有密切关系，只有初级电路的通电时间达到一定值时，初级电流才能达到饱和。也就是说，只有通电时间达到一定值时，点火线圈的储能才能保证在次级感应出来的高压电能顺利点火。所以次级线圈高压的最大值与初级断开电流成正比，即次级绕组产生的击穿电压取决于初级绕组断开瞬间流过线圈的电流大小。

对于电感储能式电控点火系统，当点火线圈的初级绕组被接通后，由于绕组的阻抗作用，在电压不变的情况下，通过初级绕组的电流是按指数规律由零开始逐渐增大的，只有通电时间达到一定值时，初级电流才能达到饱和。而次级绕组高压的最大值与初级线圈断开电流成正比，即次级绕组产生的击穿电压取决于初级绕组断开瞬间流过线圈的电流大小。为了满足燃油机对点火系统在击穿电压和点火能量上的要求，微机控制点火系统的闭合角控制以保证点火线圈初级电路有足够的通电时间、初级绕组在断开瞬间到达饱和电流为主要目标。例如某八缸发动机怠速时，点火模块使初级电路通电闭合 15° 曲轴转角，而高速时增加到 32°。

影响初级线圈通过电流时间长短的主要因素有发动机转速和蓄电池电压。为了保证在不同的蓄电池供电电压和不同的转速下都有相同的初级断开电流，以及保证感应次级电压的稳定，发动机在工作时，ECU 根据蓄电池与发动机传来的电压与转速信号，从存储的闭合角数据表中查出相应的数值对闭合角进行控制，实现对点火线圈的初级通电时间的控制。

当发动机转速较高时，应适当增大闭合角，以防止初级绕组通过电流值减小、次级高压下降而造成点火困难。当蓄电池电压较高时，应减少通电时间，以限制点火线圈形成过大的初级电流，避免点火线圈温度过高而损坏；而当蓄电池电压较低时，则应适当增加点火线圈初级绕组的通电时间，以保证能形成足够大的初级电流。

## 任务 4.3　微机控制点火系统的闭环控制

| 任务名称 | 微机控制点火系统的闭环控制 |
| --- | --- |
| 教学目标 | 掌握影响爆燃的因素；<br>掌握爆燃传感器的结构、原理和输出信号波形；<br>掌握爆燃闭环控制的方法 |
| 教学重点 | 影响点火提前角的重要因素 |
| 教学说明 | 本任务采用 1 节理论 +1 节实践 +1 节理论的教学安排。首先进行 1 节理论讲解爆燃的影响因素以及爆燃传感器；然后 1 节实践边讲边检测爆燃传感器信号；最后 1 节理论讲解爆燃闭环控制，并总结本节课。 |
| 自我评价 | 优秀　　良好　　中等　　及格　　不及格 |

### 4.3.1　爆燃原因

爆燃是指气缸内末端可燃混合气在火焰前锋到达之前，自行燃烧导致压力急剧上升而引起缸体振动的现象。

燃油发动机的正常燃烧是指由火花塞点燃混合气，燃烧火焰以火花为中心，迅速向四周传播，将燃烧室内的混合气全部引燃的燃烧过程。爆燃（爆震）是燃油发动机的一种不正常燃烧，由于末端的可燃混合气在压缩、热辐射的作用下，温度急剧升高，在火焰前锋达到之前而自燃的结果。发生爆燃时，缸内温度、压力急剧上升，并伴有压力冲击波，反复撞击燃烧室壁、活塞顶等部位，发出尖锐的金属敲击声。爆燃不仅会导致发动机输出功率降低，而且会缩短使用寿命，甚至损坏发动机。故燃油机不允许在严重的爆燃情况下工作。

从爆燃产生的过程分析，引起爆燃的主要原因有：

**1. 点火提前角过大**

点火提前角过大，在活塞上行压缩时气缸内气体的压力和温度急剧升高，末端混合气加速前期反应，因此爆燃倾向加大。

**2. 燃油使用不合理**

燃油的标号越低，其抗爆性能越差；存放过久或密封不良的燃油辛烷值会降低，抗爆性也会降低。

**3. 发动机过热**

发动机长期大功率工作、超负荷工况或低挡高速连续行驶，尤其是在炎热的夏季，环境温度高，散热不良，会导致发动机过热。当过热故障严重且得不到及时改善时，可燃混合气在进入燃烧室的同时会被预热，造成局部混合气温度过高，发生自燃，从而发生爆震。

**4. 积炭聚集过多**

发动机燃烧室内积炭过多，其容积相对变小，致使压缩比相应变大，故爆燃倾向加大。

### 4.3.2 爆燃传感器

爆燃传感器的作用是检测发动机的爆燃，将发动机爆燃信号转换为电信号传递给 ECU，ECU 根据爆震信号对点火提前角进行修正。

爆燃传感器一般安装在发动机缸体上，如图 4.17 所示。有的轿车采用一个爆燃传感器，安装在缸体右侧 2、3 缸之间。也有的轿车采用两个爆燃传感器：一个安装在 1、2 缸之间检测其爆震信号；另一个安装在 3、4 缸之间检测其爆燃信号。

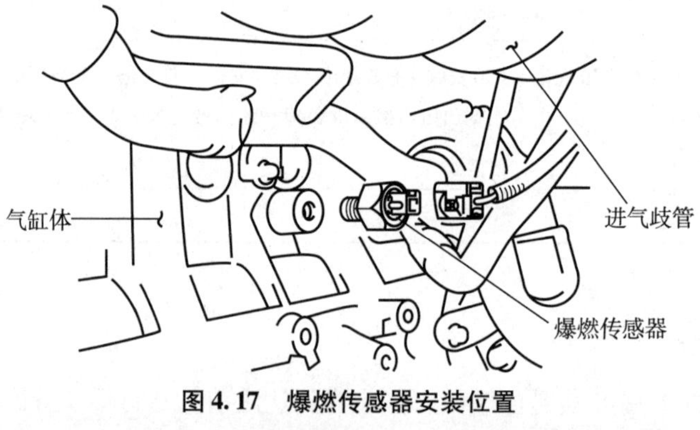


**图 4.17 爆燃传感器安装位置**

发动机爆燃的检测方法主要有气缸压力检测、燃烧噪声检测和发动机缸体振动检测三种。气缸压力检测是利用装于每个气缸内的压力传感器检测爆燃引起的压力波动，检测精度高但耐久度不够且安装困难；燃烧噪声检测是对燃烧噪声进行频谱分析，耐久度好但精度和灵敏度偏低；发动机缸体振动检测是把一个或者两个加速传感器安装在发动机缸体或进气管上，检测爆燃引起的振动。缸体振动检测方法便于安装，精度和耐久度较好，故普遍采用。

利用缸体振动检测方法检测爆燃时，所使用的爆燃传感器根据其检测原理不同可分为电感式和压电式两种。压电式爆燃传感器结构简单、检测灵活，应用较多。

**1. 压电式爆燃传感器**

压电式爆燃传感器是利用压电材料的压电效应制成的，有共振型和非共振型两种。

（1）共振型

共振型爆燃传感器的固有振动频率与发动机机体的爆燃频率相同，爆燃时发生谐振，输出信号电压最大，如图 4. 18 所示；ECU 根据该信号判断是否发生爆震。共振型输出信号电压高，不需要滤波，信号处理较为方便，但由于机械共振体的频率特性尖且频带窄，只能用于特定的发动机，不能与其他发动机互换使用，美国车常采用。

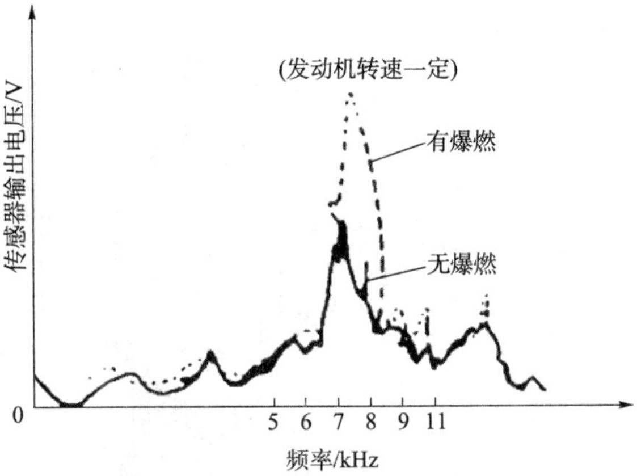


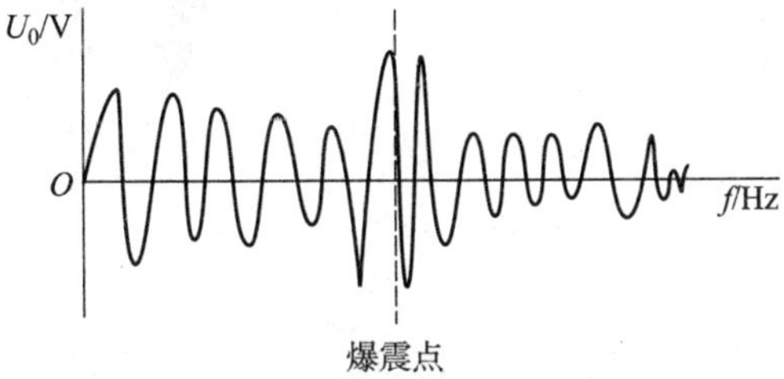


**图 4. 18　共振型爆燃传感器信号波形**

（2）非共振型

非共振型爆燃传感器爆燃时，输出信号电压变化不大，只是信号频率发生变化，频率特性平且频带较宽，需将信号送至滤波器中识别是否发生爆震，如图 4. 19 所示。该传感器适用于所有燃油机，装车自由度大，但输出电压低，且较为平缓，信号处理比较复杂。我国、欧洲和日本汽车使用较为广泛。

压电式爆燃传感器主要由套筒底座、压电元件、惯性配重、塑料壳体和接线插座等组成，如图 4. 20 所示。压电元件由压电材料制成垫圈形状，在其两个侧面上制作有金属垫圈作为电极，并用导线引到接线插座上。惯性配重与压电元件以及压电元件与传感器套筒之间安放有绝缘垫圈，套筒中心制作有螺孔，传感器用螺栓安装固定在发动机刚体上，调整螺栓的拧紧力矩便可以调整传感器的输出电压。惯性配重用来传递发动机振动产生的惯性力，惯性配重与塑料壳体之间安装有盘形弹簧，借弹簧张力将惯性配重、压电元件和垫圈等部件压紧在一起。

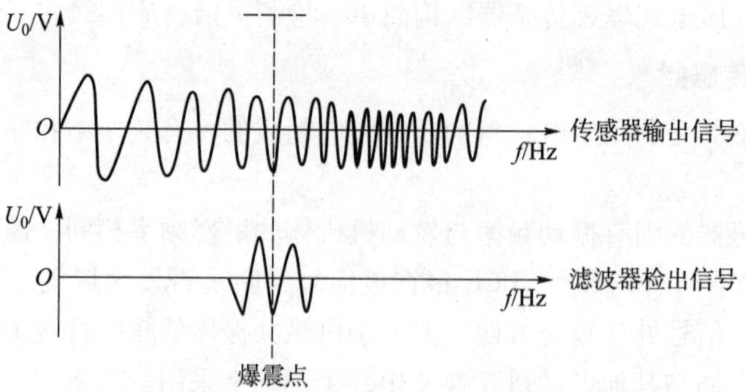


图 4.19　非共振型爆燃传感器的信号波形

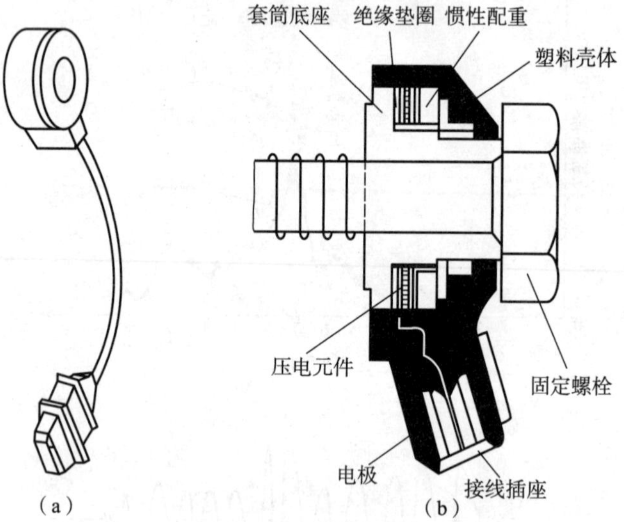


图 4.20　压电式爆燃传感器

(a) 外形；(b) 结构

当发动机缸体发生振动时，传感器套筒底座及惯性配重随之产生振动，套筒底座和配重的振动作用在压电元件上，压电元件的信号输出端就会输出与振动频率和振动强度有关的交变电压信号。其振动强度越大，信号电压幅值越高；发动机转速越高，信号电压幅值越大。爆燃传感器是一个交流信号发生器，其检测范围为 5 ~ 15 kHz，而发动机爆燃频率一般为 6 ~ 9 kHz。

**2. 电感式爆燃传感器**

电感式爆燃传感器主要由感应线圈、伸缩杆、永久磁铁和壳体组成，如图 4.21 所示。伸缩杆用高镍合金制成，在其一端设置有永久磁铁，另一端安放在弹性部件上。传感器线圈绕制在伸缩杆的周围，线圈两端引出电极与控制线路连接。

当发动机产生振动时，传感器的伸缩杆就会随之产生振动，感应线圈中的磁通量就会发生变化。由电磁感应原理可知，线圈会感应出交变电动势，即传感器就有信号电压输出，输出电压的大小取决于发动机的振动强度和振动频率。当发动机爆燃，振动频率达到爆燃频率 (6 ~ 9 kHz) 时，传感器产生共振，振动强度最大，线圈中产生的电压最高。

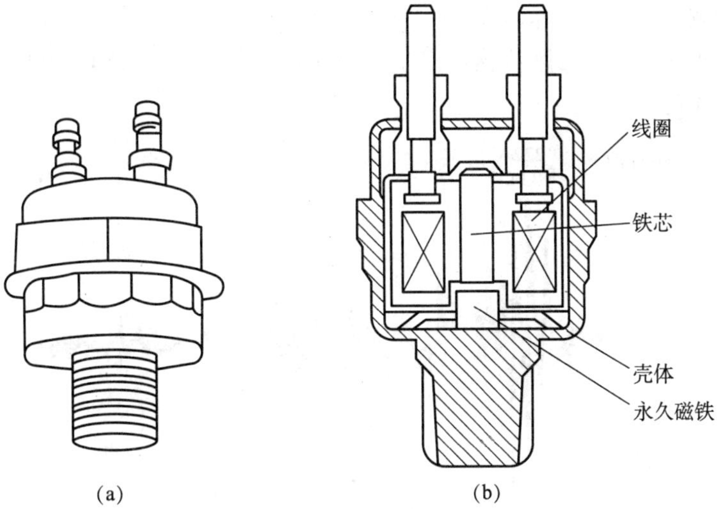


**图 4.21　电感式爆燃传感器**

（a）外形；（b）结构

### 3. 爆燃传感器的检修

爆燃传感器出现故障或者线路不良时，会影响点火提前角，引起点火提前角过大或者过小，导致发动机出现动力性和经济性下降。

桑塔纳 2000 轿车安装有两个压电式爆燃传感器，分别安装在 1、2 缸之间和 3、4 缸之间的缸体上。传感器端子 1 连接线为信号线，传感器端子 2 连接线为搭铁线，传感器端子 3 连接线为屏蔽线，如图 4.22 所示。

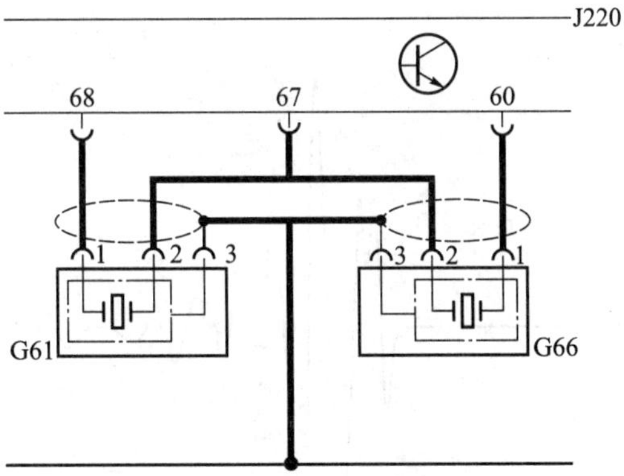


**图 4.22　爆震传感器连接电路**

（1）检测传感器电阻

断开点火开关，拔下传感器线束插头，检测传感器插头端子 1 与 2、1 与 3、2 与 3 之间的电阻，均应大于 1 MΩ。

（2）检测线束电阻

断开点火开关，拔下传感器线束插头和 ECU 线束插头，两插头各端子间导线电阻均应小于 0.5 Ω。

（3）输出信号检测

插上传感器线束插头，起动发动机，检测传感器插头端子 1 与 2 间的电压，应为 0.3 ~ 1.4 V。

（4）波形检测

当振动或敲缸发生时，爆燃传感器产生一个小电压峰值，如图 4.23 所示。敲缸或振动越大，主峰值就越大。

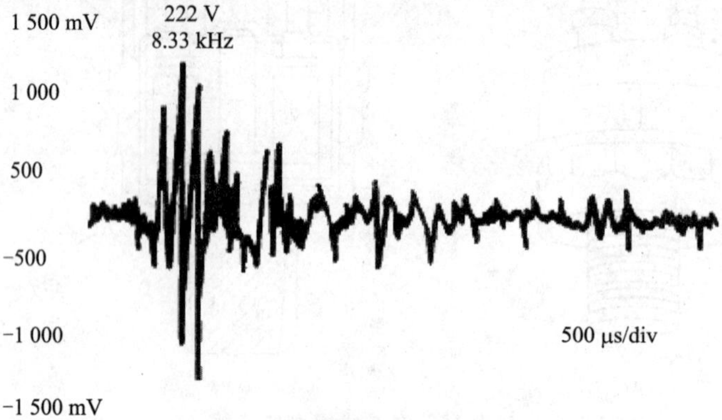


**图 4.23　爆燃传感器的波形**

爆燃传感器通常设计成检测 5 ~ 15 kHz 的频率。在对爆燃传感器进行随车检测时，连接好示波器，起动发动机，对发动机进行加载，获得信号波形。波形的峰值电压和频率将随发动机负载和转速增加而增加。如果发动机点火过早、燃烧温度不正常、废气再循环不正常流动等产生爆燃，其振幅和频率也会增加。

在不起动发动机情况下检测：将爆燃传感器的导线插接器断开，连接波形测试设备，打开点火开关，使用木槌敲击传感器附近缸体，使传感器产生信号。敲击越重，振动幅度越大，如图 4.24 所示。若波形显示为一条直线，说明爆燃传感器没有信号输出，应检查导线和爆燃传感器本身。

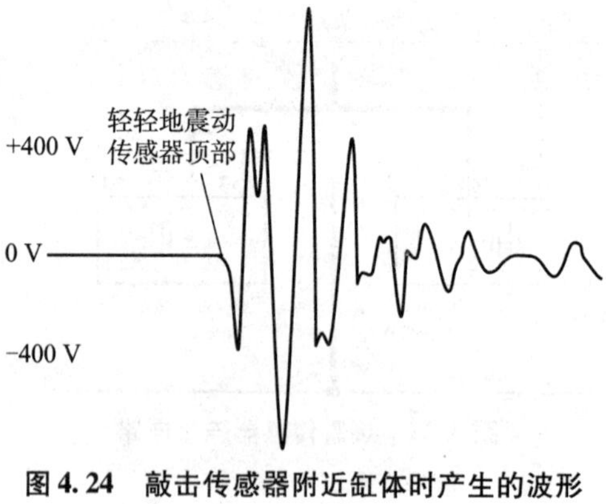


**图 4.24　敲击传感器附近缸体时产生的波形**

### 4.3.3　爆燃控制

从最佳点火提前角控制原理中可知，为了最大限度地发挥汽车发动机的功率，应把点火提前角控制在接近临界爆燃点，同时又不能使发动机发生爆燃的现象。故必须在采用电子控制系统控制的同时，对其进行闭环控制。

发动机爆燃一般仅在大负荷、中低转速时产生，由于爆燃传感器输出电压的振幅随发动机转速高低不同而有很大变化，因此，判定发动机是否发生爆燃不能根据爆燃传感器输出电压的绝对值进行判别，判定爆燃的基准电压通常利用发动机即爆燃时的传感器输出信号电压来确定。发动机转速升高时，爆燃传感器输出电压的幅值增大，所以基准电压并不是一个固定值，其值将随着发动机的转速升高而增大。发动机爆燃的强度取决于爆燃传感器输出信号电压的振幅和持续时间。爆燃信号电压值超过基准电压值的次数越多，爆燃强度越大；反之，超过基准电压值的次数越少，说明爆燃强度越小。

发动机在工作时，ECU 根据爆燃传感器信号，从存储器中查询出相应的点火提前角控制点火时刻，控制结果由爆燃传感器反馈到 ECU 输入端，再由 ECU 对点火提前角进行修正。当有爆燃信号输入 ECU 时，点火控制采用闭环控制方式，爆燃强，推迟点火角度大；爆燃弱，推迟点火角度小，在原点火提前角的基础上推迟点火提前角，直到爆燃消失为止。但当爆燃消失后，控制系统会在一段时间内维持当前的点火提前角。如果没有爆燃发生，则系统会控制点火提前角逐步增加，一直到爆燃发生；当发动机再次出现爆燃时，ECU 又使点火提前角再次推迟，调整过程不断循环进行。

### 4.3.4 实操训练

**1. 训练内容**

利用实训电控发动机教学台架和实车，对爆燃传感器的电路进行相关检测，利用示波器、故障诊断仪对传感器进行信号检测和数据读取。

**2. 设备、工具**

数字万用表、示波器、故障诊断仪、拆装工具等，电喷发动机电控故障诊断台架若干台，实训车辆一台。（根据学生数量，分组进行讲解和熟悉）

**3. 实践与考核**

①画出爆燃传感器的电路连接图，并检测其电压和输出信号变化。

实操报告：基本知识点、基本内容、传感器电路图，画出传感器信号波形图。

②考核标准（可采取教师考核或者学生互评的原则）：

| 序号 | 考核内容 | 分数 | 评分标准 | 得分 | 具体原因 |
| --- | --- | --- | --- | --- | --- |
| 1 | 正确使用万用表、示波器、解码器等工具 | 10 | 工具使用不规范每次扣 2 分 | | |
| 2 | 说明爆燃传感器的安装位置、功用 | 10 | 传感器安装位置、功用错误各扣 5 分 | | |
| 3 | 画传感器的电路连接图 | 20 | 错误一项扣 2 分 | | |
| 4 | 检测传感器输出电压 | 10 | 错误一项扣 5 分 | | |
| 5 | 检测传感器线路 | 15 | 错误一项扣 5 分 | | |
| 6 | 安全用电，规范操作 | 15 | 违规操作扣 15 分 | | |
| 7 | 团队合作，讨论交流 | 10 | 依据现场情况而定 | | |
| 8 | 场地打扫，工件摆放 | 10 | 依据现场情况而定 | | |
| | 总分 | 100 | | | |
| | 教师签字 | | | 年　　月　　日 | |

## 模块小结

微机控制点火系统是现代汽车中应用广泛的一种新型点火系统，其组成主要由监测发动机运行的曲轴位置、凸轮轴位置等传感器，处理信号和发出点火指令的电子控制单元（ECU）以及对电子控制单元做出响应的点火控制器和点火线圈等执行器三大部分组成。

在传感器输入 ECU 的信号中，曲轴转速与位置信号和凸轮轴位置信号是保证 ECU 控制电子点火系统正常工作最基本的信号。执行器主要包括点火控制器、点火线圈、火花塞等。

曲轴转速与位置传感器用来检测发动机转速、曲轴位置（转角）信号以及 1 缸和各缸压缩行程上止点信号，是控制喷油和点火时刻的主要信号。凸轮轴位置传感器又称为相位传感器、同步信号传感器，其功用是检测凸轮轴的转角位置信号，ECU 以此确定某缸活塞上止点位置，是控制喷油和点火时刻的重要信号。在相当一部分汽车中，曲轴转速和位置传感器与凸轮轴位置传感器是制作成一体的，统称为曲轴/凸轮轴位置传感器。

曲轴转速和位置传感器与凸轮轴位置传感器所采用的结构随车型不同而不同，可分为电磁感应式、霍尔式和光电式，通常安装在曲轴前端、凸轮轴前端、飞轮上或分电器内。霍尔式传感器有两个突出优点：一是输出电压信号近似于方波信号；二是输出电压的高低与被测物体的转速无关。霍尔式传感器与电磁感应式传感器不同的是需要外加电源。

把点火控制器控制点火线圈初级绕组导通的时间换算成在该转速下的曲轴转角称为闭合角。闭合角控制也称点火线圈通电时间控制。发动机在工作时，ECU 根据输入的蓄电池电压和发动机转速信号，从闭合角数据表中查出相应的数值，通过点火线圈驱动电路对初级绕组通电时间（闭合角）进行控制。

为了最大限度地发挥燃油机的潜能，应把点火提前角控制在接近临界爆燃点或有轻微的爆燃，同时对点火提前角还必须采用爆燃反馈控制。

爆燃传感器安装在发动机的缸体上，其作用是对发动机的气缸压力或其他能对发动机爆燃做出判断的相关参数进行检测，并将其转换成电信号输入发动机 ECU，以便 ECU 判定有无爆燃以及爆燃强度的强弱，进而通过修正点火提前角来消除爆燃。

## 练习题

### 一、填空题

1. 影响点火提前角的三个主要因素是发动机的________、________及燃油的________。

2. 曲轴转速和位置传感器与凸轮轴位置传感器通常安装在________前端、________前端、________上或________内。

3. 霍尔式凸轮轴位置传感器________外加电源，输出电压信号近似于________，输出电压高低与被测物体的转速__________。

4. 初级点火提前角是由________信号和________的对应关系而确定的点火提前角，由曲轴转速与位置传感器的________决定。

5. 起动时，点火提前角控制有________控制和________控制两种方式，即点火提前角固定控制和点火提前角可调控制。

6. 为了最大限度地发挥燃油机的潜能，应该把点火提前角控制在________或________。

7. 基本点火提前角是发动机在正常的工作温度、正常的转速范围内，由 ECU 根据发动机的________和________通过查找和计算确定的点火提前角。

8. 为了保证实现可靠点火，电火花一般应具有________ mJ 的点火能量。

9. G 信号发生器产生________信号，Ne 信号发生器产生________信号。

10. 点火控制接收 ECU 输出的________信号控制点火线圈初级绕组的________并进行________，以便驱动高压点火线圈工作。

**二、选择题**

1. 能对爆燃进行反馈控制的是（　　）。

A. 机械式有触点点火系统　　B. 普通电子点火系统

C. 微机控制的电子点火系统　　D. 以上 3 种

2. 接收 ECU 输出的点火控制信号进行功率放大的是（　　）。

A. 点火控制器　　B. 点火线圈

C. 分电器　　D. 火花塞

3. 电磁感应式曲轴转速与位置传感器（　　）。

A. 需要外加电源，转速越高则输出信号电压越小

B. 需要外加电源，转速越高则输出信号电压越大

C. 不需要外加电源，转速越高则输出信号电压越小

D. 不需要外加电源，转速越高则输出信号电压越大

4. ECU 控制起动非初始点火提前角控制的依据是（　　）。

A. 爆燃传感器信号

B. 曲轴转速与位置传感器信号、空气流量传感器信号

C. 曲轴转速与位置传感器信号、冷却液温度传感器信号

D. 点火开关信号、曲轴转速与位置传感器

5. 发动机工作时，随冷却液温度提高，爆燃倾向（　　）。

A. 不变　　B. 增大

C. 减小　　D. 与温度无关

6. 当发动机在怠速工况下工作时，电控单元对点火提前角实行（　　）。

A. 开环控制

B. 闭环控制

C. 温度高时开环控制、温度低时闭环控制

D. 目标控制

7. 燃用辛烷值低的燃油时，点火提前角应（　　）。

A. 加大　　B. 减小

C. 不变　　D. 可适当提前

8. 当发动机转速一定而负荷增大时，点火提前角应适当（　　）。

A. 减少　　B. 增大

C. 不变　　D. 先增大后减少

## 三、简答题

1. 什么是爆燃控制？爆燃信号不良对发动机性能有什么影响？
2. 曲轴位置传感器信号不良和凸轮轴位置传感器信号不良对发动机性能有何影响？
3. 分析点火提前角过大或过小对发动机的影响。
4. 请述说起动后的点火提前角是如何控制的？
5. 常用的爆震传感器有哪几种型式？它们各有什么特点？
6. 通电时间对发动机工作的影响是什么？

# 模块五

## 发动机排放控制系统

燃油电控喷射、点火提前角电控、怠速控制等在重点保证发动机动力、经济性的同时，也力图兼顾排放性。为了更好地改善排放性，现代发动机一般还有专门的排放控制系统。

**1. 机内净化**

改善燃烧条件，控制空燃比，如进气歧管真空控制、废气再循环控制等。

**2. 机外净化（后处理）**

对排出的废气进行净化，如三元催化、二次空气喷射等。

**3. 污染源封闭循环净化**

对燃油箱、曲轴箱进行封闭化处理，如活性炭罐控制、曲轴箱强制通风。

在汽车排出的成分中，CO、HC 和 $NO_x$是主要的污染物质，因此，目前汽车的排污标准和净化措施也旨在降低这两种成分和含量。为此在汽车上采取了下列净化措施：

①三元催化转化器（Three Way Catalyst，TWC），减少废气 CO、HC 和 $NO_x$的排放量。

②废气再循环（ECR），减少 $NO_x$的排放量。

③燃油蒸发排放控制（EVAP），减少 HC 气体的排放量。

④二次空气供给，减少 HC、CO 的排放量。

### 任务 5.1　空燃比闭环控制系统

| 任务名称 | 空燃比闭环控制系统 |
| --- | --- |
| 教学目标 | 掌握空燃比闭环控制系统的原理及组成；<br>掌握空燃比闭环控制系统的检修方法 |
| 教学重点 | 空燃比闭环控制系统的原理、组成和检修方法 |
| 教学说明 | 本任务采用 1 节理论 +1 节实践进行教学，也可理论实践穿插同时进行。利用氧传感器等空燃比闭环控制系统的主要部件的实物认知来逐步了解空燃比闭环控制系统的作用、组成及检修方法 |
| 自我评价 | 优秀　　良好　　中等　　及格　　不及格 |

现代汽车为了降低排气污染，都安装了三元催化转化器。它能把排气中的碳氢化物（HC）、氮氧化物（$NO_x$）和一氧化碳（CO）转化生成水蒸气（$H_2O$）、二氧化碳（$CO_2$）

和氮气（$N_2$）。当进入气缸的混合气空燃比在 14.7：1（14.7 kg 空气/1 kg 燃油）时，三元催化转化器的催化转化效率极高（可达 99%），但是如果混合气空燃比偏离 14.7 的话，三元催化转化器的催化转化效率会降低且容易损坏。因此现代汽车燃油发动机应保证混合气空燃比为 14.7。

为了获得三元催化转换器所要求的空燃比，必须十分精确地控制喷油量。在有些特殊的情况下，仅凭空气流量计测得进气量信号达不到很高的控制精度，会造成可燃混合气燃烧后排出的 CO、HC、$NO_x$ 在排气管中的混合比例不对，使三元催化转换器效率下降，排放污染增多。

为了有效地利用三元催化转换器，充分净化废气，就要提高空燃比的控制精度，使其维持在以理论空燃比 14.7 为中心的非常狭窄的范围内，必须使用氧传感器闭环控制系统。

### 5.1.1 空燃比闭环控制系统的原理及组成

#### 1. 空燃比闭环控制系统的原理

发动机 ECU 决定了基本喷油时间可以达到理论空燃比 14.7。但实际上，随着各机件的磨损等变化，会出现实际空燃比稍微偏离理论空燃比的情况，因此现代燃油发动机都根据安装在排气管上的氧传感器实时探测到的排气中的氧浓度值而不是根据进入气缸的空气量来判断此时喷油量是否达到理论空燃比，从而对理论空燃比进行反馈控制，如图 5.1所示。

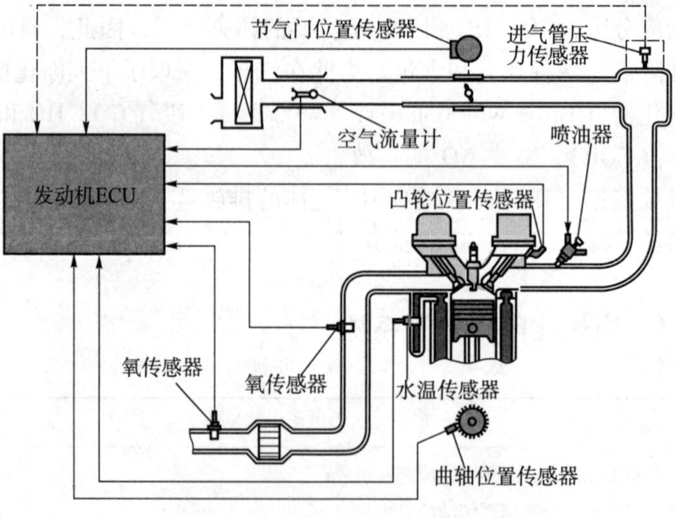


图 5.1　空燃比闭环控制系统的原理

通常空燃比闭环控制系统中安装两个氧传感器，前氧传感器对空燃比进行反馈控制，后氧传感器用于检测三元催化转换器的催化效率，如图 5.2 所示。

根据氧传感器的输出特性，氧传感器输出电压信号在理论空燃比 14.7 处发生跃变。ECU 利用空燃比反馈信号，将氧传感器信号电压与基准电压 0.45 V 进行比较，判定混合气的浓稀程度来进行控制。若比理论混合气浓，则应缩短喷油时间；若比理论混合气稀，则应延长喷油时间。

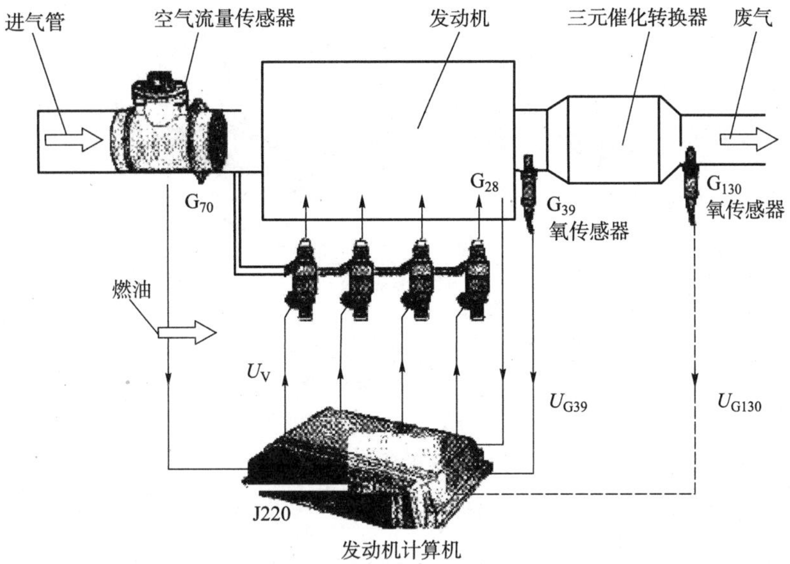


**图 5. 2　空燃比闭环控制系统的组成**

在下列情况时，空燃比闭环控制系统停止工作：

①发动机起动时。

②起动后燃油增量修正（加浓）时。

③冷却液温度是燃油增量修正时。

④节气门全开（大负荷、高转速）时。

⑤加、减速燃油量修正时。

⑥燃油中断停供时。

⑦从氧传感器送来的空燃比过小，信号持续时间大于规定值（如 10 s 以上）时。

⑧从氧传感器送来的空燃比过大，信号持续时间大于规定值（如 4 s 以上）时。

⑨氧传感器的温度在 300 ℃以下。

**2. 氧传感器**

氧传感器安装在发动机排气歧管后面、消声器的前面，如图 5. 3 所示，其作用是通过监测排气管废气中氧离子的含量来获得混合气的空燃比信号，并将该信号转变为电信号输入 ECU。ECU 根据氧传感器信号，对喷油时间进行修正，实现空燃比反馈控制（闭环控制），从而将空燃比控制在理论值 14. 7 : 1 附近，使发动机得到最佳浓度的混合气，从而降低有害气体的排放和节约燃油。

氧传感器的分类

根据氧传感器检测混合气浓度的范围分为窄带型氧传感器和宽带型氧传感器。

窄带型氧传感器只能检测废气的浓、稀两种状态，不能确定空燃比偏离理论混合气的程度。目前，汽车上大多数使用窄带型氧传感器。窄带型氧传感器又分为氧化锆式和氧化钛式两种。其中应用最多的是氧化锆式氧传感器。氧化锆式氧传感器又分为加热型与非加热型两种，而氧化钛式氧传感器一般都为加热型。

宽带型氧传感器既能检测废气的浓、稀两种状态，又能确定空燃比偏离理论值的程度，检测空燃比的范围可达到 10. 0 ~ 60. 0，并从 2002 年开始在中、高档汽车上得到广泛利用。

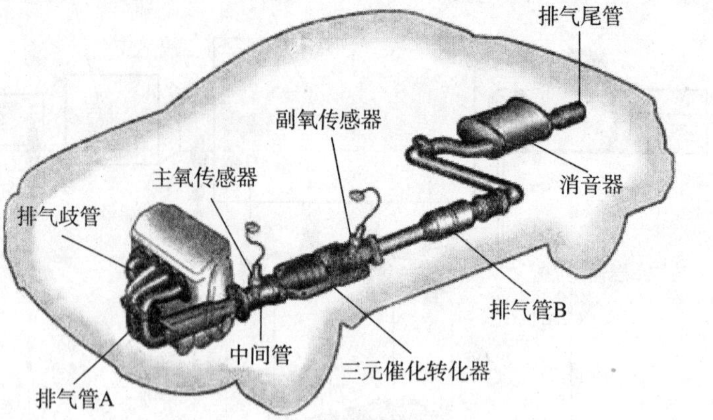


图 5.3　氧传感器位置

①氧化锆式氧传感器。

a. 结构。氧化锆（$ZrO_2$）式氧传感器的结构如图 5.4 所示，主要由钢质护管、壳体、锆管、加热元件、电极引线、防水护套和线束插头等组成。

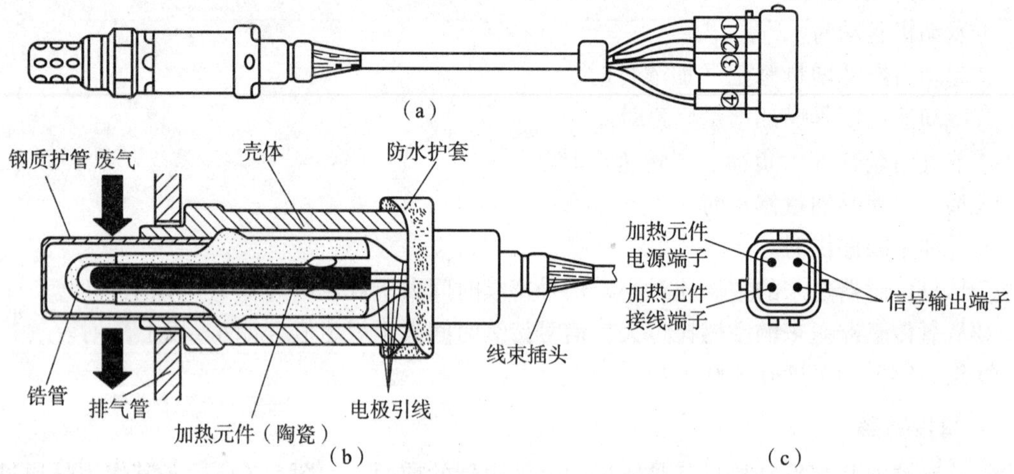


图 5.4　氧化锆式氧传感器的结构

(a) 实物；(b) 结构；(c) 端子

锆管是氧化锆式氧传感器的基本元件，它是在二氧化锆（$ZrO_2$）固体电解质粉末中添加少量的添加剂经压力成形后再烧结而成的陶瓷管，其加工工艺与火花塞绝缘体的成形工艺完全相同。二氧化锆晶体的体积变化量为 4% 左右，其体积变化容易导致晶体老化而失效（阻止氧离子扩散），加入添加剂的目的就是防止二氧化锆晶体老化。目前常用的添加剂是氧化钇（$Y_2O_3$）。

将锆管制成试管形状，以便氧离子能均匀扩散与渗透。锆管内表面通大气，外表面通排气。在锆管的内、外表面都涂覆有一层金属铂（Pt）作为电极，并用金属线与传感器信号输出端子连接。金属铂除了起到电极作用将信号电压引出之外，另一个更重要的作用是催化。在催化剂铂的作用下，当发动机排气中的一氧化碳（CO）与氧气（$O_2$）接触时，就会生成二氧化碳（$CO_2$）。为了防止发动机排出的废气腐蚀外层铂电极，在外层铂电极表面还涂敷有多孔氧化铝陶瓷保护层。氧化锆陶瓷管的强度很低，而且安装在排气管上承受排气压力冲击。为了防止锆管受排气压力冲击而造成陶瓷管破碎，将锆管封装在钢质护管内。护管上制作有若干个小孔，以便排气流通。在钢质壳体上制作有六角螺边和螺纹，以便安装（拧紧力矩为 40 ~ 60 N · m）和拆卸传感器。

氧化锆式氧传感器在温度超过 300 ℃后才能正常工作。早期使用的非加热型氧传感器靠排气加热，这种传感器必须在发动机起动运转数分钟后才能开始工作，它只有一个或两个接线端子与 ECU 相连，如图 5.5（a）所示。现在，大部分汽车使用带加热器的氧传感器，如图 5.5（b）所示，这种传感器内有一个电加热元件，它有 3 个或 4 个接线端子与 ECU 相接，如图 5.6 所示。可在发动机起动后的 20 ~ 30 s 内迅速将氧传感器加热至工作温度。

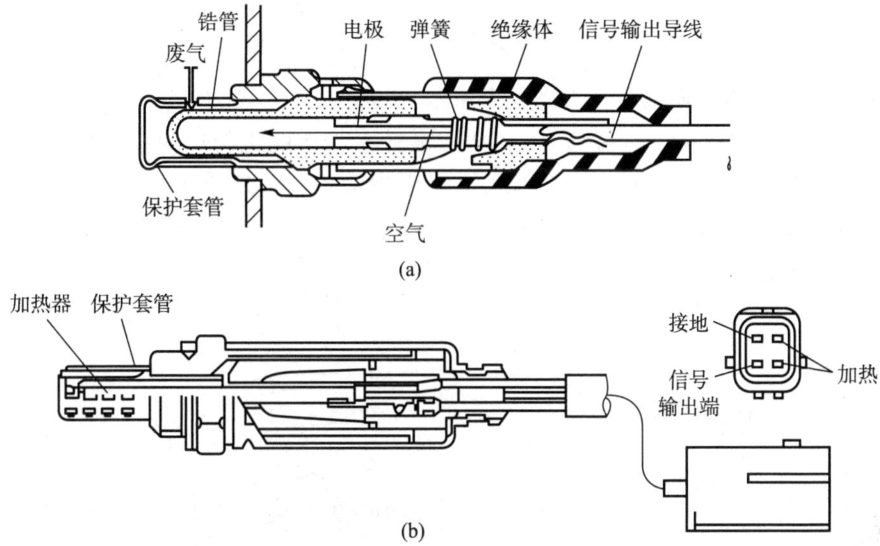


**图 5.5　两种不同的氧化锆式氧传感器**

（a）非加热型；（b）加热型

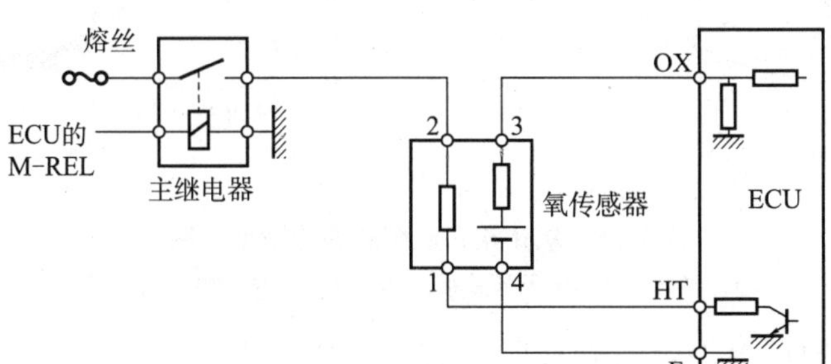


**图 5.6　带加热器的氧传感器电路**

b. 工作原理。氧化锆式氧传感器的工作原理如图 5.7 所示，发动机的排气气流从锆管表面的陶瓷层渗入，与负极接触，内部的正极与大气接触。温度较高时，$O_2$ 发生电离形成氧离子。当陶瓷层内（大气）、外（废气）侧氧离子存在浓度差时，陶瓷体内侧（正极）的氧离子就向外侧（负极）扩散，锆管元件形成一个微电池，扩散的结果造成锆管正、负极间产生电势差。浓度差越大，电势差就越大。

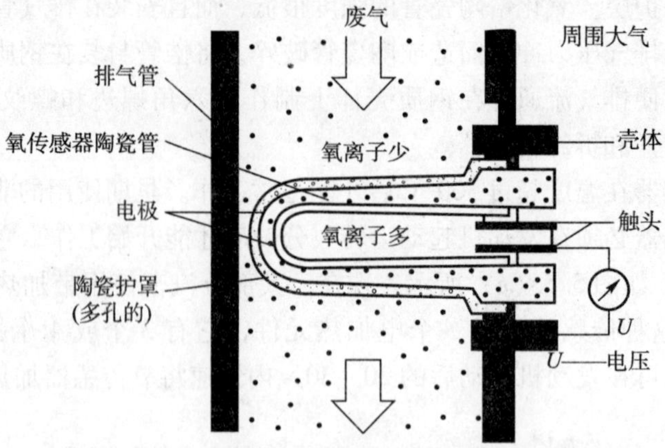


**图 5.7　氧化锆式氧传感器的工作原理**

氧化锆式氧传感器的输出特性如图 5.8 所示。当供给发动机的可燃混合气较浓时（空燃比小于 14.7），排气中氧离子含量较少、CO 浓度较大。在催化剂铂的催化作用下，氧离子几乎全部与 CO 发生氧化反应而生成 $CO_2$气体，使外表面上氧离子浓度为 0。由于锆管内表面与大气相通，氧离子浓度很大，因此锆管内、外表面之间的氧离子浓度差较大，两个铂电极之间的电位差较高（约 0.9 V）。

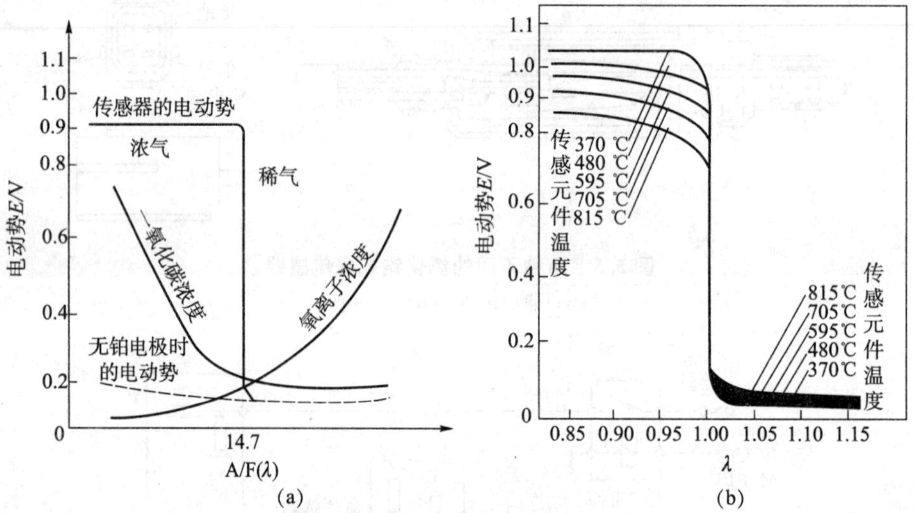


**图 5.8　氧化锆式氧传感器的输出特性**

（a）气体浓度与电压的关系；（b）传感元件与电压的关系

当供给发动机的可燃混合气较稀时（空燃比大于 14.7），排气中氧离子含量较多、CO 浓度较小，即使 CO 全部与氧离子产生化学反应，锆管外表面上还有多余的氧离子存在。因此，锆管内、外表面之间氧离子的浓度差较小，两个铂电极之间的电位差较低（约 0.1 V）。

当空燃比接近于理论空燃比 14.7 时，排气中的氧离子和 CO 含量都很少。在催化剂铂的作用下，氧离子与 CO 的化学反应从缺氧状态（CO 过剩、氧离子浓度为 0）急剧变化为富氧状态（CO 为 0、氧离子过剩）。由于氧离子浓度差急剧变化，因此铂电极之间的电位差急剧变化，使传感器输出电压从 0.9 V 急剧变化到 0.1 V。

由图 5.8 氧传感器输出特性可知，当可燃混合气变浓时，如果没有催化剂铂的催化作用，那么氧离子浓度会急剧减小到 0；在混合气由浓变稀时，固体电解质两侧氧离子的浓度差将连续变化，传感器的电动势将按无铂电极时的电动势曲线所示连续变化，即电动势不会出现跃变现象。

要准确地保持混合气浓度为理论空燃比是不可能的。实际上的反馈控制只能使混合气在理论空燃比附近一个狭小的范围内波动，故氧传感器的输出电压在 0.1 ~ 0.9 V 不断变化（通常每 10 s 内变化 8 次以上）。如果氧传感器输出电压变化过缓（每 10 s 少于 8 次）或电压保持不变（不论保持在高电位或低电位），则表明氧传感器有故障，需检修。图 5.9 所示为正常与非正常工作状态下氧传感器的信号电压。

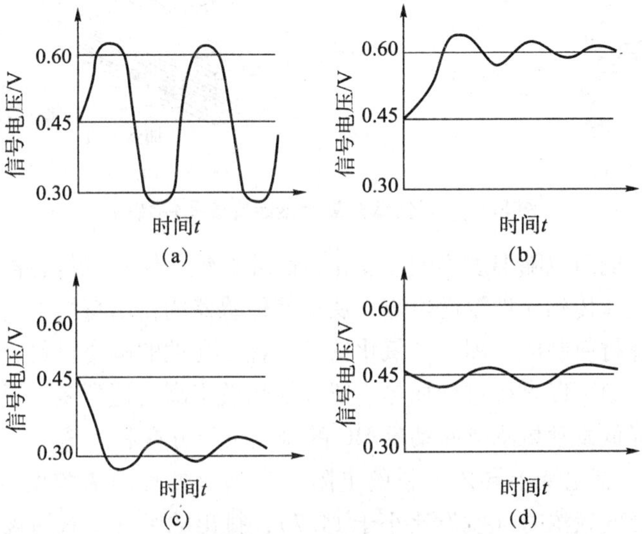


**图 5.9　正常与非正常状态下氧传感器的信号电压**

（a）正常工作状态；（b）混合气浓并且持续时间长——故障码 P0132

（c）混合气稀并且持续时间长——故障码 P0131；（d）信号电压在 0.45 左右并且持续时间长——故障码 P0134

②氧化钛式氧传感器。二氧化钛（$TiO_2$）在常温下是一种高电阻的半导体，但表面一旦缺氧，其晶格便出现缺陷，电阻也随之减小；同时，其电阻也与环境温度有关。氧化钛式氧传感器就是利用二氧化钛材料的电阻值随排气中含氧量变化而变化的特性制成的，故又可称为电阻型氧传感器。

a. 结构。氧化钛式氧传感器的外形与氧化锆式氧传感器的外形相似，结构如图 5.10 所示，主要由二氧化钛传感元件、加热元件和电极引线等组成。

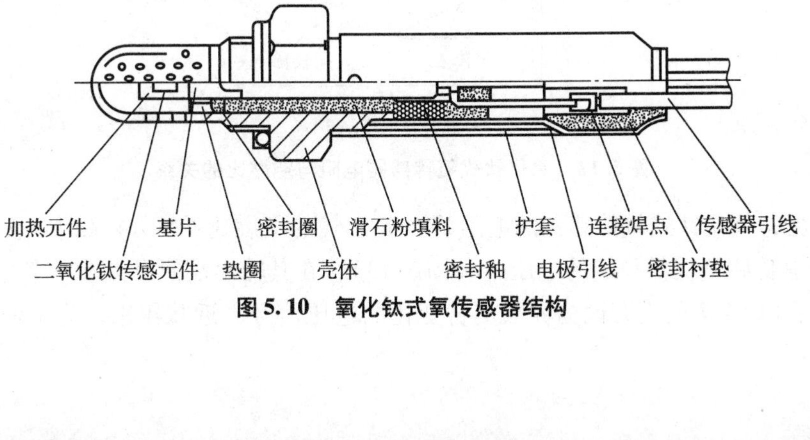


**图 5.10　氧化钛式氧传感器结构**

钢质壳体上制有螺纹，以便安装传感器。在电极引线与护套之间设置一个硅橡胶密封衬垫，可以防止水汽浸入传感器内部而腐蚀电极。

氧化钛传感元件有芯片式和厚膜式两种，如图 5.11 所示。芯片式将铂金属线埋入二氧化钛芯片中，金属铂兼作催化剂用。厚膜式采用半导体封装工艺中的氧化铝层压板工艺制成，从而使成本降低、可靠性提高。

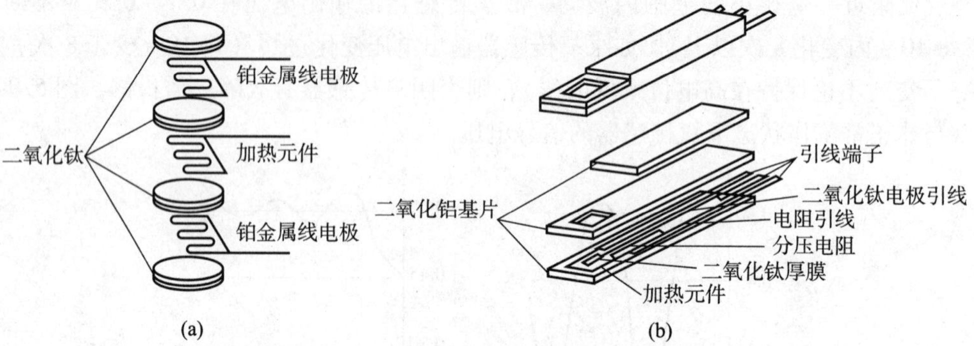


**图 5.11　氧化钛式氧传感器传感元件结构**

由于二氧化钛的电阻也随温度不同而变化，因此在氧化钛式氧传感器内部也有一个电加热器，以保持二氧化钛传感元件温度恒定，从而使传感器的输出特性不受温度影响。加热元件一般用钨丝或陶瓷材料制成。因为二氧化钛是一种多孔性的陶瓷材料，它利用热传导方式对二氧化钛芯片或厚膜可以直接进行加热，所以加热效率高，达到激活温度（600 ℃）需要的时间很短，这对降低发动机刚刚起动后 HC 的排放量十分有利。

b. 工作原理。二氧化钛半导体材料的电阻具有随所处环境氧浓度变化而变化的特性。当发动机的可燃混合气较浓时（空燃比小于 14.7），排出的废气中氧的含量较少，二氧化钛呈低阻状态。与此同时，在催化剂铂的催化作用下，废气中的氧与 CO 产生化学反应而生成 $CO_2$，氧的含量大大减少，从而有效提高了传感器的灵敏度。当发动机的可燃混合气较稀时（空燃比大于 14.7），排出的废气中氧的含量较多，二氧化钛呈现高阻状态。因此氧化钛式氧传感器的信号源相当于一个可变电阻，其电阻值与空燃比的关系如图 5.12 所示。

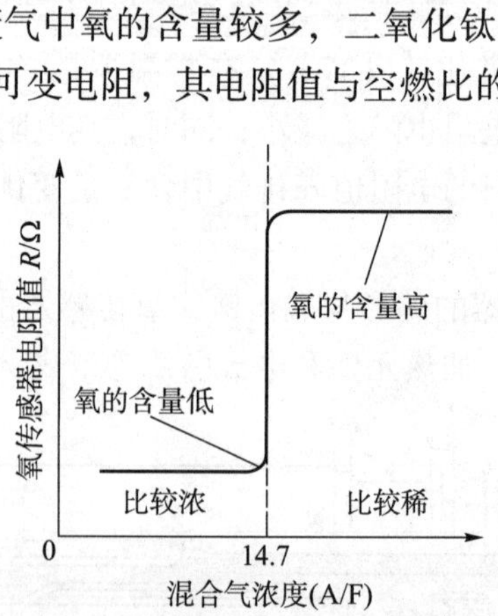


**图 5.12　氧化钛式氧传感器电阻与空燃比的关系**

由此可见，氧化钛式氧传感器的电阻将在混合气的空燃比约为 14.7 时产生突变。当由 ECU 工作给氧传感器提供稳定的电压时（图 5.13），在其输出端便可得到一个与混合气的空燃比相对应、以 14.7 的空燃比为界限交替变化的电压信号。近几年来，为了使氧化钛式氧传感器有与氧化锆式氧传感器相同的工作特性，将工作电压由早期的 5 V 改成 1 V。当混合气较稀时，废气中氧的含量高，则氧化钛式氧传感器呈现高电阻状态，此时 1 V 电源电压经氧传感器电阻降压，返回 ECU 的输出信号电压低于 0.45 V。当混合气较浓时，废气中氧的含量少，则氧化钛式氧传感器因缺氧而形成低电阻的氧化半导体，此时 1 V 电源电压经氧传感器电阻降压后返回 ECU 的信号电压高于 0.45 V。即当氧传感器输出端子上的电压高于 0.45 V 时，ECU 判定混合气过浓；当端子上的电压低于 0.45 V 时，ECU 判定混合气过稀。在实际的反馈控制过程中，氧化钛式氧传感器与 ECU 连接的端子上的电压也是在 0.1 ~ 0.9 V 不断变化，这一点与氧化锆式氧传感器是相似的。通过 ECU 的反馈控制，可保持混合气的浓度在理论空燃比附近。

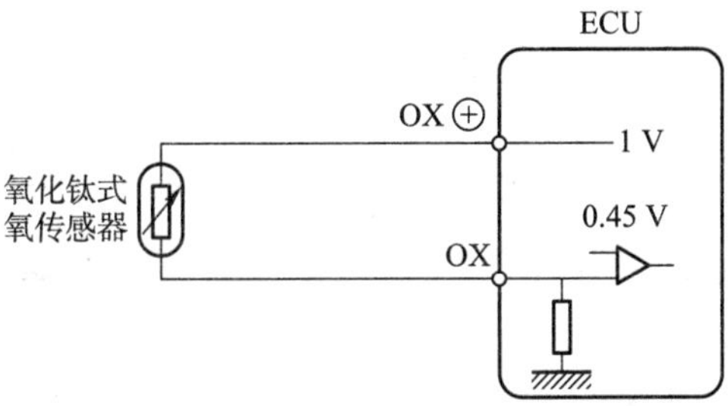


**图 5.13　氧化钛式氧传感器的工作电路**

氧化钛式氧传感器在汽车上的应用较少，其数量约为车用氧传感器的 1% 。

### 5.1.2　空燃比闭环控制系统的检修

空燃比闭环控制系统的检修主要是对氧传感器的故障检修。发动机在正常工作温度时，氧传感器如不能随混合气浓度的变化输出相应的电压，则证明已失效。氧传感器失效会导致混合气过浓或过稀，产生怠速不稳、油耗过大、排放超标等故障，此时自诊断系统将点亮汽车仪表板上的发动机故障警告灯，提示要立即检修。虽然大多数氧传感器没有建议的更换周期（即视情况更换），但反应迟钝的氧传感器应立即更换。非加热型的 1 线或 2 线氧传感器一般 5 万 ~ 8 万千米更换一次，加热型的 3 线或 4 线氧传感器约每 10 万千米更换一次，对于 OBD - Ⅱ车型，约每 16 万千米更换一次。

氧传感器失效一般是由于碳烟、铅化物、硅胶、机油等颗粒物质附着在铂电极表面上，导致铂电极逐渐失去催化作用。为此，对氧传感器进行检修时，一般首先进行外观检查。检查氧传感器外壳上的通气孔有无堵塞，陶瓷体有无破损。氧传感器端部的正常颜色为淡灰色。氧传感器端部呈黑色是积炭造成的，所以应清除积炭。氧传感器端部呈红棕色时，说明受到了铅的污染，这是由于使用了含铅燃油。氧传感器端部呈白色时，说明受到了硅的污染，这是由于在维修发动机时使用了不符合要求的硅橡胶密封垫圈或硅密封胶。

桑塔纳 2000GSi AJR 发动机氧传感器的检测。桑塔纳 2000GSi AJR 发动机氧传感器（G39）结构如图 5.14 所示，设有加热器（Z19），由燃油泵继电器供电。图 5.15 所示为氧传感器控制电路，加热器电路为电源线→氧传感器 4 孔插头 T4/1 端子→氧传感器加热器电热丝→氧传感器 4 孔插头 T4/2 端子→1.0 导线→控制单元 T80/27 端子→控制单元（J220）内部电路→接地，控制单元（J220）控制氧传感器加热器接地回路。

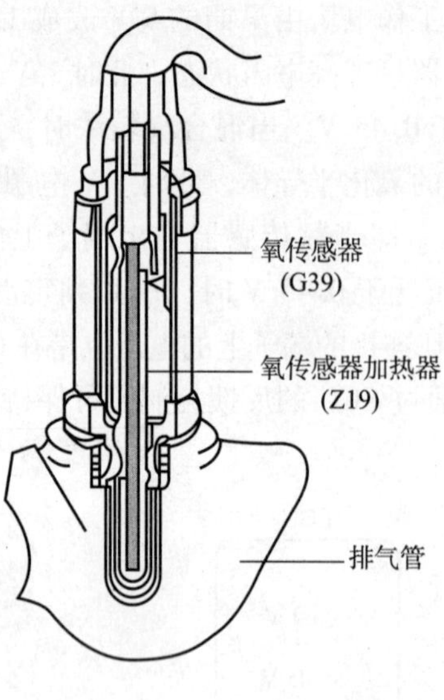


图 5.14　氧传感器结构

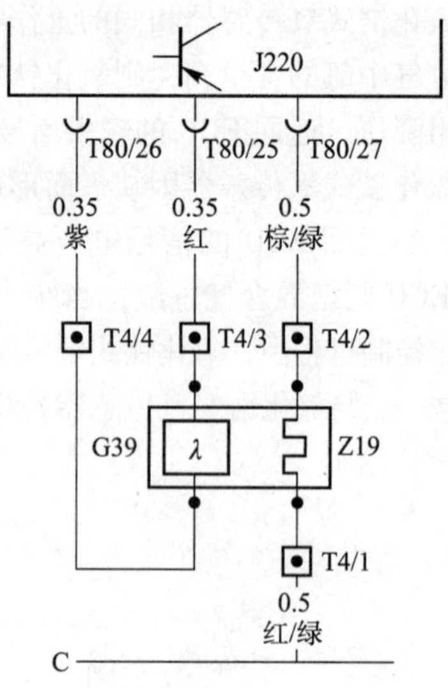


图 5.15　氧传感器控制电路

**1. 加热器的检测**

加热元件的电阻值在常温条件下为 1 ~ 5 Ω，温度上升很少时，阻值就会显著增大。因此，在室温下，可用万用表进行检测。检测时，拔下氧传感器（G39）线束插头（图 5.16），检测插头端子 1、2 之间的阻值在常温下应为 1 ~ 5 Ω。如常温下阻值为无穷大，则说明加热元件断路，应更换氧传感器。

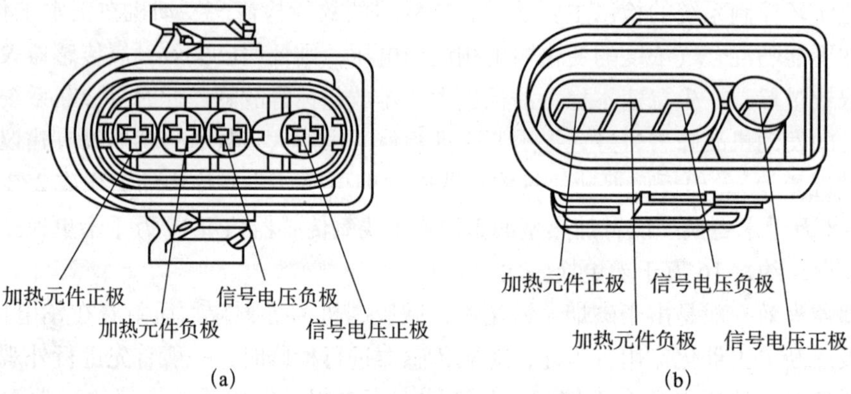


图 5.16　氧传感器插头与插座

（a）插座；（b）插头

氧传感器加热元件的电压为整车电源电压，当点火开关接通使燃油泵继电器触点接通时，加热元件的电源即被接通。检测加热元件的电压时，拔下氧传感器插头，起动发动机，检测插头端子 1、2 之间的电压应不低于 11 V。如电压为零，则说明熔丝 S5（10 A）断路或燃油泵继电器触点接触不良，分别检测即可。

**2. 信号电压的检测**

接好氧传感器线束插头，检测氧传感器插头端子 3、4 之间的信号电压。接通点火开关时，电压应为 0.45 ~0.55 V；当供给发动机浓的混合气时，电压应为 0.7 ~1.0 V；当供给发动机稀的混合气（拔下空气流量传感器至发动机之间的真空管）时，电压应为0.1～0.3 V，否则说明氧传感器失效，应予更换。

在对氧传感器的反馈电压进行检测时，最好使用指针型电压表，以便直观地反映出反馈电压的变化情况。此外，电压表应是低量程（通常为ZV）和高阻抗（阻抗太低会损坏氧传感器）的。

检测氧传感器的信号电压时可将一只发光二极管和一只300 Ω/0.25 W电阻串联连接在传感器3、4端子连接的导线之间。二极管正极连接到端子3的导线上，二极管负极经300 Ω电阻连接到端子4的导线上。发动机怠速或部分负荷运转时，发光二极管应当闪亮。如果电源电压正常，二极管不闪亮，则说明传感器有故障，应予更换。发光二极管闪亮频率每分钟应不低于10次。如果二极管不闪或闪亮频率过低，则说明氧传感器加热元件失效、壳体上的透气孔堵塞、热负荷过重或长期使用含铅燃油导致氧传感器失效，需要更换传感器。

**3. 数据流的检测**

当用V. A. G1551或V. A. G1552进行数据流读取时，发动机怠速运转，首先进入003显示组，在显示区3中冷却液温度必须大于80 ℃才可检查氧传感器的工作情况。进入007显示组，显示区1显示混合气λ（空气过量系数）控制值的大小，即ECU根据氧传感器反馈的空燃比信号控制喷油量的增加或减少的变化量的大小，正常值为－40%～＋40%。显示区2显示氧传感器信号电压，正常值为0.1～0.9 V。如果氧传感器电压读数维持在0.45～0.50 V不变，则说明信号线短路；如果氧传感器电压读数波动缓慢，则应检测氧传感器加热器；如果氧传感器电压读数维持在0.1～0.3 V，则表明控制已经达到最大浓度极限，但氧传感器仍记录“混合气太稀”；如果氧传感器电压读数维持在0.7～0.9 V，则表明控制已经达到最稀浓度极限，但氧传感器仍记录“混合气太浓”。

当氧传感器失效或线路有问题时，用故障诊断仪能读取到故障码00553，其含义为空气流量传感器（G70）线路对地断路或短路、空气流量传感器（G70）损坏，而不显示氧传感器的故障码。这是由AJR发动机电子控制单元的设计程序所决定的，即当氧传感器调节能力下降对混合气不能很好地修正时，系统则认为是进气量的问题，于是优先设定空气流量传感器的故障码。此时，不应轻易地更换空气流量传感器，而应进入数据流功能查看氧传感器的实际信号值。而捷达车系发动机和桑塔纳2000GLi AFE发动机则显示故障码00525，其含义为氧传感器G39无信号、线路对地断路或短路。

### 5.1.3 实操训练

**1. 训练内容**

利用发动机总成实物、发动机台架、氧传感器实物，通过触摸、拆装、检测等方式来逐步了解空燃比闭环控制系统的工作原理和氧传感器的结构、工作原理及控制方式。

**2. 设备、工具**

万用表、故障诊断仪、维修工具等，电喷发动机电控故障诊断台架若干台。（根据学生数量，分组进行讲解和熟悉）

**3. 考核**

①实操报告：基本知识点和基本内容，包括空燃比闭环控制系统的工作原理、氧传感器

的结构、工作原理和检修方法。

②考核标准（可采取教师考核或者学生互评的原则）：

| 序号 | 考核内容 | 分数 | 评分标准 | 得分 | 具体原因 |
| --- | --- | --- | --- | --- | --- |
| 1 | 正确使用万用表、维修工具等 | 5 | 工具使用不规范每次扣2分 | | |
| 2 | 空燃比闭环控制系统的工作原理 | 10 | 工作原理描述错误每处扣3分 | | |
| 3 | 氧传感器结构 | 20 | 结构描述错误每处扣3分 | | |
| 4 | 氧传感器工作原理 | 20 | 工作原理描述错误每处扣3分 | | |
| 5 | 设置相关故障 | 20 | 故障检测错误每处扣3分 | | |
| 6 | 安全用电，规范操作 | 10 | 违规操作扣10分 | | |
| 7 | 团队合作，讨论交流 | 10 | 依据现场情况而定 | | |
| 8 | 场地打扫，工件摆放 | 5 | 依据现场情况而定 | | |
| | 总分 | 100 | | | |
| | 教师签字 | | | 年　　月　　日 | |

## 任务 5.2　废气再循环控制系统

| 任务名称 | 废气再循环控制系统 |
| --- | --- |
| 教学目标 | 掌握废气再循环控制系统的组成及原理；<br>掌握废气再循环控制系统的检修方法 |
| 教学重点 | 废气再循环控制系统的组成、原理和检修方法 |
| 教学说明 | 本任务采用1节理论+1节实践进行教学，也可理论、实践穿插同时进行。利用发动机实物台架对废气再循环控制系统的组成及工作原理做进一步熟悉工作 |
| 自我评价 | 优秀　　良好　　中等　　及格　　不及格 |

在高温（高于1 370 ℃）下，氮气与氧气化合生成 $NO_x$。在其他条件相同的情况下，发动机的燃烧温度越高，燃烧后产生的 $NO_x$ 就越多。

废气再循环（Exhaust Gas Re-circulation）是将发动机排出的部分废气引入进气管，与新鲜空气混合后进入气缸，利用废气中所含的 $CO_2$ 不参与燃烧却能吸收热量的特点，降低燃烧温度，以减少 $NO_x$ 的排放。

### 5.2.1　废气再循环控制系统的组成及原理

EGR 是 Exhaust Gas Re-circulation 的缩写，即废气再循环的简称。

废气再循环量大，发动机的燃烧温度低，抑制 $NO_x$ 产生的作用就更加有效。但是废气再循环量过多，会导致混合气着火性变差，造成发动机的油耗上升，动力性下降，HC 排放量上升。因此，必须对废气的引入量进行控制，废气再循环量的控制就是要保证发动机在正常工作的前提下，最大限度地抑制 $NO_x$。而当发动机在燃烧温度较低（起动、怠速和低负荷等工况下）时，不引入废气 $NO_x$，也不会超量，因此，在这种情况下，控制废气再循环量为 0，以确保发动机的可靠运行。

废气再循环量的多少可用 EGR 率表示，它是指再循环的废气量在进入气缸内的气体中所占的百分比，即

$$\text{EGR 率} = \frac{\text{EGR 量}}{\text{进气量} + \text{EGR 量}} \times 100\%$$

EGR 率与发动机的动力性能、经济性能和排放性能有关。

EGR 率增加过大，使燃烧速度太慢，燃烧变得不稳定，失火率增加，HC 也会增加；EGR 率过小，$NO_x$ 排放达不到法规要求，易产生爆震和发动机过热等现象，因此 EGR 率必须根据发动机工况的要求加以控制。

**1. 废气再循环控制系统的常见方式**

非增压发动机的进、排气管存在足够的压力差，故想实现 EGR 很容易；而增压发动机若想实现 EGR 则比较困难，因为在发动机运行工况下，排气管内的压力低于进气管内的压力，这就意味着废气不会自动从排气管流向进气管，为此必须采取一定的措施。

**2. 废气再循环控制系统的分类**

（1）普通电子 EGR 控制系统

ECU 根据点火开关、曲轴转速与位置传感器、节气门位置传感器和冷却液温度传感器等输入的信号，判定发动机运转工况，并对 EGR 控制电磁阀通电或断电。

（2）可变 EGR 率废气再循环控制系统

ECU 根据传感器信号确定 EGR 率，确定 EGR 控制电磁阀中脉冲信号的占空比，占空比越大，EGR 控制电磁阀打开时间越长，EGR 阀真空度越大，EGR 阀开度越大，EGR 率越大；反之，EGR 控制电磁阀中脉冲信号占空比越小，EGR 率越小。

（3）带压力反馈电子（PFE）传感器的废气再循环控制系统

ECU 根据传感器信号确定目标废气循环量，再根据压力反馈电子传感器检测实际废气再循环量，比较修正 EGR 控制电磁阀脉冲信号的占空比。

（4）带压差反馈电子（DPFE）传感器的废气再循环控制系统

带压差反馈电子传感器有两个压力输入口，检测废气压力和再循环废气压力的差值，确定废气循环量，比 PFE 更精确。

（5）带 EGR 位置传感器的废气再循环控制系统

用带 EGR 位置传感器检测 EGR 阀的实际位置，与 ECU 确定的目标位置进行比较，以修正 EGR 电磁阀的控制信号。

（6）带有背压修正阀的 EGR 系统

发动机负荷小，排气背压小，背压修正阀关闭，EGR 阀关闭；发动机负荷大，排气背压大，背压修正阀打开，EGR 阀打开；ECU 通过 EGR 电磁阀控制 EGR 率。

**3. 电控废气再循环控制系统的组成**

电控废气再循环控制系统的组成如图 5. 17 所示。

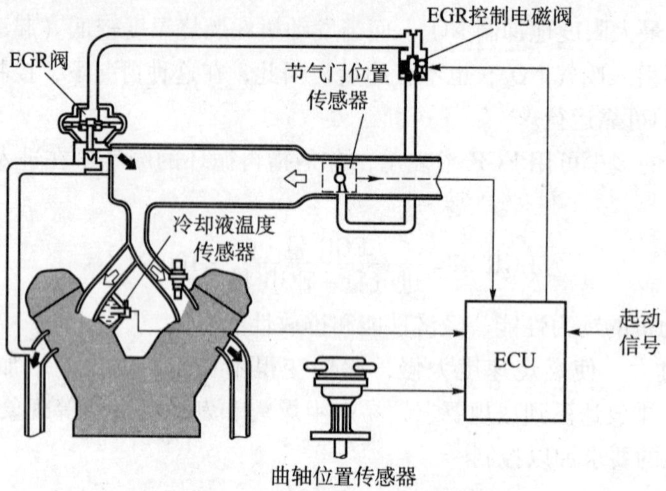


**图 5. 17　电控废气再循环控制系统的组成**

（1）电控废气再循环控制系统的有关传感器信号及其作用

①曲轴转速传感器。用于提供曲轴转速信号，是 ECU 计算 EGR 率的重要参数之一。

②空气流量计或进气歧管压力传感器。用于提供发动机负荷信息，是 ECU 确定 EGR 率的另一重要参数。

③发动机冷却液温度传感器。用于向 ECU 提供发动机温度信号，以确定再循环废气量。

④节气门位置传感器。用于向 ECU 提供节气门开度的信号。当发动机处于怠速工况时，ECU 输出控制信号，不进行废气再循环。

⑤点火起动开关。用于提供起动信号。在发动机起动时，ECU 输出控制信号，不进行废气再循环。

（2）EGR 执行机构

①EGR 阀。EGR 阀的结构与工作原理如图 5. 18 所示。EGR 阀膜片的一边（下部）通大气，装有弹簧的另一边为真空室，其真空度由 EGR 控制电磁阀来控制。

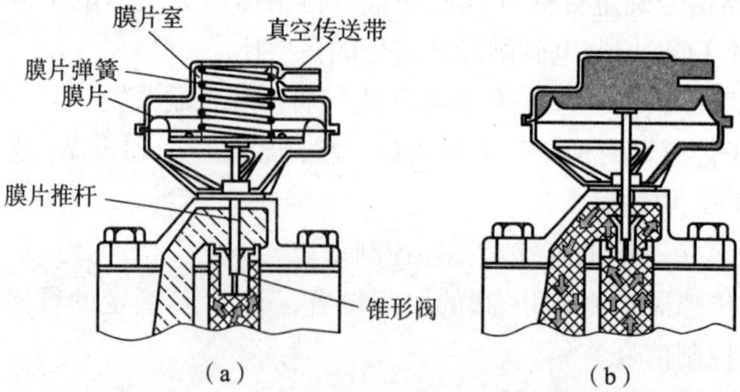


**图 5. 18　EGR 阀的结构与工作原理**

（a）关闭；（b）打开

当真空度增大时，膜片克服弹簧力上拱，EGR 阀的开度就增大，EGR 系统的流量也就增大。当真空度减小时，膜片在弹簧力的作用下向下拱而使阀关闭，阻断废气再循环。带有开度传感器的 EGR 阀一般为电位计，其滑动部分与 EGR 阀的膜片相连接。当 EGR 阀开度变化时，通过膜片带动测量杆移动，使电位计输出相应的电信号。

②EGR 控制电磁阀。图 5.19 所示为 EGR 控制电磁阀的结构与工作原理。EGR 控制电磁阀有三个通气口。当 EGR 控制电磁阀线圈不通电时，弹簧将阀体向上压紧，通大气口被关闭，进气歧管与 EGR 阀真空室相通；当线圈通电时，产生的电磁力使阀体下移，将通进气歧管的真空通道关闭，将上端的通大气阀口打开，于是就使 EGR 阀的真空室与大气相通。

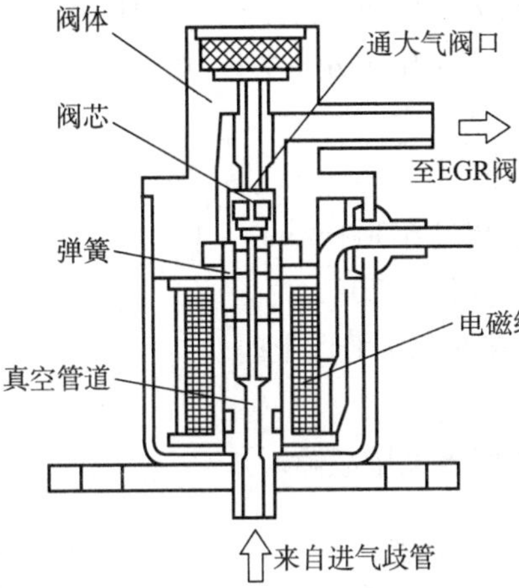


**图 5.19　EGR 控制电磁阀的结构与工作原理**

#### 4. 废气再循环控制系统的工作原理

如图 5.20 所示，在 ECU 的存储器中存储有各种工况下的最佳 EGR 流量值，通常以 EGR 控制电磁阀占空比参数的方式来储存。发动机在工作时，ECU 根据各传感器信号，查找出相应工况下的电磁阀占空比值，并输出相应的占空比脉冲信号至 EGR 控制电磁阀。

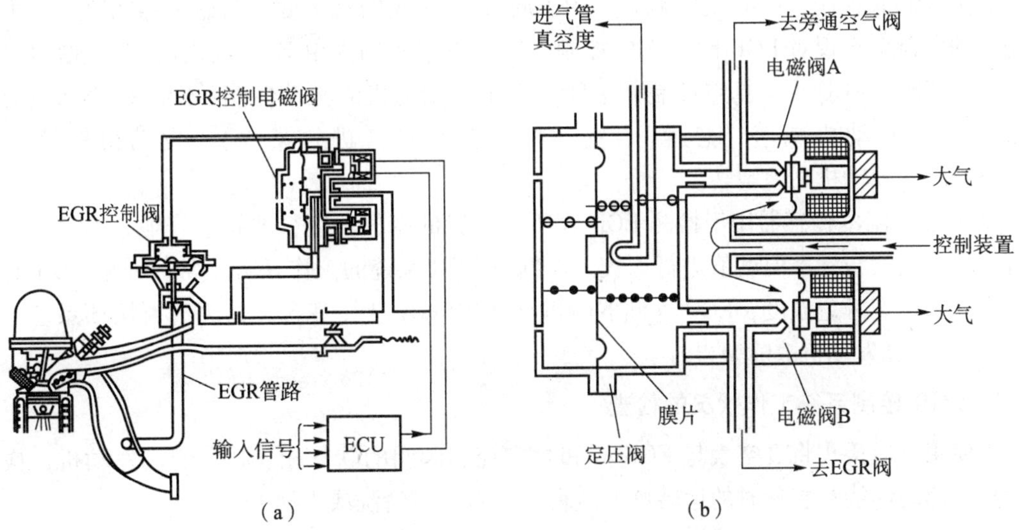


**图 5.20　废气再循环控制系统的工作原理**

(a) 可变 EGR 率废气再循环系统；(b) 真空电磁阀

EGR 控制电磁阀在 ECU 的占空比控制信号下动作，使 EGR 阀真空室的真空度发生变化来调节 EGR 阀的开度，实现最佳的 EGR 率的控制。

当需要增大 EGR 阀的流量时，ECU 输出信号的占空比减小，EGR 控制电磁阀的通电时间减小，EGR 阀真空室通进气歧管的时间增大，其真空度增大而使阀开度增大，使废气再循环流量相应增大。当 ECU 输出占空比为 0 的信号（持续低电平）时，EGR 控制电磁阀断电。这时，EGR 阀真空室与进气歧管持续相通，其真空度达到最大（直接取决于进气歧管的真空度），阀的开度最大，废气的再循环流量也达到最大。

当不需要废气再循环时，ECU 输出占空比为 100% 的信号（持续高电平），使 EGR 控制电磁阀常通电，EGR 阀真空室与大气常通，阀关闭，阻断废气再循环。在下列条件下，为提高发动机动力性和燃油经济性，EGR 阀处于关闭状态：

①启动时。

②怠速时。

③发动机高速运转（如转速超过 6 300 r/min）时。

④大负荷运行（如节气门开度超过 70°）时。

⑤冷却液温度在 55 ℃以下或者 110 ℃以上时。

⑥蓄电池电压低于 10 V 时。

⑦空气流量传感器或其他传感器发生故障时。

### 5.2.2 废气再循环控制系统的检修

废气再循环控制系统的主要故障是废气应该循环时不能进入发动机气缸，或不该循环时反而进入发动机气缸并与新鲜的混合气混合后一起参与燃烧。废气再循环系统工作不良，不仅会造成发动机排气污染增加，而且会引起发动机功率下降、怠速运转不稳定，甚至熄火。因此，应特别注意对废气再循环系统的检修。

丰田轿车 3VZ－FE 发动机 EGR 系统中 EGR 阀是真空操纵的，由 EGR 真空调节器和 VSV 真空控制阀控制。EGR 真空调节器用于调节 EGR 阀的真空度，它通过感知废气压力及发动机的负荷来实现对 EGR 阀的真空控制。VSV 真空控制阀由 ECU 发出的信号进行控制。在以下情况时，ECU 控制真空控制阀关闭，以维持发动机的驱动性能：发动机冷却液温度低于 56 ℃、发动机减速（怠速）、发动机负荷较轻（进气量少）、发动机转速超过 4 000 r/min、发动机高速空转。

EGR 废气温度传感器用于检测 EGR 阀所处位置的废气温度，并将信号输入 ECU，ECU 将所测得的温度与标准温度值进行比较，以判断 EGR 系统的工作是否正常。如果 EGR 阀开启时废气未达到额定温度，ECU 存储器内将存储故障码 71（其含义是废气再循环系统工作不良），且点亮发动机故障警告灯。

**1. EGR 控制系统工作状况的检查**

①使用三通接头将真空表与 EGR 阀和真空控制阀间的软管相连接。起动发动机，检查发动机的起动性能和怠速时的运转状况应良好。否则应清洗或更换 EGR 阀。

②在发动机冷却液温度低于 60 ℃（自动变速器）或者 55 ℃（手动变速器）的状态下，检查发动机转速为 2 500 r/min 时的真空度，真空表应指示真空度为 0 MPa。此时，用手触摸

检查 EGR 管应不发热。将发动机暖机至 80 ℃，检查发动机转速为 2 500 r/min 时的真空度，真空表应指示较低的真空度。

③从 EGR 真空调节器的 R 孔上拆开真空管，使用另一根软管将 R 孔直接与进气歧管相连，检查发动机转速为 2 500 r/min 时的真空度，真空表应指示较高的真空度。注意：此时由于大量废气进入进气歧管，发动机将会出现轻度点火不良。在上述检查中如果未发现故障，则说明 EGR 系统工作正常，否则检查各个元件。

**2. EGR 阀的检查**

EGR 阀是废气再循环控制系统中最重要的部件之一，它的好坏将直接影响整个系统的工作。

在发动机怠速运转时，将真空直接加在 EGR 阀上，发动机应运转不平稳或熄火。如果发动机运转平稳，则从发动机上拆下 EGR 阀，检查 EGR 阀的枢轴有无积炭和黏结，若有则清洗 EGR 阀。使用一个手持真空泵对 EGR 阀施加一定的真空度，检查真空膜片有无泄漏。如果真空膜片泄漏，则更换 EGR 阀。检查通往进气歧管和排气歧管的 EGR 通道，确保通道畅通无阻。

**3. EGR 真空调节器的检查**

从 EGR 真空调节器的 P、Q 和 R 孔上断开真空软管，用手指堵住 P、R 孔，向 Q 孔内吹气，空气应能自由地通过过滤片盖。起动发动机，将发动机转速保持在 2 500 r/min，用手指堵住 P、R 孔，向 Q 孔内吹气，此时，空气应受到很大的阻力。如果 EGR 真空调节器的工作情况与上述状况不符，则应更换 EGR 真空调节器。将真空软管重新连接到合适的位置。

**4. 真空控制阀（VSV）的检查**

从真空控制阀上拆下真空软管，拆开真空控制阀的导线插头，再将真空控制阀拆下。在真空控制阀插头的端子间接上万用表，检测真空控制阀的电阻值，一般为 20 ~ 50 Ω。如果电阻值不符合规定，则应更换真空控制阀。用万用表检测真空控制阀插头各端子与阀体之间的电阻应为无穷大，即相互之间不导通。如果导通，则应更换真空控制阀。

从 E 孔吹入空气，空气应能从 C 孔流出。将蓄电池电压接在真空控制阀插头端子上，从 E 孔吹入空气，空气应能从空气滤清器流出。如果真空控制阀的工作状况与上述不符，则更换真空控制阀。

**5. EGR 废气温度传感器的检修**

从 EGR 阀侧拆下 EGR 废气温度传感器，检测不同温度时传感器的电阻，在 50 ℃时电阻值为 68 ~ 89 Ω，在 100 ℃时的阻值为 11 ~ 15 kΩ，在 150 ℃时阻值为 2 ~ 4 kΩ。如阻值不符合要求，应更换 EGR 废气温度传感器。因丰田汽车车型较多且出厂年代不同，废气再循环控制系统的装置也有差异。目前，雷克萨斯 LS400 型轿车已采用步进电动机式的 EGR 阀取代了前述的复杂装置，使结构非常简单，拆装和维修更为方便。所以在实际操作中，应针对具体车型进行故障分析与检修。

### 5.2.3 实操训练

**1. 训练内容**

利用发动机台架对废气再循环控制系统进行进一步的熟悉。

**2. 设备、工具**

电喷发动机电控故障诊断台架若干台。（根据学生数量，分组进行讲解和熟悉）

**3. 考核**

①实操报告：基本知识点和基本内容，包括废气再循环控制系统的组成、工作原理及其主要部件的检修。

②考核标准（可采取教师考核或者学生互评的原则）：

| 序号 | 考核内容 | 分数 | 评分标准 | 得分 | 具体原因 |
|---|---|---|---|---|---|
| 1 | 正确使用万用表、维修工具等 | 5 | 工具使用不规范每次扣2分 | | |
| 2 | 废气再循环控制系统的组成 | 10 | 组成描述错误每处扣3分 | | |
| 3 | 废气再循环控制系统的工作原理 | 20 | 工作原理描述错误每处扣3分 | | |
| 4 | 主要部件的检修方法 | 20 | 主要部件的检修方法描述错误每处扣3分 | | |
| 5 | 设置相关故障 | 20 | 故障检测错误每处扣3分 | | |
| 6 | 安全用电，规范操作 | 10 | 违规操作扣10分 | | |
| 7 | 团队合作，讨论交流 | 10 | 依据现场情况而定 | | |
| 8 | 场地打扫，工件摆放 | 5 | 依据现场情况而定 | | |
| | 总分 | 100 | | | |
| | 教师签字 | | | 年　月　日 | |

## 任务 5.3　燃油蒸发排放控制系统

| 任务名称 | 燃油蒸发排放控制系统 |
|---|---|
| 教学目标 | 掌握燃油蒸发排放控制系统的组成及原理；<br>掌握燃油蒸发排放控制系统的检修方法 |
| 教学重点 | 燃油蒸发排放控制系统的组成、原理和检修方法 |
| 教学说明 | 本任务采用1节理论+1节实践进行教学，也可理论、实践穿插同时进行。利用视频、发动机台架熟知燃油蒸发排放控制系统的组成、原理及检修方法 |
| 自我评价 | 优秀　良好　中等　及格　不及格 |

汽车发动机排入大气中的有害成分主要是一氧化碳（CO）、碳氢化合物（HC）、氮氧化合物（$NO_x$）等。对汽车发动机排放的控制和净化，各国都进行了大量的研究工作，除了对发动机本身的改进之外，现代汽车采取了多种排放控制系统来减少汽车的排气污染，其中燃油蒸发排放控制系统可减少燃油蒸气所导致的污染。

### 5.3.1 燃油蒸发排放控制系统的组成及原理

**1. 燃油蒸发控制系统的组成**

燃油蒸发排放控制系统是为防止燃油箱内的燃油蒸气排入大气产生污染而设置的，主要由燃油箱、活性炭罐、活性炭罐电磁阀和发动机控制单元（ECU）等组成。活性炭罐是系统中储存蒸气的部件，如图 5.21 所示。活性炭罐的下部与大气相通，上部有接头与燃油箱和进气歧管相连，用于收集和清除燃油蒸气。中间是活性炭颗粒，它具有极强的吸附燃油分子的作用。燃油箱内的燃油蒸气经燃油箱管道进入活性炭罐后，蒸气中的燃油分子被吸附在活性炭颗粒表面。

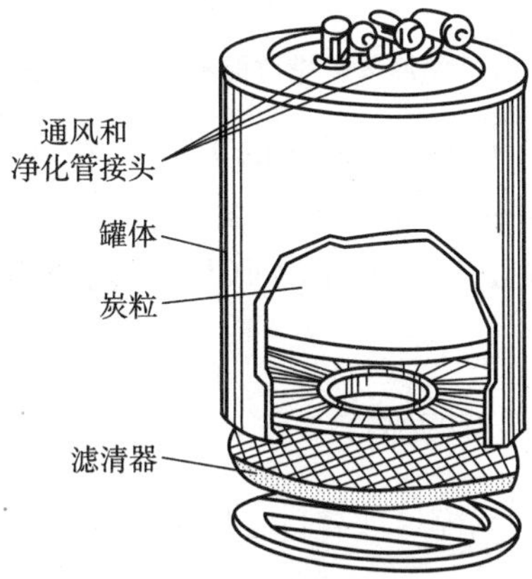


**图 5.21 活性炭罐的结构**

在装有 EVAP 控制系统的汽车上，燃油箱盖上只有空气阀，而不设蒸气放出阀。因为要将燃油箱内的燃油蒸气导入气缸参与燃烧，为了避免破坏发动机正常工作时的混合气成分，影响发动机正常工作，必须对燃油蒸气进入气缸的时机和进入量进行控制。早期的燃油蒸发排放控制系统多利用真空进行控制，而现在多采用 ECU 进行控制。之所以有这样的变化，是因为 ECU 能根据冷却液温度传感器信号、发动机转速传感器信号、节气门位置传感器信号和点火开关信号等来决定燃油蒸气进入气缸的时机和进入量，能够实现更加精确的控制。在发动机怠速工况和全负荷工况下，在 ECU 的控制下，燃油蒸气不进入气缸，因为在怠速工况混合气过浓而使发动机熄火，且在全负荷工况时又会引起混合气过稀而影响发动机的动力性。

**2. 燃油蒸发排放控制系统的工作原理**

如图 5.22 所示，这是一种 ECU 利用真空进行燃油蒸气控制的燃油蒸发排放控制系统。在活性炭罐与燃油箱之间设有排气管和单向阀，燃油箱内的燃油蒸气超过一定压力时，顶开单向阀经排气管进入活性炭罐，活性炭罐内的活性炭将燃油蒸气吸附在炭罐内。发动机在工作时，活性炭罐内的燃油蒸气经定量排放孔、吸气管被吸入进气管。活性炭罐的上端设有一个真空控制阀，真空控制阀为一膜片阀，膜片上方为真空室，控制阀用来控制定量排放孔的开或闭。真空控制阀与进气管之间的真空管路中设有受 ECU 控制的电磁阀，用以调节真空控制阀上方真空室的真空度，改变真空控制阀的开度，从而控制吸入进气管的燃油蒸气量。为防止活性炭罐内的燃油蒸气被吸入进气管后使混合气变浓，活性炭罐下方设有进气滤芯并与大气相通，使部分清洁空气与活性炭罐内的燃油蒸气一起被吸入进气管，进入气缸。

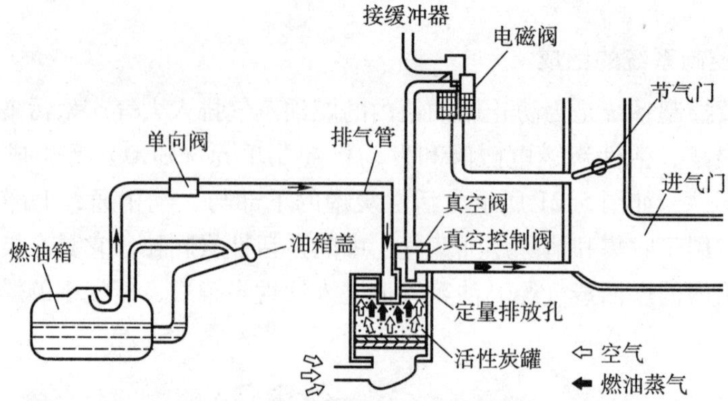


图 5.22　燃油蒸发排放控制系统的工作原理

随着排放法规的日趋严格，目前越来越多的车型装设了加强型 EVAP 系统。该系统不仅能在 ECU 的控制下将收集的燃油蒸气导入气缸参与燃烧，而且能在保证燃油蒸气不泄漏的前提下维持燃油箱内压力的稳定，同时还能使 ECU 全面监控 EVAP 系统内部的堵塞、泄漏、阀门动作不良等异常情况。

### 5.3.2　燃油蒸发排放控制系统的检修

对燃油蒸发排放控制系统的故障，计算机一般不能自行诊断，只能采用就车检测和单件检测方法查找。

**1. 就车检测**

就车检测可按下述顺序进行：

①将发动机预热至正常工作温度，并使之怠速运转。

②拔下蒸气回收罐上的真空软管，检查软管内有无真空吸力。若燃油蒸发控制系统工作正常，则发动机在怠速运转中电磁阀应关闭，真空软管内无真空吸力。如果此时真空软管内有真空吸力，则用万用表“V”挡检查电磁阀线束连接器端子上是否有电压。若电磁阀线束连接器端子上有电压，则说明计算机有故障；若无电压，则说明电磁阀有故障（卡死在开启位置）。

③踩下加速踏板，当发动机转速大于 2 000 r/min 时，检查上述真空软管内有无真空吸力。若真空软管内有真空吸力，则说明该系统工作正常；若真空软管内无真空吸力，则用万用表“V”挡检查电磁阀线束连接器端子上是否有电压。若电压正常，则说明电磁阀有故障；若电压异常，则说明微机或控制线路有故障。

**2. 电磁阀的单件检测**

①检查电磁阀电磁线圈的电阻值。拔下电磁阀线束连接器，用万用表“Ω”挡测量电磁阀电磁线圈的电阻值，如图 5.23 所示。电阻值应符合规定，否则应更换电磁阀。

②检查电磁阀的工作。拆下电磁阀，首先向电磁阀内吹气，电磁阀应不通气，如图 5.23（a）所示；然后将电池电压加到电磁阀连接器的两端子上，并同时向电磁阀内吹气，此时电磁阀应通气，如图 5.23（b）所示。若电磁阀的状态与上述情况不符，则电磁阀有故

障，应予更换。

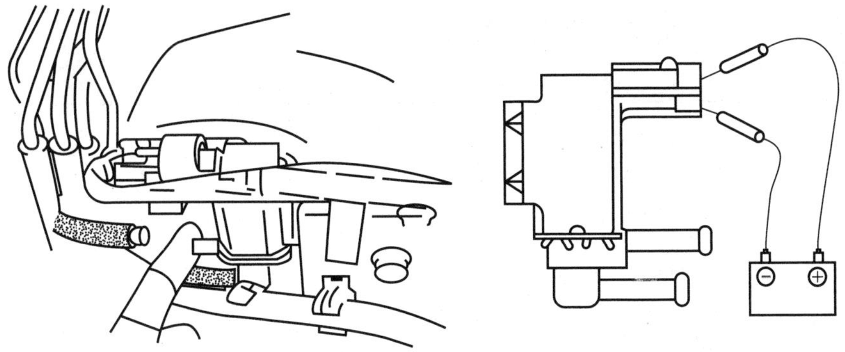

（a）　　　　　　　　　　　　（b）

**图 5.23　控制电磁阀的检查**

### 5.3.3　实操训练

**1. 训练内容**

利用发动机台架对燃油蒸发排放控制系统进行进一步的熟悉。

**2. 设备、工具**

万用表、故障诊断仪、维修工具等，电喷发动机电控故障诊断台架若干台。（根据学生数量，分组进行讲解和熟悉）

**3. 考核**

①实操报告：基本知识点和基本内容，包括燃油蒸发排放控制系统的结构、工作原理及故障检修方法。

②考核标准（可采取教师考核或者学生互评的原则）：

| 序号 | 考核内容 | 分数 | 评分标准 | 得分 | 具体原因 |
|---|---|---|---|---|---|
| 1 | 正确使用万用表、维修工具等 | 5 | 工具使用不规范每次扣 2 分 | | |
| 2 | 燃油蒸发排放控制系统的结构 | 10 | 结构描述错误每处扣 3 分 | | |
| 3 | 燃油蒸发排放控制系统的工作原理 | 20 | 工作原理描述错误每处扣 3 分 | | |
| 4 | 燃油蒸发排放控制系统的故障检修方法 | 20 | 检修方法描述错误每处扣 3 分 | | |
| 5 | 设置相关故障 | 20 | 故障检测错误每处扣 3 分 | | |
| 6 | 安全用电，规范操作 | 10 | 违规操作扣 10 分 | | |
| 7 | 团队合作，讨论交流 | 10 | 依据现场情况而定 | | |
| 8 | 场地打扫，工件摆放 | 5 | 依据现场情况而定 | | |
| | 总分 | 100 | | | |
| | 教师签字 | | | 年　月　日 | |

## 任务 5.4 二次空气供给系统

| 任务名称 | 二次空气供给系统 |
| --- | --- |
| 教学目标 | 掌握二次空气供给系统的组成及原理；<br>掌握二次空气供给系统的检修方法 |
| 教学重点 | 二次空气供给系统的组成、原理和检修方法 |
| 教学说明 | 本任务采用 1 节理论 +1 节实践进行教学，也可理论、实践穿插同时进行。利用多媒体、发动机实物台架熟悉二次空气供给系统的组成、原理及检修方法 |
| 自我评价 | 优秀　　良好　　中等　　及格　　不及格 |

汽车排气是城市空气的主要污染源，严重危害着人体健康，研究并解决汽车排气对环境的污染问题已成为国际汽车科技产业界里重要的研究课题之一，由于三元催化转换器尚未达到它的工作温度 300 ℃ ~350 ℃，所以催化转换效果不良，致使汽车产生大量的 HC 和 CO，此时，可以采用二次空气供给法达到很好的效果。

为了区别发动机的正常进气，把这种将新鲜空气喷入排气管的过程称为二次空气供给。二次空气供给是减少污染物排放的最早使用的办法，在采用三元催化转换器以后，这一方法仍被采用。

### 5.4.1 二次空气供给系统的组成及原理

二次空气喷射系统按空气供给动力源可分为两种：一种方法是空气泵系统，即利用空气泵将压缩空气导入排气系统；另一种方法是脉冲空气系统，即利用排气压力将空气导入排气系统。

**1. 空气泵系统**

图 5.24 所示为电子控制空气泵二次空气喷射系统，它由空气泵、旁通线圈（图中未画出）及旁通阀、分流线圈（图中未画出）及分流阀、空气分配管、空气喷管和单向阀等组成。空气泵通常由发动机驱动，利用离心力将干净的空气泵人系统中。由空气泵送出的空气经过旁通阀后，既可流向分流阀，也可流入大气；经过分流阀的空气既可流向排气管，也可流向三元催化转换器，具体流向由真空能否进入旁通阀和分流阀（分流线圈和旁通线圈是否通电）进行控制。分流线圈及旁通线圈由 ECU 控制，当接通发动机点火开关之后，电源电压便施加到两个线圈上，ECU 通过接地使线圈通电。在分流阀与排气管之间以及分流阀与三元催化转换器之间均装有单向阀，以防止废气进入二次空气喷射系统。

当发动机起动之后，ECU 不使旁通线圈和分流线圈通电，于是这两个线圈同时把经真空管通向旁通阀和分流阀的真空隔断，这时空气泵送出的空气经旁通阀进入大气。这种状态称作起动工作状态，其持续时间的长短取决于发动机的温度。如界发动机温度很低，起动工作状态将持续较长的时间。

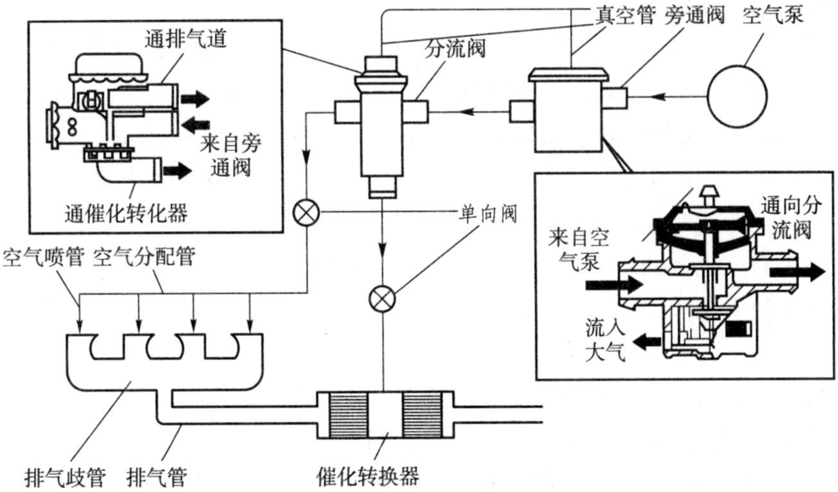


**图 5.24　电子控制空气泵二次空气喷射系统**

发动机在预热期间，ECU 同时使旁通线圈和分流线圈通电。这时进气管真空度分别经旁通线圈和分流线圈传送到旁通阀和分流阀。空气泵送出的空气此时经旁通阀流入分流阀，再由分流阀流入空气分配管，最后由空气喷管喷入排气道。

当发动机在正常的冷却液温度下工作时，ECU 只使旁通线圈通电而不使分流线圈通电，通向分流阀的真空度被分流线圈隔断。这时，空气泵送出的空气经旁通阀进入分流阀，再经分流阀进入催化转换器。

**2. 脉冲空气系统**

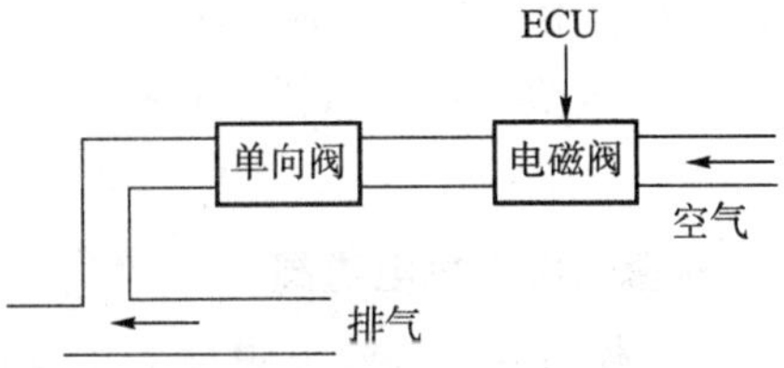


**图 5.25　丰田轿车采用的脉冲空气系统的结构组成与工作原理**

同空气泵系统相比，脉冲空气系统不需动力源注入空气，而是依靠大气压与废气真空脉冲之间的压力差使空气进入排气歧管，因此减少了成本及功率消耗。图 5.25 所示为丰田轿车采用的脉冲空气系统的结构组成与工作原理。空气来自空气滤清器，ECU 控制电磁阀的打开及关闭，电磁阀与单向阀相连。排气中压力是正负交替的脉冲压力波。当发动机以较低转速运转时，ECU 控制电磁阀打开，进气歧管真空吸起脉冲空气喷射阀膜片使阀开启，此时由于排气压力为负，空气由滤清器通过脉冲空气喷射阀进入排气口，与排出的 HC 进一步燃烧，故可降低 HC 的排放量；当排气压力为正时，脉冲空气喷射阀内的单向阀关闭，所以空气不会反向流动而返回进气管。由此可见，脉冲式二次空气喷射系统在发动机转速较低时，降低 HC 排放的效果更好。

### 5.4.2　二次空气供给系统的检修

**1. 工作情况检查**

如果二次空气喷射系统发生故障，则发动机在温度升高时，系统不向排气口泵入空气，造成 CO 和 HC 的排放量升高。在对二次空气喷射系统进行检查时，需注意以下几点：

①诊断二次空气喷射系统，首先要检查该系统上所有真空软管和电路连接是否正常，有

无老化、泄漏、连接松动等。

②空气泵的皮带必须有一定的张力，带轮松动会导致二次喷射系统不能正常工作。此外，空气泵在皮带轮的后面有一个离心式滤清器，其作用是过滤空气中的灰尘。皮带轮与滤清器用螺栓连接在泵轴上，可分别检修。如果皮带轮或滤清器弯曲、磨损或损坏，应进行更换。

③二次空气喷射系统中泄压阀的作用是在系统堵塞或阻力过大时释放压力，以防止空气泵压力过高。泄压阀通常连接在旁通阀和分流阀上，也有的连接在空气泵上。如果泄压阀卡在开启位置，来自空气泵的空气流将通过该阀连续排出。

④二次空气喷射系统中软管烧坏的现象是由高温排气进入造成的，这说明单向阀有泄漏故障。

⑤发动机低温起动后，当拆下空气滤清器盖时，应能听到舌簧阀发出的“嗡、嗡”声。

⑥从空气滤清器上拆下二次空气供给软管，用手指盖住软管口检查，应符合下列要求：发动机温度在 18 ℃ ~63 ℃范围内怠速运转时，有真空吸力；发动机温度在 63 ℃以上时，起动后 70 s 内应有真空吸力，起动 70 s 后应无真空吸力；发动机转速从 4 000 r/min 急减速时，应有真空吸力。

检查结果若与上述不符，则说明二次空气喷射系统工作不正常，应进一步检查。

⑦检查二次空气控制阀。拆下二次空气控制阀，从空气滤清器侧软管接头吹入空气，应不漏气；用手动真空泵从真空管接头施加 20 kPa 真空度，从空气滤清器侧软管接头吹入空气应通畅。

若不符合上述要求，则说明膜片阀工作不良，应检修或更换；用手动真空泵从真空管接头施加 20 kPa 真空度，从排气管接头吹入空气，应不漏气，否则说明舌簧阀密封不良，应更换。

**2. 检查二次空气电磁阀**

测量二次空气电磁阀电阻值，正常值应为 36 ~ 44 Ω。拆开二次空气电磁阀上的软管，电磁阀不通电时，从进气管侧软管接头吹入空气，应不通；从通大气的滤网处吹入空气，应畅通。当给电磁阀接通蓄电池电源电压时，吹气通畅情况应与上述相反。若不符合上述要求，则应更换该二次空气电磁阀。

### 5.4.3 实操训练

**1. 训练内容**

利用发动机台架对二次空气供给系统进行进一步的熟悉。

**2. 设备、工具**

万用表、故障诊断仪、维修工具等，电喷发动机电控故障诊断台架若干台。(根据学生数量，分组进行讲解和熟悉)

**3. 考核**

①实操报告：基本知识点和基本内容，包括二次空气供给系统的组成、原理和检修方法。

②考核标准（可采取教师考核或者学生互评的原则）：

| 序号 | 考核内容 | 分数 | 评分标准 | 得分 | 具体原因 |
| --- | --- | --- | --- | --- | --- |
| 1 | 正确使用万用表、维修工具等 | 5 | 工具使用不规范每次扣 2 分 | | |
| 2 | 二次空气供给系统的组成 | 10 | 结构描述错误每处扣 3 分 | | |
| 3 | 二次空气供给系统的原理 | 20 | 原理描述错误每处扣 3 分 | | |
| 4 | 二次空气供给系统故障检修方法 | 20 | 故障检修描述错误每处扣 3 分 | | |
| 5 | 设置相关故障 | 20 | 故障检测错误每处扣 3 分 | | |
| 6 | 安全用电，规范操作 | 10 | 违规操作扣 10 分 | | |
| 7 | 团队合作，讨论交流 | 10 | 依据现场情况而定 | | |
| 8 | 场地打扫，工件摆放 | 5 | 依据现场情况而定 | | |
| | 总分 | 100 | | | |
| | 教师签字 | | | 年　月　日 | |

## 模块小结

本模块主要介绍了为了有效地利用三元催化转换器、充分净化废气，就要提高空燃比的控制精度，使其维持在以理论空燃比 14.7 为中心的非常狭窄的范围内，必须使用空燃比闭环控制系统，主要部件为氧传感器。常见的氧传感器有氧化锆式和氧化钛式两种。本模块介绍了氧化锆式和氧化钛式氧传感器的结构、工作原理和故障检修方法。

废气再循环系统即为 EGR 系统，EGR 率即为废气再循环的量，其会对发动机的工作状况造成一定的影响，以及当 EGR 系统出现故障时，通过对 EGR 阀、EGR 电磁阀等相关部件进行检修的方法。

燃油蒸发排放控制系统的结构及工作原理，可防止燃油箱内的燃油蒸气排入大气产生污染，主要由燃油箱、活性炭罐、活性炭罐电磁阀和发动机控制单元（ECU）等组成。本模块还介绍了常见的燃油蒸发排放系统出现的故障检修方法。

二次空气供给系统按空气供给动力源可分为两种：一种方法是空气泵系统，即利用空气泵将压缩空气导入排气系统；另一种方法是脉冲空气系统，即利用排气压力将空气导入排气系统。本模块还介绍了二次空气供给系统的结构、工作原理及二次空气供给系统的检修方法。

## 练习题

### 一、填空题

1. 在汽车排出成分中，有________、________和________的污染物质。

2. 氧传感器安装在________上，通过检测排气管废气中________的含量来获得混合气的空燃比信号。

3. 在氧化锆式氧传感器上，锆管内、外表面都涂覆有一层________作为电极，它的另一个更重要的作用是________。

4. 氧传感器的输出电压在________V 不断变化，通常每 10 s 内变化________以上。

5. 废气再循环控制系统主要是抑制________的产生。

6. EGR 率增加过大，燃烧速度________，失火率________，HC 也会________。

7. 可变 EGR 率废气再循环控制系统中 ECU 输出脉冲信号的占空比________，EGR 电磁阀打开时间越长。

8. 燃油蒸发排放控制系统由________、________、________和________等组成。

9. 活性炭罐下部与________相通，上部有接头与________相连，用于收集和清除燃油蒸气。

10. 二次空气喷射系统是将一定量的新鲜空气经空气喷管喷入________或________中，以减少 CO 和 HC 的排放。

**二、选择题**

1. 加热型氧传感器有（　　）个接线端子。

A. 1 或 2　　B. 2 或 3　　C. 3 或 4　　D. 4 或 5

2. 为获得三元催化转换器所要求的空燃比，需要（　　）来达到很高的控制精度。

A. 空气流量计　　B. 氧传感器

C. 节气门位置传感器　　D. 爆燃传感器

3. 在（　　）情况下，空燃比闭环控制系统不会停止工作。

A. 发动机起动时　　B. 节气门全开时

C. 燃油中断停供时　　D. 汽车匀速正常行驶时

4. 减少 $NO_x$ 排放的主要方法是（　　）。

A. 燃油蒸发排放控制系统　　B. 废气再循环控制系统

C. 氧传感器及三元催化转换控制系统　　D. 二次空气喷射控制系统

5. 当发动机（　　）时，需要进行废气再循环。

A. 冷却液温度较低

B. 怠速及小负荷运转

C. 已达到正常工作温度，而且处于大负荷运转工况

D. 在全负荷或高转速下工作

6. 电控废气再循环的有关传感器没有下面的（　　）。

A. 曲轴转速传感器　　B. 空气流量计

C. 节气门位置传感器　　D. 爆燃传感器

7. 燃油蒸发回收系统内部进行燃油蒸气回收的部件为（　　）。

A. 活性炭罐　　B. 燃油箱

C. ECU　　D. 三元催化转换器

8. 燃油蒸发控制系统故障的检测通常不采用的方法是（　　）。

A. 就车检测　　B. ECU 检测

C. 单件检测　　D. 更换检测

9. 二次空气喷射控制系统可以减少（　　）的排放。

A. CO　　B. HC　　C. $NO_x$　　D. CO和HC

10. 对二次空气电磁阀进行检测时，电阻值正常值应为（　　）。

A. 1～10 Ω　　B. 12～21 Ω　　C. 36～44 Ω　　D. 20～50 Ω

## 三、简答题

1. 空燃比闭环控制系统是如何工作的？
2. 空燃比闭环控制系统如何进行检修？
3. 为什么要控制 EGR 率？
4. 废气再循环控制系统如何进行检修？
5. 燃油蒸发排放控制系统如何进行检修？
6. 二次空气供给系统如何进行检修？

# 模块六

## 发动机电控系统的故障诊断

### 任务6.1 故障自诊断系统

| 任务名称 | 故障自诊断系统 |
| --- | --- |
| 教学目标 | 掌握故障自诊断系统的功能；<br>理解故障自诊断系统的原理 |
| 教学重点 | 故障自诊断系统的功能 |
| 教学说明 | 本任务采用1节理论+1节实践进行教学，也可理论、实践穿插同时进行。利用电控发动机总成具体实物，通过连接解码器，读取故障码和数据流，逐步掌握本任务的内容 |
| 自我评价 | 优秀　　良好　　中等　　及格　　不及格 |

“OBDⅡ”是“On-Board Diagnostics Ⅱ”，即Ⅱ型车载诊断系统的缩写。为使汽车排放和驱动性相关故障的诊断标准化，从1996年开始，凡在美国销售的全部新车，其诊断仪器、故障编码和检修步骤必须相似，即符合OBDⅡ程序规定。随着经济全球化和汽车国际化的程度越来越高，作为驱动性和排放诊断基础，OBDⅡ系统将得到越来越广泛的实施和应用。OBDⅡ程序使汽车故障诊断简单而统一，维修人员不需专门学习每一个厂家的新系统，可以说，OBDⅡ给维修人员的诊断检修工作带来了空前的便利。在OBDⅡ计划实施之后，任一技师都可以使用同一个诊断仪器诊断根据任何标准生产的汽车。

#### 6.1.1 故障自诊断系统的功能

汽车电子技术在汽车上的应用越来越广泛，使汽车在动力性、经济性、安全性、舒适性以及排污控制等方面都有了极大的提高和改善。然而，汽车控制的电子化给汽车故障的诊断和维修工作带来了越来越多的困难，对汽车维修技术人员的要求也越来越高。因此，现代汽车在进行电子控制系统设计的同时，增设了系统故障自诊断功能。自诊断功能就是利用ECU监视电子控制系统各组成部分的工作情况，发现故障后自动启动故障运行程序，这不仅可以保证发动机在有故障的情况下继续行驶，而且可向驾驶员和维修人员提供故障情况，以便于使用和维修。当控制系统出现故障时，主ECU将会点亮仪表板上的“CHECK”（检查发动机）灯（图6.1），提醒驾驶员注意发动机已出现故障，并将故障信息以故障码的形式储存到 ECU 中；通过一定程序，能将故障码及有关信息资料调出，供检修使用。

图 6.1　发动机故障警告灯

### 6.1.2　故障自诊断系统设置故障的原理

发动机电控系统工作时，自诊断系统把检测到的非正常输入、输出信号设置为故障信号，自诊断系统设置故障的情形主要分为以下几种：

①当某一电路出现超出规定范围的信号时，故障自诊断系统就判定该电路信号出现故障。如水温传感器在正常工作时，其输出电压信号在 0.1 ~4.8 V。当冷却液温度传感器输出电压低于 0.1 V（相当于水温高于 139 ℃）或高于 4.8 V（相当于水温低于 -50 ℃）时，ECU 即判定为故障信号，将其存入存储器。

②发动机在运转时，当 ECU 在一段时间里收不到某一传感器的输入信号或输入信号在一段时间内不发生变化，ECU 亦判定为故障信号。

③如发动机在正常工作温度下运转时，ECU 在 1 min 以上检测不到氧传感器的输出信号或氧传感器信号在 0.3 ~0.6 V 有 1 min 以上没有变化，即判定为氧传感器电路有故障。

④发动机在正常工作中，如果偶然出现一次不正常信号，ECU 诊断系统不会判断为故障。只有当不正常信号持续一定时间或多次出现时，ECU 才将其判定为故障，如发动机转速在 1 000 r/min 时，转速信号（Ne 信号）丢失了 3 ~4 脉冲信号，ECU 不会判定为 Ne 信号故障；同时，“CHECK”灯也不会点亮，Ne 信号的故障也不会存入 ECU 内。

⑤要注意的是，ECU 判断出的故障，只能提供故障的性质和范围，如冷却液温度传感器与 ECU 间配线断路时，冷却液温度传感器输出电压信号就会高于 4.8 V（正常为 0.1 ~4.8 V）。这时 ECU 判定和输出的故障信息为冷却液温度传感器发生故障。最后还要进一步确定是传感器、执行器的故障，还是相应配线的故障。

### 6.1.3　实操训练

**1. 训练内容**

利用故障诊断仪读取发动机故障码。

**2. 设备、工具**

故障诊断仪、发动机电控系统故障诊断台架若干台。（根据学生数量，分组进行讲解和

熟悉）

**3. 实践与考核**

①实操报告：基本知识点和基本内容，包括如何正确连接诊断仪、如何读取故障码，要求写出正确步骤。

②考核标准（可采取教师考核或者学生互评的原则）：

| 序号 | 考核内容 | 分数 | 评分标准 | 得分 | 具体原因 |
|---|---|---|---|---|---|
| 1 | 认识故障诊断仪 | 5 | 认识不准确每次扣2分 | | |
| 2 | 找到指定接头 | 10 | 找不对每次扣5分 | | |
| 3 | 正常打开和关闭诊断仪 | 20 | 不能正常操作每次扣5分 | | |
| 4 | 进入相关系统 | 20 | 无法进入或者进入错误每次扣5分 | | |
| 5 | 读取相关故障码 | 20 | 故障码解释错误每次扣3分 | | |
| 6 | 安全用电，规范操作 | 10 | 违规操作扣10分 | | |
| 7 | 团队合作，讨论交流 | 10 | 依据现场情况而定 | | |
| 8 | 场地打扫，工件摆放 | 5 | 依据现场情况而定 | | |
| | 总分 | 100 | | | |
| | 教师签字 | | | 年　月　日 | |

## 任务6.2　故障诊断的基本方法

| 任务名称 | 故障诊断的基本方法 |
|---|---|
| 教学目标 | 掌握故障诊断的分类方法；<br>理解不同诊断方法的适用范围 |
| 教学重点 | 诊断仪器设备的使用以及相关诊断思路 |
| 教学说明 | 本任务采用1节理论+1节实践进行教学，也可理论、实践穿插同时进行。利用电控发动机运行实训台，通过各种诊断方法的应用逐步掌握故障诊断的基本方法 |
| 自我评价 | 优秀　　良好　　中等　　及格　　不及格 |

### 6.2.1　人工直接诊断法

随着汽车技术的飞速发展，各种新型的高科技检测技术的应用越来越广泛。虽然汽车故障诊断系统及仪器功能越来越强大，但是这些系统与仪器并不是万能的，同样存在局限性。为了适应现代社会的快节奏，汽车诊断要做到：更快更准。经验诊断法又称“人工直观诊断法”，就是利用维修人员的经验以及简单的工具对汽车的使用状况或故障进行观察以确定，是与“问”“看”“听”“闻”“试”“摸”这几种方法相辅相成的。

**1. 诊断方式**

（1）通过“问”了解故障发生的基本情况

驾驶员对自己驾驶的车辆情况最了解，是判断故障的第一手资料来源。一般驾驶员对车辆的重视程度甚高，所以他们提供的情况是很重要的。

例如一辆奥迪轿车加速性能很差，经询问驾驶员得知是在更换火花塞后出现的；拆下火花塞，观其型号也符合要求，判定是其点火顺序搞错，调整后故障排除。虽说通过“问”不可能完全得到正确的依据，但至少可以了解车辆最近的动态（如行驶路况、维修状况等）。

由于驾驶员的资历、经验以及对车辆、性能的掌握处于不同层次，所以在“问”时，要寻找关键、重要的现象进行询问，并且对驾驶员的回答要有所取舍。这一点对维修人员来说是很困难的，这其中问题的关键在于维修人员对车辆结构、性能是否理解透彻。这就需要维修人员平时注重理论知识学习和实践经验的积累，只有具备了这一点，“问”的重要性才能得以充分体现。

（2）通过“看”发现车辆的使用和运行状况

检查仪表板上故障灯的亮或熄，可判断是电控系统的故障还是机械系统的故障。例如一辆小轿车怠速抖动、加速性能不良、油耗大但仪表灯显示正常。通过检查发现其空气流量导流网积尘，清洗后加速性能恢复正常。

对车辆来讲常规的“五油、三液、一媒”的检查不可忽视，即对发动机机油、自动变速器油、转向助力油、齿轮油、燃（汽）油、制动液、冷却液、刮水清洗液以及冷媒的一系列检查。

（3）通过“闻”即利用鼻子的嗅觉来判断故障点

通过用鼻子去“闻”得知油液的品质及该系统基本的工作情况，通过鼻子去闻发动机的排放气体，可以感觉到发动机的工作情况，从而为故障判断提供指导。

例如，如果车厢内总能闻到未燃烧的燃油味，那就应该引起驾驶员的高度注意了。首先确定漏油的部位和程度后才能再次上路行驶。“闻”在维修中比其他手段用得相对较少但并不是说它不重要，如果运用恰当，在故障判断上可以让我们少走许多弯路。

（4）通过“听”找出车辆的故障点

维修人员可以根据各种声响来判断车辆的各种情况。维修人员所能听到的这些噪声，有些是合理的噪声，有些则是因为汽车发生了故障而出现的异常声响。“听”时，首先要弄清故障的部位，分清响声的类型，“听功”是维修人员的基本功。如果找不准故障部位，在维修中就会浪费人力、物力和财力。

一个成熟的维修人员应该认真总结各种响声的特性，如连续性响与间断性响、脆响与闷响、有规则与无规则响等，通过对“听”的经验不断积累，可以把自身的理论上升为真正的技能，维修水平才能不断提高。

例如，有些车辆在踩离合器踏板时总是会发出类似于“吱、吱”的声音，人们会以为是离合器出现了故障。其实这种现象的出现是离合器踏板支撑轴由于长期使用而出现的轻微磨损所导致的，一般在支撑轴处涂抹一些润滑油就可以了。

（5）通过“试”来诊断故障

“试”有以下几种含义：一是模拟故障发生的条件来判定故障；二是用完好的新件或备件替换怀疑有故障的零部件以确认原先的判定；三是通过反复试车，用排除法来判定故障；四是通过试车确认故障排除。

例如，自动变速器的故障判定和排除就需要在试车时进行静态体验和动态体验。其中，静态体验包括怠速体验和原地换挡体验；动态体验包括中、低速时的加速行驶，中、高速时的减速行驶，从 0 起步缓缓加速行驶，低速蠕行等多种方式。

（6）用“摸”的方法来诊断检测

一般来说，用手摸若感到发热，则在 40 ℃以上；若感到烫手，则在 50 ℃左右；若十分烫手难以接触，则在 90 ℃以上。

例如，用手摸车轮轮毂温度，检查有无阻滞现象。也可以判断是刹车还是轴承咬住，一般温度高的地方就是故障所在。

手摇发动机曲轴能感觉气缸压缩是否良好，用手触摸摇晃能感觉紧固件是否松动，运动件是否卡滞、碰擦。又如凭柴油机高压油管的振动手感能判断油泵偶件的磨损情况。

**2. 结论**

通过上述论点可以看到，人工诊断是十分重要的，维修人员可以通过“问”“看”“听”“闻”“试”“摸”来解决一些机械设备无法检测到的故障。

### 6.2.2 仪器设备诊断法

随着汽车安全性、环保性、经济性要求的不断提高，汽车发动机电控系统故障诊断参数的精确度也越来越高，因而汽车发动机电控系统故障诊断必然要从传统的定性分析向现代的定量分析发展。仪器设备诊断法正是在这样的前提下发展而来的，它可以对汽车发动机电控系统故障做出精确判断和定量分析。

仪器设备诊断法是诊断人员采用现代检测诊断仪器设备，测试汽车性能和故障的参数、曲线或波形，并与正常技术状况时的进行比较，从而比较准确地诊断出汽车技术状况和故障的诊断方法。其包括普通设备诊断、车辆自诊断和计算机自诊断等。

随着电子信息及计算机技术在汽车上的应用，汽车故障的诊断仪器设备日益完善，越来越多的先进仪器应用在汽车故障诊断中。仪器设备对故障诊断的速度快，准确性高，且能发现潜伏的故障，同时也能预测出总成部件的使用寿命。

### 6.2.3 元件替换法

所谓替换法就是汽车维修人员按照汽车驾驶员指出的可能发生故障的部位，用合格的总成和零部件试替换可能损坏的总成和零部件，这是一种故障诊断过程简化和有效的方法。

值得指出的是，替换用的备品件应是试验过的、可靠的，或者新件，但也必须是合格品，如果不慎将坏件替换了坏件，不但找不到故障，反而会使故障发生部位虚假化，增加诊断的难度。如发动机的机油压力指示系统发生故障，当怀疑压力感应塞损坏时，可将备用的好的压力感应塞替换原车上的压力感应塞，再试车，如果换件前不好，换后立即解决了问题，就说明是这个部位发生了故障，而且及时修好了。修好后可以把备品件拆下来，再换上一个新的。如果换上去的好件在试车时仍然不好，那么故障可能不在这里，再想别的方法查找。对于疑难故障，可以替换的部位很多。例如，对于发动机动力性不足的故障，可以替换一个新的空气滤清器，再重新试车；对于供油系统的故障，如果怀疑泵油压力不足，则可以替换一个新的燃油泵等。对于制动系统的故障，在较难查清的情况下，可以试着换一个制动主缸（总泵），对系统重新调好以后，制动系统故障就排除了。对于动力转向系统的故障，如果是转向沉重的话，可以试着换一个动力转向助力器，对系统重新调试以后，动力转向系统故障就排除了。那么，通过以上的例证，可以说明故障就发生在替换件处。

为了合理地应用替换法，使用替换法一定要慎重，故障判断应力求准确，避免盲目乱换和增加工作量。

### 6.2.4 实操训练

**1. 训练内容**

利用人工直接诊断法、仪器设备诊断法、元件替换法练习发动机的故障诊断。

**2. 设备、工具**

万用表等诊断仪器和设备、发动机电控系统故障诊断台架若干台。（根据学生数量，分组进行讲解和熟悉）

**3. 实践与考核**

①实操报告：基本知识点和基本内容，包括如何使用人工直接诊断法、如何使用仪器设备诊断法、如何使用元件替换法，要求写出正确步骤和各种方法的优缺点。

②考核标准（可采取教师考核或者学生互评的原则）：

| 序号 | 考核内容 | 分数 | 评分标准 | 得分 | 具体原因 |
|---|---|---|---|---|---|
| 1 | 使用人工诊断法 | 25 | 认识不准确每次扣 2 分 | | |
| 2 | 使用仪器设备诊断法 | 25 | 找不对每次扣 5 分 | | |
| 3 | 使用元件替换法 | 25 | 不能正常操作每次扣 5 分 | | |
| 4 | 安全用电，规范操作 | 10 | 违规操作扣 10 分 | | |
| 5 | 团队合作，讨论交流 | 10 | 依据现场情况而定 | | |
| 6 | 场地打扫，工件摆放 | 5 | 依据现场情况而定 | | |
| | 总分 | 100 | | | |
| | 教师签字 | | | 年　月　日 | |

## 任务6.3 电控发动机诊断常用仪器

| 任务名称 | 电控发动机诊断常用仪器 |
| --- | --- |
| 教学目标 | 掌握常用仪器的工作原理；<br>理解常用仪器的诊断原理；<br>能够初步进行故障诊断；<br>能够使用相关故障诊断的仪器和设备 |
| 教学重点 | 常用仪器设备的使用方法 |
| 教学说明 | 本任务采用1节理论+1节实践进行教学，也可理论、实践穿插同时进行。利用电控发动机实训台，通过连接解码器等常用仪器设备，读取相关数据，逐步掌握本任务的内容 |
| 自我评价 | 优秀　　良好　　中等　　及格　　不及格 |

随着科学技术的进步，汽车检测诊断技术也飞速发展，传统的检测方法已不能满足现代汽车检测的需要，其他领域新技术的发展渗透也促进了汽车检测设备与手段的发展更新。目前，人们已能依靠各种先进仪器设备对汽车进行综合检测诊断，而且具有自动控制检测过程、自动采集检测数据等功能，使检测诊断过程更安全、更快捷、更准确。使用现代仪器设备诊断技术是汽车检测与诊断技术发展的必然趋势。

### 6.3.1 发动机故障诊断仪

随着汽车工业的飞速发展，应用于汽车上的发动机电控系统、电控自动变速箱、ABS防抱死制动、SRS安全气囊、电子悬挂、巡航控制等相关电子控制系统也越来越多，从目前常见的捷达、桑塔纳、富康等国产车到奔驰、宝马、丰田、日产等进口车都采用了或多或少的电子控制设备，所以作为维修行业的故障检修方法也已由人工经验诊断发展到靠相应的仪器设备来进行诊断，尤其是某些进口高档车的电子控制系统只有靠仪器设备才能进行诊断，而在这些众多的仪器设备中使用最普遍的是电控系统检测仪，俗称为解码器。

发动机故障诊断仪又称解码器。它是一种利用配套连接线和车载计算机数据输出DLC（检测接头）相连，从而达到与各种电控系统控制单元进行数据交流的专用仪器。

**1. 解码器简介**

解码器通常分为原厂解码器和非原厂解码器两种。所谓原厂汽车解码器即指由汽车制造厂家提供或指定的解码器，如奔驰汽车用HHT、宝马汽车用MODIC、大众（奥迪）汽车用VAG1551、丰田汽车用INTELLIGENT TESTER、日产汽车用CONSULT－Ⅰ/Ⅱ等。一般来讲，每个汽车制造厂家都有针对自己所生产的各种车系的原厂检码器以便能为自己生产的汽车提供更好的售后检测服务。一般只能诊断自己的车系，不能检测其他公司生产的汽车，就像INTELLIGENT TESTER只能检测丰田汽车公司生产的包括凌志、佳美、皇冠、亚洲龙、丰田大霸王、花冠等一系列丰田车系，而对宝马、奔驰、福特、日产等车系就无能为力了。

非原厂解码器则不是汽车制造厂家提供或指定，而是其他仪器设备厂商生产的汽车解码器，如德国博世公司的 KTS300/500，美国的红盒子 SCANNER MT2500，瑞典的 AUTODG-AGNOS，国内公司生产的电眼睛、修车王、车博士等。

和原厂解码器相比，非原厂解码器一般可以检测多种不同汽车制造厂家所生产的各款汽车，如 KTS300/5100 就可以诊断欧洲的奔驰、宝马、大众（奥迪）、保时捷、欧宝等多款不同厂家生产的车系。但以上两种解码器就总体功能来说（如果单针对同一种车系），非原厂解码器是比不上原厂解码器的，就好像对于检测宝马车系，KTS300 是远远比不上 MODIC 的，因为某些车系的部分电控系统用非原厂解码器是无法检测到的，这也是两者价格相差一定距离的原因之一。

**2. 解码器的主要功能与使用**

（1）解码器的主要功能

解码器最基本的功能是读取和清除电控系统故障码；同时，一般还具有系统传感器与执行器的静态或动态数据流的读取功能，具有部分执行器的作动测试功能，有的还带有示波器显示功能。图 6 – 2（a）所示为检修人员进行故障码的读取和清除，图 6 – 2（b）所示为数据流的读取。

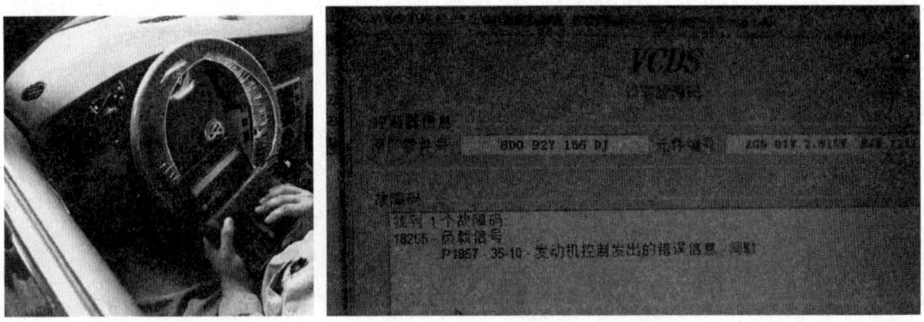


（a）　　　　　　　　　　　　（b）

**图 6.2　故障码、数据流的读取**

（2）解码器的使用

①静态诊断，即发动机不运转。只闭合点火开关，不起动发动机，把 ECU 的故障码读出。

②动态诊断，即发动机在运转中，读取故障码并测取其他参数。

（3）进入故障自诊断状态的方法

①跨接导线读取法。例如，丰田海狮轻型客车，要进入故障自诊断状态，只需把装在蓄电池侧的诊断输入插座的护罩打开，用一根跨接导线的两端分别插入诊断输入插座的 TE1 和 E1 插孔中，即进入故障自诊断状态。

②专用诊断开关法。一般车上或在发动机的电子控制器上设有旋钮式诊断开关。例如，日本尼桑轿车上多数装有旋钮式诊断开关，在发动机电子控制器上装有单个发光二极管或双发光二极管。

（a）单个发光二极管。在闭合点火开关情况下，不起动发动机，将螺丝刀插入装单个发光二极管的发动机电子控制器模式选择旋钮中，再按顺时针方向把旋钮拧到底；等待2 s

后，再用螺丝刀按逆时针方向拧到底，此时发光二极管开始闪烁，显示故障码。

（b）双发光二极管。在闭合点火开关的情况下，不起动发动机，用螺丝刀插入发动机电子控制器模式选择旋钮中，按顺时针方向拧到底，直到发光二极管闪亮（发光二极管闪烁表示模式选择号，即第 1 种模式发光二极管闪烁 1 次；第 2 种模式发光二极管闪烁 2 次）。当闪烁的模式号是所需的模式号时（即前面介绍的静态诊断为第 1 种模式；动态诊断为第 2 种模式），就立刻把旋钮按逆时针方向拧到底，即开始显示故障码。

③共同开关法。在有些车系电控系统中，空调控制面板上的控制开关可兼作诊断开关。一般是把“OFF”键和“Warmer”键同时按下，数字显示仪表板上便显示出来。当屏上出现“…”后又出现“88”代码时，即进入自诊断状态。例如，通用汽车公司的凯迪拉克、福特汽车公司的林肯轿车等。

④点火开关约定操作法。约定操作法是汽车制造厂家已规定的方法。一般情况下，点火开关在 5 s 内通、断 3 次即进入自诊断状态。例如，美国克莱斯勒汽车公司的多种车型及北京切诺基汽车。

⑤加速踏板的约定操作法。首先闭合点火开关，不起动发动机，在 5 s 内踩加速踏板 5 次，即进入故障自诊断状态。例如，德国的宝马轿车等。

⑥专用解码仪法。所有车型的故障码读取均可采用解码仪进行。但是，有些车型只能使用此法。例如，奥迪 100（V6）、桑塔纳 2000 轿车等。

**3. 故障码的显示与读法**

（1）用仪表板上检查发动机指示灯闪烁显示故障码

进入自诊断状态时，ECU 用检查发动机指示灯的闪烁次数和点亮时间的长短表示故障码。例如：丰田、大宇、切诺基等汽车。一般有以下 3 种表示法。

①指示灯点亮时间较长的闪烁信号，其闪烁的次数代表故障码的十位数。指示灯点亮时间较短的闪烁信号，其闪烁次数代表故障码的个位数。一个故障码的两位数字显示完后，指示灯闭合稍长时间，再显示下一个故障码。一般是以数字小的故障码开始显示，再到数字较大的故障码。

②检查发动机指示灯的间歇时间。点亮时间不变，由指示灯的间歇时间长短来区分一个代码的个位与十位以及不同的故障码。位与位之间有一个较短的间歇时间。代码与代码之间有一个较长的间歇时间。

③检查发动机指示灯点亮时间不变，在位与位之间间歇一下，在代码与代码之间有一个较长的点亮时间。

（2）用指针式电压表显示故障码

此法与前面介绍的读码基本相似，用指针摆动代替指示灯显示（例如，韩国的现代、日本的三菱汽车）。进入故障自诊断状态后，用万用表的“直流电压”挡检测故障诊断插座输出端上的电压。这种方式有一位数故障码和二位数故障码显示两种。

①一位数故障码。电压表指针在 0 ~ 5 V 摆动，连续摆动的次数为故障码数。若有两个以上故障码，则显示完第 1 个代码后，间隔 3 s，再显示第 2 个代码。正常码表示无故障。正常码是在指针摆动 1/3 s 后间隔 3 s，指针再摆动 1/3 s，这样周而复始地进行。

②二位数故障码又有两种表示形式。

a. 第1种形式。电压表指针在0～5 V摆动，第1次连续摆动次数为故障码的十位数，间隔2 s后，第2次摆动次数为故障码的个位数。下一个故障码显示要间隔较长的时间。

b. 第2种形式。电压表指针在0～2.5 V、2.5～5.0 V两个区域摆动。指针在2.5～5.0 V摆动的次数为故障码的十位数，指针在0～2.5 V摆动的次数为故障码的个位数。

（3）用发光二极管显示故障码

一般情况下，发光二极管装在ECU上，有的装在故障诊断插座上（如奥迪轿车）。共有以下4种显示方法。

①用1个发光二极管显示。用1个发光二极管显示和用检查发动机指示灯显示故障码读取代码方法相同。

②用2个不同颜色发光二极管显示。一般用红色和绿色发光二极管，红色发光二极管显示十位数码，绿色发光二极管显示个位数码。

③用4个发光二极管显示。4个发光二极管分别代表8、4、2、1。显示故障码时，把发光的二极管所代表的数字相加，其和为所显示的故障码。例如：用车上数字式仪表显示凯迪拉克4.6L轿车故障码。当操作读码时，故障码以数字形式出现在组合仪表显示器的某一部位上（一般是显示在数字式温度显示屏或燃油数据中心信息屏上）。

④用专用仪器显示。电喷车配有专用的故障码阅读接口。通过操作解码仪，故障码便显示在专用仪器的屏上。

**4. 读取数据流**

汽车数据流是指电子控制单元与传感器和执行器交流的数据参数通过诊断接口，由专用诊断仪读取的数据，且随时间和工况而变化。由于数据的传输就像队伍排队一样，一个一个通过数据线流向诊断仪而得名。

测量汽车数据流常采用以下三种方法：

（1）计算机通信方式

计算机通信方式是通过控制系统在诊断插座中的数据通信线将控制计算机的实时数据参数以串行的方式送给诊断仪的一种通信模式。

在数据流中包括故障的信息、控制计算机的实时运行参数、控制计算机与诊断之间的相互控制指令。诊断仪在接收到这些信号数据以后，按照预定的通信协议将其显示为相应的文字和数码，以使维修人员观察系统的运行状态并分析这些内容，发现其中不合理或不正确的信息来进行故障的诊断。

（2）电路在线测量方式

电路在线测量方式是通过对控制计算机电路的在线检测（主要指计算机的外部连接电路），将控制计算机各输入、输出端的电信号直接传送给电路分析仪的测量方式。

（3）元器件模拟方式

元器件模拟方式是通过信号模拟器替代传感器向控制计算机输送模拟的传感器信号，并对控制计算机的响应参数进行分析比较的测量方式。信号模拟器有两种：一种是单路信号模拟器；另一种是同步信号模拟器。

**5. 执行器作动测试功能**

人们可以利用解码器对一些执行器，如喷油嘴、怠速电机、继电器、电磁阀、冷却风扇等进行人工控制，用以检测该执行器是否处于良好的工作状况。

当人们在发动机怠速运转时对怠速电机进行作动测试，可以控制其开度的大小；随着怠速电机开度的变化，发动机怠速转速应该产生相应的高低变化。通过以上的作动测试，人们就可以证实怠速电机本身及其控制线路处于正常状况。同样，人们还可以在发动机运转时对燃油泵继电器进行控制，当断开燃油泵继电器时，发动机应会很快地熄火。

### 6.3.2 万用表

**1. 汽车万用表的功能**

在发动机电控系统的故障检测与诊断中，除经常需要检测电压、电阻和电流等参数外，还需要检测转速、闭合角、频宽比（占空比）、频率、压力、时间、电容、电感、温度、半导体元件等。这些参数对于发动机电控系统的故障检测与诊断具有重要意义。但是这些参数用一般数字式万用表无法检测，需用专用仪表即汽车万用表。汽车万用表一般应具备下述功能：

①测量交、直流电压。考虑到电压的允许变动范围及可能产生的过载，汽车万用表应能测量大于 40 V 的电压值，但测量范围也不能过大，否则，读数的精度下降。

②测量电阻。汽车万用表应能测量 1 MΩ 的电阻，测量范围大一些使用起来较方便。

③测量电流。汽车万用表应能测量大于 10 A 的电流，测量范围再小则使用不方便。

④记忆最大值和最小值。该功能用于检查某电路的瞬间故障。

⑤模拟条显示。该功能用于观测连续变化的数据。

⑥测量脉冲波形的频宽比和点火线圈一次侧电流的闭合角。该功能用于检测喷油器、怠速稳定控制阀、EGR 电磁阀及点火系统等的工作状况。

⑦测量转速。

⑧输出脉冲信号。该功能用于检测无分电器点火系统的故障。

⑨测量传感器输出电信号的频率。

⑩测量二极管的性能。

⑪测量大电流。配置电流传感器（霍尔式电流传感器）后，可以测量大电流。

⑫测量温度。配置温度传感器后可以检测冷却液温度、尾气温度和进气温度等。

目前国内生产的汽车万用表，如“胜利－98”、笛威 TWAY9206、TWAY9406A 和 EDA－230 等型号的汽车万用表，都具有上述功能。有些汽车万用表，除了具有上述基本功能外，还有一些扩展功能。例如，EDA－230 型汽车万用表在配用真空/压力转换器（附件）时可以测量压力和真空度，并且它还具有背光显示功能。

**2. 汽车万用表的基本结构**

如图 6.3 所示，汽车万用表主要由数字及模拟量显示屏、功能按钮、测试项目选择开关、温度测量座孔、公用座孔（用于测量电压、电阻、频率、闭合角、频宽比和转速等）、搭铁座孔、电流测量座孔等构成。

### 3. 汽车万用表的使用方法

（1）信号频率测试

测试项目选择开关置于“频率（Hz）”挡，黑线（自汽车万用表搭铁座孔引出）搭铁，红线（自汽车万用表公用座孔引出）接被测信号线，显示屏即显示被测频率。

（2）温度检测

测试项目选择开关置于“温度（℃/℉）”挡，按下功能按钮（℃/℉），将黑线搭铁，探针线插头端插入汽车万用表温度测量座孔，探针端接触被测物体，显示屏即显示被测温度。

（3）点火线圈一次侧电路闭合角检测

测试项目选择开关置于“闭合角（DWELL）”挡，黑线搭铁，红线接点火线圈负接线柱，发动机运转，显示屏即显示点火线圈一次侧电路闭合角。

图 6.3　汽车万用表外形

（4）频宽比测量

测试项目选择开关置于“频宽比（Duty Cycle）”挡，红线接电路信号，黑线搭铁，发动机运转，显示屏即显示脉冲信号的频宽比。

（5）转速测量

测试项目选择开关置于“转速（RPM）”挡，转速测量专用插头插入搭铁座孔与公用座孔中，感应式转速传感器（汽车万用表附件）夹在某一缸高压点火线上，在发动机工作时，显示屏即显示发动机转速。

（6）起动机起动电流测量

测试项目选择开关置于“400 mV”挡（1 mV 相当于 1 A 的电流，即用测量电流传感器电压的方法来测量起动机起动电流），把霍尔式电流传感器夹到蓄电池线上，其引线插头插入电流测量座孔，按下“最小/最大”功能按钮，然后拆下点火高压线，用起动机转动曲轴 2 ~ 3 s，显示屏即显示起动电流。

（7）氧传感器测试

拆下氧传感器线束连接器，将测试项目选择开关置于“4 V”挡，按下“DC”功能按钮，使显示屏显示“DC”，再按下“最小/最大”功能按钮，将黑线搭铁，红线与氧传感器相连；然后以快怠速（2 000 r/min）运转发动机，使氧传感器工作温度达 360 ℃以上。此时，如果混合气浓，则氧传感器输出电压约为 0.8 V；如果混合气稀，则氧传感器输出电压为 0.1 ~ 0.2 V。当氧传感器工作温度低于 360 ℃时（发动机处于开环工作状态），氧传感器无电压输出。

（8）喷油器喷油脉冲宽度测量

测试项目选择开关置于“频宽比”挡，测出喷油器工作脉冲频率的频宽比后，再把测试项目选择开关置于“频率（Hz）”挡，测出喷油器工作脉冲频率（Hz），然后按下式计算喷油器喷油脉冲宽度。

$$S_p = \frac{\eta}{f_p}$$

式中 $S_p$——喷油脉冲宽度，s；

$\eta$——频宽比，%；

$f_p$——喷油频率，Hz。

### 6.3.3 示波器

#### 1. 示波器简介

汽车上电子设备所占比例每年都在上升，所以在维修汽车时，电子设备的修理工作也就越加繁重，这就向今天的汽车维修技术提出了新的挑战。现代的汽车修理工作，已经不再是一个单纯的机械修理，而是机械和电子一体化的维修。汽修人员需要获得电子信号来判断故障原因。

然而汽车电子设备的信号有些是变化速率非常快的，变化周期达到千分之一秒，通常测试仪器的扫描速度应该是被测信号的5～10倍，许多故障信号是间歇的，时有时无，这就需要仪器的测试速度高于故障信号的速度。汽车示波器完全可以胜任这个速度，汽车示波器不仅可以快速捕捉电路信号，还可以用较慢的速度来显示这些波形，以便可以一面观察，一面分析。它还可以用储存的方式记录信号波形，可以倒回来观察已经发生过的快速信号，这就为分析故障提供了极大方便。无论是高速信号（例如：喷油嘴、间歇性故障信号），还是慢速信号（如：节气门位置变化及氧传感器信号），用汽车示波器来观察都可以得到想要得到的波形结果。一个好的示波器就像一把尺子，它可以去测量计算机系统工作状况，通过汽车示波器可以观察到汽车电子系统是如何工作的。图6.4所示为某汽车次级点火的波形。

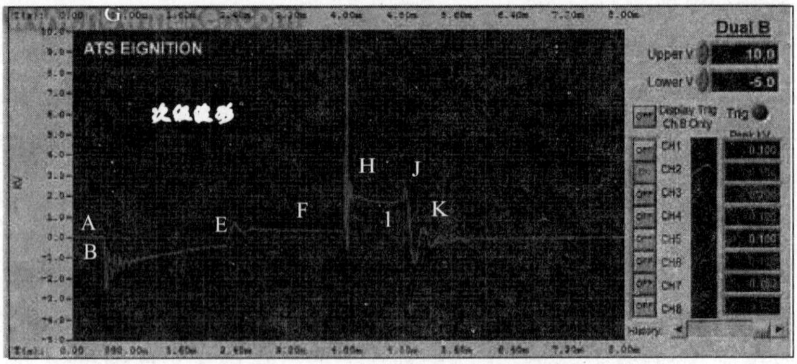


图6.4 某汽车次级点火的波形

正所谓“一个画面通常要胜过一千个数字”。与万用表相比，示波器有着更为精确及描述细致的优点。万用表通常只能用一两个电参数来反映电信号的特征，而示波器则用电压随时间变化的图像来反映一个电信号，它显示的电信号比万用表更准确、更形象。

#### 2. 汽车示波器的应用

汽车示波器在汽车电子控制故障诊断中有两种应用方式：整个系统运行状态的分析——确定整个系统运行的情况；某个电器或电路的故障分析——确定在整个系统运行正常的情况

下，某个电器或某段电路的故障。

汽车电路中的电子信号具有以下可度量的五个参数指标，它们分别是：

①幅值——信号最高电压；

②频率——信号的循环时间；

③形状——信号的外形；

④脉宽——信号的占空比或所占时间；

⑤阵列——信号的重复特性（例如：同步脉冲或串行数据）。

汽车示波器可以显示出所有电子信号的这五种判定尺度，通过分析这五种参数，就能够判定这个电子信号的波形是否正常，进一步检查出电路中的传感器、执行器以及电路和控制计算机等各部分的故障，也可以进行修理后的结果分析。故障电路从损坏状态到被修复状态在汽车示波器上显示的波形几乎总是在它的五种测量尺度上发生剧烈的变化。这就是要用汽车示波器对汽车电气设备修理结果进行验证的重要原因。图 6.5 所示为汽车示波器的实际应用。

**图 6.5　汽车示波器的实际应用**

### 3. 汽车示波器的使用操作

①测试点火高压线时，必须使用专用的电容探头，不能将示波器探头直接接入点火次级电路。

②使用汽车示波器时，注意远离热源，例如排气管、催化器等，温度过高会损坏仪器。

③汽车示波器在测试时要注意测试线尽量离开风扇叶片、皮带等转动部件。

④测试时确认发动机盖的液压支撑是好的，防止发动机盖自动下降时伤及头部或损坏汽车示波器。

⑤路试中不要将汽车示波器放在仪表台上方，最好是拿在手中测试。

### 4. 信号频率和时基选择

时基/频率表的用途是根据信号频率来选择时基或判断显示波形的频率。

时基/频率表的使用方法：可以通过计算机屏幕显示波形的循环次数（1 ~ 5）的方法用汽车示波器去判定信号频率，表内左侧第一列为确定的频率数，其他列为当前时基数。

(1) 设置项目

为了显示一个波形，必要时就对示波器做如下设定：

①压比例；

②基；

③触发电平（也可以将触发模式置于“自动”挡）；

④耦合方式（如 AC 交流、DC 直流或 GND 接地）。

a. 直流（DC）耦合方式。

b. 交流（AC）耦合方式：此方式能过滤信号中的直流部分，只显示交流分量，常用于两线变磁阻磁电式传感器信号的波形观察，以及信号中的噪声和发电机漪涟电压（二极管）或其他较少的例子中的观察。

c. 接地（GND）方式：此方式用于判定接地位置或 0 V 电压水平或显示示波器 0 V 电压参考点。

(2) 设置要领

①当用自动设置功能（AUTORANGE）能够看清楚显示的波形时，可以用手动设置（MANUAL）来进一步微调。

②如果显示屏上仍不能看清晰波形，可以根据推断假设电压比例和触发电平，暂且先不设定时基。

③用数字式万用表测量信号电压，并根据测出的电压来设置“电压”挡比例。

④将触发电平设定在信号电压的一半以上，在设定电压比例和触发电平后，唯一未设定的就是时基了。

⑤这时手动设定时基，大多数信号应为 0.001 ~1 s。

⑥时基/频率表可以用来帮助选择时基。首先用汽车示波器上的游动光标测量信号频率，然后确定所希望的显示波形的循环次数（个数），再从表中找到信号频率与循环次数（个数）的交点，这就是要确定的时基数。

(3) 当无法捕捉到波形时的确认情形

①触发模式是否在“自动（AUTO）”模式下。如果在“自动”模式下，则汽车示波器有可能不触发。

②汽车示波器的屏幕显示是否处在冻结（HOLD）状态。如果屏幕已被冻结，则按一下“解除”键。

③信号是否真的存在。可以用万用表先检查电压，如果确信信号是存在的，但用汽车示波器和万用表不能够捕捉到，则检查测试线和接柱的连接情况。

④耦合方式是否在“接地（GND）”模式。如果在“接地”模式，则任何信号都无法进入。

⑤触发源是否定义在所选择的通道上。

**5. 示波器用语**

(1) 触发电平

示波器显示时的起始电压值。

（2）触发源

示波器的触发通道，有通道 CH1、通道 CH2 和外触发通道 EXT。

（3）触发沿

示波器显示时的波形上升或下降沿。

（4）电压比例

每格垂直高度代表的电压值。

（5）时基

每格水平长度代表的时间值。

（6）直流耦合

测量交流和直流信号。

（7）交流耦合

只允许信号的交流成分通过它，滤掉了直流成分（电容用来过滤直流电压）。

（8）接地耦合

确认示波器显示的 0 V 电压位置。

（9）自动触发

如果没有手动设定，示波器就自动触发并显示信号波形。

### 6.3.4 发动机综合分析仪

**1. 发动机综合分析仪简介**

发动机综合分析仪是通过传感器采集信号，经前端预处理器处理后，输入计算机进行处理，以不同的形式输出，可以直观、方便地对发动机进行故障检测、分析与诊断的仪器，如图 6.6 所示。它还可以和检测线主机以不同方式进行数据通信交换信息，以便对车辆及用户信息和检测数据进行集中监控与管理。

**图 6.6　发动机综合分析仪**

**2. 发动机综合分析仪的组成**

发动机综合性能检测装置由信号提取系统、信息预处理系统及监控显示系统三大部分组成。

（1）信号提取系统

信号提取系统的任务在于拾取汽车被测点的参数值，鉴于被测点的机械结构和参数性质不同，信号提取装置必须具有多种形式以适应不同的测试部位。

对于电控燃油喷射（EFI）发动机，因计算机计算喷油脉宽和自动控制过程的需要，各非电量已被植入各系统的传感器直接转换成电量，它们的提取可用件 9 通过不同的转接头来完成，但为了不中断计算机的控制功能，必须通过 T 形接头来提取信号。

（2）信号预处理系统

信号预处理系统也称前端处理器，俗称“黑盒子”，是电控燃油喷射系统检测的关键部件，其作用相当于多路测试系统中的多功能二次仪的集合，可将发动机的所有传感器信号经衰减、滤波、放大、整形，并将所有脉冲和数字信号直接输入 CPU 的高速输入端（HSI），也可经 $f-v$ 转换后变为 0 ~5 V 或 0 ~10 V 的直流模拟信号送入高速瞬变信号集卡。

(3) 监控与显示系统

柜式发动机综合性能分析仪大多用14英寸(即355.6 mm)彩色CRT显示器，手提便携式则用小型液晶显示器，现代发动机综合性能分析仪都能显示操作菜单，实时显示当前动态参数和波形，十字光标可显示曲线上任何一点的数值，同时也可显示极限参数的数值，并配以色棒显示以示醒目，用户可任意设定显示范围和图形比例。

**3. 发动机综合分析仪的功能**

(1) 汽车万用表功能

该功能主要应用于汽柴油机的电路检测。

(2) 汽车示波器功能

该功能主要应用于目前电子控制燃油喷射车型的各种传感器以及执行器和点火波形的测量。该示波器为双通道，具有波形存储、记忆、回放功能。

(3) 发动机进气歧管真空度的检测

通过该项目的检测可以知道发动机在不同转速下真空度的数值大小所反映的发动机的工作情况。

(4) 发动机的温度性能检测

发动机的温度性能检测包括冷却液、机油、变速箱油温度的检测等。

(5) 汽柴油机的起动系统测量

汽柴油机的起动系统测量包括起动电压、起动电流、绝对缸压、相对缸压、电瓶压降、起动转速、起动电压波形、电流波形、缸压波形。

(6) 燃油机点火系统测量

燃油机点火系统测量包括点火线圈初级波形测试、点火线圈次级波形测试、缸压法点火提前角测试、单缸动力性能测试。

**4. 发动机综合分析仪的检测**

开机后进入标准测试页面，在相应按钮上单击鼠标，将进入下级测试页面，直到要测试或设置的页面以后，按照提示与汽车连接好线路，进行测试操作。

(1) 点火提前角的测定

点火提前角测试功能通过1缸信号驱动点火正时枪测试，利用正时枪读取(基本点火提前角)，电喷车工作时点火时间是在不断变化的，利用这种方式需要固定点火时间后(不同车型方法不同)，利用正时枪读取曲轴皮带轮上的角度。在“燃油机检测”菜单中选择“点火提前角”图标，然后起动发动机。从分析仪前端处理器挂架上取下正时灯，按动点火正时枪选择开关，选择“检测点火提前角”功能，将点火正时枪对准所测发动机曲轴皮带轮上的检测标记，通过调整点火正时调整旋钮，使频闪光线与皮带轮上的指示标记对准；这时通过点火正时枪屏幕读出发动机实际点火提前角。

(2) 动力平衡

动力平衡又称各缸工作均匀性判断，它是指当发动机以某一转速运行时，其指示功率与该转速下的本身功率平衡，当停止其中一个缸的工作时，总指示功率下降，以寻求新的平衡点；如果发动机各缸工作能力均衡，则各缸轮换停止工作时转速下降的幅度应基本相同，反之将产生差异。

一般情况下，发动机的气缸数越多，因单缸指示功率占总指示功率的比率小，加之缸多则工作均匀性良好，所以单缸熄火后转速下降较小。也就是说，气缸数越多，用断缸法判断各缸工作性能的难度就越大，仪器测试的误差也就越大，这一点使用者应倍加关注。

动力平衡的检测要点：只能检测常规点火车型；通过逐缸断火进行检测；测试此功能必须连接1缸信号拾取器、初级信号拾取器、电瓶电压拾取器；此功能不能长时间反复测试，对车的损坏较大。在测试前，需将1缸信号拾取器夹在1缸高压线上，初级信号拾取器夹在点火线圈上（红正黑负）。请参照次级信号相关部分。

在“燃油机检测”菜单中用鼠标左键单击“动力平衡”图标，即进入动力平衡测试状态。

用鼠标左键单击“测试”图标，需要手动将各个缸依次断火，系统会自动测定在各缸不做功时的转速降，依次显示。在测试过程中，“测试”图标变成“停止”图标，用鼠标单击“停止”图标可终止测试。界面以柱形图显示各缸断缸前后的情况，上面的数字是断缸前的转速，中间的是断缸后的转速，下面给出了转速下降的百分比，转速降越大，说明该缸工作性能越好。

（3）进行单缸动力性检测时，断火后下降转速越多，说明该缸动力性越好

发动机的气缸数越多，则单缸指示功率占总指示功率的比率越小，加之缸多且工作均匀良好，所以单缸断火后转速下降较小。对于四缸发动机，单缸断火后，转速下降144～168 r/min或更高，为正常；对于六缸发动机，单缸断火后，转速下降9～109 r/min或更高，为正常。

### 6.3.5 汽车尾气分析仪

#### 1. 汽车尾气分析仪的原理

汽车尾气分析仪最常用的测试原理主要有：不分光红外线分析原理（NDIR）、电化学原理；此外，还有氢火焰离子化法（FID）、化学发光法（CLD）、磁气压力法等。根据不同的原理，就相应有不同结构的检测器（通常称仪器的传感器），分别适合测试不同类别的气体成分。不分光红外吸收法仪器结构简单，寿命长，测量精度高，反应速度快，运行费用低，操作简便，可用于分析测试CO（一氧化碳）、$CO_2$（二氧化碳）、HC（碳氢化合物），NO（氮氧化物）等气体的浓度，因而被广泛用于汽车排放污染物浓度的分析。即特定气体分子（含原子）有特定的波长，可以吸收红外线，并且在恒定条件下其吸收量与气体的浓度成正比。因此，检测器输出电信号，经数据处理后由液晶屏显示部分（如液晶屏）显示出来或将信号输出供后续处理。电化学法可用于测量$O_2$、NO、$SO_2$等，检测器是电化学式的，属消耗性的，寿命多为两年以内。此类检测器结构小巧简单，价格低廉，易于更换，但美中不足的是其寿命短。当有气体通过时，汽车尾气分析仪会输出与气体浓度成良好线性的电压、电流信号，通过一定的电路处理输送给显示器。

#### 2. 汽车尾气分析仪的组成与结构

（1）汽车尾气分析仪的组成

如图6.7所示，仪器主要由仪器主机、嵌入式微型打印机（选购件）、取样管、前置过滤器、短导管、取样探头等组成。

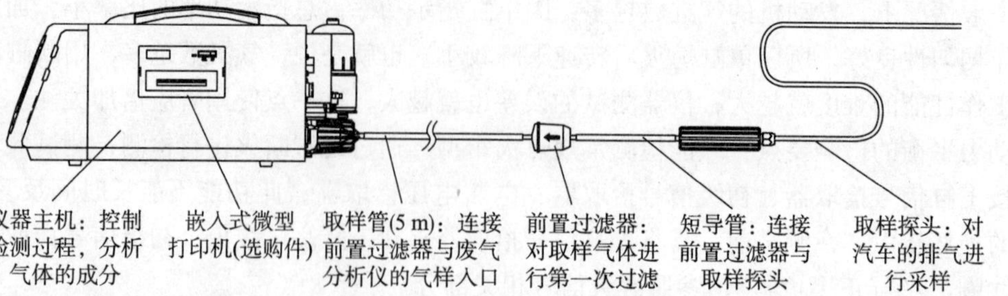


**图 6.7　汽车尾气分析仪的组成**

（2）汽车尾气分析仪的结构

汽车尾气分析仪前面板的结构如图 6. 8 所示。前面板各部分的名称和功用如下：

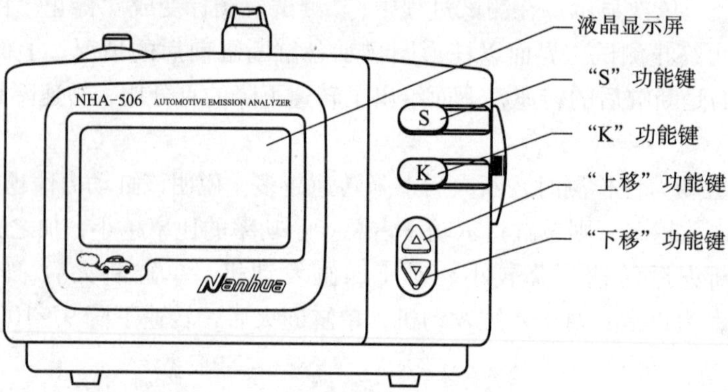


**图 6. 8　汽车尾气分析仪前面板的结构**

液晶显示屏：显示操作菜单和测量数据。

"S"功能键：对应仪器显示屏下部相应的功能菜单，执行菜单相应的操作。

"K"功能键：对应仪器显示屏下部相应的功能菜单，执行菜单相应的操作。

"△"功能键：上移液晶显示屏上的光标，选择所需的项目；对应仪器显示屏下部相应的功能菜单，执行菜单相应的操作。

"▽"功能键：下移液晶显示屏上的光标，选择所需的项目；对应仪器显示屏下部相应的功能菜单，执行菜单相应的操作。

（3）汽车尾气分析仪的操作步骤

①安装。首先将连接短管一端与取样探头的末端连接，另一端与附件中前置过滤器的入口相连。然后将取样管一端与前置过滤器的出口相连，另一端与仪器的样气入口连接。检查各连接处，确认连接牢靠，无泄漏。

②检查前置过滤器。确认前置过滤器干燥，水过滤器里已装入洁净的滤芯。

③检查电源。电源线应接在仪器标明电压的范围内，请不要将仪器放置在潮湿的地面上；避免放在有显著干扰的场所附近；避免与有干扰的仪器公用插座，电源插座应有接地端子。检查完毕后将电源插到 220 V 交流电源的插座上，接通仪器的电源开关预热仪器，仪器液晶显示屏下部将出现提示，预热时间为 30 min 或者 10 min。

④操作过程如下：

a. 取出一只前置过滤器，其进气的一端与长取样管连接，另一端与短取样管连接。长管的另一端接到取样探头的尾端；短管的另一端接到仪器的样气入口，并用压紧螺母上紧。

b. 确认前置过滤器、分水过滤器、粉尘过滤器及二次过滤器里已分别装入洁净的滤芯和滤纸。

c. 接通电源预热 10 min 后，仪器自动调好零位，即可进行工作。

d. 在对仪器的 CO 分析部分进行校准时，其标准气容器上所标示的 CO 气体浓度值就是其校准值。

e. 在对仪器的 HC 分析部分进行校准时，应将标准气容器上所标示的气体浓度值和仪器铭牌上所标示的换算系数相乘得到的正己烷换算浓度作为仪器 HC 分析部分的校准值来使用，并将此校准值记录在标准气容器上，便于使用。

f. 当操作人员认为有必要时，按“调零”键，仪器将立即调整一次零位。

g. 在汽车处于怠速工况下进行测量时，按“测量”键，将探头插入汽车排气管内，深度不少于 40 cm。仪器将指示出被测气体的浓度值。测量结束后，请将探头拔出。

h. 关断电源前，应让气泵保持工作，让仪器通入洁净空气约 10 min。

⑤氧通道调零。仪器进行校准前，应先按自动调零功能进行校准，进行零位调整。在主菜单界面下按“S”键使用光标移到“校准”命令，然后按“K”键进入“校准”子菜单，按“上、下”键，使光标位于项目“$O_2$零位校准”，再按“K”键，进入“$O_2$标准气浓度设定值”修改界面。按“S 键”移动光标到“校准”项后，按“K”键，进入“$O_2$等待校准所示”界面，显示屏上将出现提示，依据屏幕上的提示将不含 $O_2$ 的标准气用软管连接到仪器的校准气入口，打开标准气瓶上的阀门以及调压器上的阀门，调节其输出压力为 0.02 MPa（通气状态下）。直到 $O_2$ 的显示值不变，然后按“S”键，使光标移到“确认”上，再按“K”键进行“$O_2$零位校准”标准。不需要校准时，可以按“S”键使光标移到“退出”项，然后按“K”键，仪器自动返回到校准子菜单上。

⑥保养和维护。

⑦更换过滤器的过滤组件。当仪器的取样系统被汽车排气中的粉尘、油污等污染物堵塞，导致取样系统的流量大大下降时，显示屏右下角的流量标尺将会低于 2 格，同时流量标尺下方“流量”二字也会出现闪烁，此时，应关断仪器电源，检查并清洗取样探头、取样管、短导管，更换前置过滤器、水过滤器的滤芯，阻塞排除后，仪器可正常使用。

⑧更换前置过滤器。将取样导管和短导管从失效的前置过滤器取出，从仪器的附件中取出新的前置过滤器，按外壳标识的气流方向箭头连接取样管的短导管，即取样管与前置过滤器的大端连接，短导管与小导管连接。

⑨更换水过滤器的滤芯。逆时针方向拧水过滤器的透明罩，卸下滤芯上、下压盖，将失效的圆筒滤芯换下。

### 6.3.6 实操训练

**1. 训练内容**

练习使用解码器、发动机综合分析仪、汽车万用表、示波器和尾气分析仪。

**2. 设备、工具**

解码器、发动机综合分析仪、汽车万用表、示波器、尾气分析仪、发动机电控系统故障

诊断台架若干台。(根据学生数量，分组进行讲解和熟悉)

**3. 实践与考核**

①实操报告：基本知识点和基本内容，包括如何使用解码器、发动机综合分析仪、汽车万用表、示波器和尾气分析仪，要求写出正确操作步骤以及各自适用范围。

②考核标准（可采取教师考核或者学生互评的原则）：

| 序号 | 考核内容 | 分数 | 评分标准 | 得分 | 具体原因 |
| --- | --- | --- | --- | --- | --- |
| 1 | 使用解码器 | 15 | 操作不准确每次扣5分 | | |
| 2 | 使用发动机综合分析仪 | 15 | 操作不准确每次扣5分 | | |
| 3 | 使用汽车万用表 | 15 | 操作不准确每次扣5分 | | |
| 4 | 使用示波器 | 15 | 操作不准确每次扣5分 | | |
| 5 | 使用尾气分析仪 | 15 | 操作不准确每次扣5分 | | |
| 6 | 安全用电，规范操作 | 10 | 违规操作扣10分 | | |
| 7 | 团队合作，讨论交流 | 10 | 依据现场情况而定 | | |
| 8 | 场地打扫，工件摆放 | 5 | 依据现场情况而定 | | |
| | 总分 | 100 | | | |
| | 教师签字 | | | 年 月 日 | |

## 任务6.4 电控发动机常见故障

| 任务名称 | 电控发动机常见故障 |
| --- | --- |
| 教学目标 | 掌握电控发动机常见故障的诊断机理；<br>理解电控发动机常见故障的诊断方法 |
| 教学重点 | 电控发动机常见故障的诊断方法 |
| 教学说明 | 本任务采用2节实践课进行，通过设定典型故障，在教师指导下进行故障分析，排除相关故障 |
| 自我评价 | 优秀　良好　中等　及格　不及格 |

电控发动机在汽车中应用已经比较普遍，电控发动机效率高、节约燃料、噪声小，但由于其系统工作原理比较复杂，一旦发生故障，维修处理很麻烦。本部分针对汽车电控发动机的无法起动故障、发动机油耗偏高故障、发动机怠速不良故障、发动机排放超标故障、加速不良故障的现象、原因和故障维修方式展开分析，有助于学生学习汽车电控发动机常见故障

的维修和处理。

### 6.4.1 电控发动机无法起动故障检修

#### 1. 无着车征兆，无法起动发动机

（1）故障现象

接通起动开关时，起动机能带动发电机正常运转，但不能起动发动机，且无着车征兆。

（2）故障原因

油箱中无油、熔丝熔断、起动时节气门全开、电动燃油泵不工作、喷油器不工作、油路压力过低、点火系统故障、无高压火正时与标准相差大、正时皮带过松或断裂、发生跳齿故障、发动机气缸压缩压力过低、三元催化转换器堵塞、计算机或发动机搭铁不良、曲轴或凸轮轴位置传感器故障、防盗系统故障。

（3）故障诊断与排除

电控燃油喷射式发动机在设计上具有很好的起动性能。一般故障通常不能导致发动机不能起动。如果出现发动机不能起动且无着车征兆的故障，那么其原因一定是发动机的点火系统、燃油系统、控制系统或机械系统四者之中的一个或一个以上完全丧失了功能。因此，发动机不能起动的故障诊断与排除应重点集中在上述四个系统中。

①检查油箱的存油情况并打开点火开关，若燃油表指针不动或油量警告灯点亮，则说明油箱内无油，应加足燃油后再起动。采用正确的起动操作方法，通常电控燃油喷射式发动机控制系统要求起动时不踩加速踏板。如果在起动时将加速踏板完全踩下或反复踩加速踏板以求增加油量，则往往会使控制系统的溢油消除功能起作用，从而导致喷油器不喷油或少喷油，造成发动机不能起动。

②检查点火系统。正确检查无高压火的方法，从分电器上拔下高压总线让高压总线末端距离缸体 7 ~ 10 mm 或从缸盖上拔下高压分线。将一个火花塞接在高压分缸线上，将火花塞接地。接通起动开关用起动机带动发电机运转，同时观察高压总线末端或火花塞电极处有无强烈的蓝色火花。如果没有火花或火花很弱，则说明点火系统有故障。

③读故障码时若有故障码，则可按显示的故障码查找故障部位。若无故障码，则分别检查点火系统的高压线、分电器盖高压线圈各缸火花塞、点火器、分电器、曲轴位置传感器及点火控制系统计算机。易损部件为点火器，应重点检查。

④检查分电器轴正时皮带断裂或轮齿滑脱。拆正时带罩摇转曲轴，同时检查分电器轴有无转动。若分电器轴不转动，则说明正时带断裂或轮齿滑脱，应拆检正时机构和气门机构找导致正时皮带断裂的原因；排除故障后，再更换新的正时皮带。

⑤检查电动燃油泵工作是否正常。如果电动燃油泵不工作，应检查熔丝、继电器以及电动燃油泵控制电路等。如果电路正常，则说明电动燃油泵有故障，应更换。

⑥检查点火正时。如果点火提前角与标准相差太大，则也会出现起动时毫无起动征兆的故障现象。

⑦检查喷油器是否喷油。

⑧检查喷油器控制电路。

⑨检查燃油系统压力。

⑩检查气缸压缩压力。

若上述检查均正常，则应检查气缸压缩压力。若气缸压缩压力低于0.8 MPa，则说明发动机机械部分有故障，应拆检发动机。

**2. 有着车征兆，但不能起动发动机**

（1）故障现象

起动发动机时，起动机能带动发电机正常运转，有轻微着车征兆，但不能起动发动机。

（2）故障原因

故障原因有进气漏气、点火提前角不正确、高压火太弱、冷起动喷油器不工作、电动燃油泵油压调节器工作不良、燃油滤芯器堵塞导致燃油压力太低、冷却液温度传感器有故障、空气滤芯器堵塞、空气流量传感器有故障、进气歧管压力传感器有故障或真空管脱落、喷油器裸露或堵塞、喷油控制系统有故障、排气管堵塞、发动机气缸压力低。

（3）故障诊断与排除

有着车征兆而不能起动，说明点火系统、燃油系统和控制系统虽然工作失常，但并没有完全丧失功能。这种不能起动故障的原因不外乎是高压火花太弱、点火正时不正确、混合气太稀、混合气太浓、气缸压力太低等。一般应先检查点火系统，然后再检查进气系统、燃油控制系统，之后检查排气管是否堵塞，最后检查发动机气缸压力。

先进行故障自诊断，检查有无故障码。会影响发动机起动性能的部件有CKP、CMP、THW、MAF/MAP。当空气流量传感器信号或进气歧管绝对压力传感器信号出现错误时，有可能引起发动机在起动后瞬间不能平稳运转而导致起动失败。看起来就像有起动征兆，但不能起动。而发动机计算机判断MAF/MAP传感器失效而记忆故障码时，一般均会起用故障失效保护功能或备用系统，这时发动机一般都能起动。

①检查高压火花。

②检查空气滤清器。如果滤芯堵塞，可拆掉滤芯后再起动发动机。如果此时发动机正常起动，则应更换滤芯。

③检查进气系统有无漏气。对采用空气流量传感器测量进气量的电控系统，在空气流量传感器之后的进气管管道有漏气就会影响进气量测量的准确性，从而使混合气变稀。严重的漏气会导致发动机不能起动。检查部件进气软管有无破裂、各处接头卡箍有无松脱、谐振腔有无破裂、曲轴箱强制通风软管是否接好。此外，EVAP系统和EGR系统出现故障也会影响起动系统。

④检查火花塞电极间隙。火花塞正常间隙一般为0.8 mm，电子点火为1.2 mm。观察火花塞表面只有少量的燃油，则说明喷油器油量太少。此时检查起动时油泵是否工作。

⑤检查喷油器。如果火花塞表面有大量潮湿的燃油，则说明喷油器油量太多，此时应检查喷油器。

⑥检查喷油量。喷油量太大或太小也可能是由空气流量计或冷却水温传感器所致。

⑦检查气缸压力是否正常。调整点火正时，如果点火器提前角调大或调小后发动机就能起动，则说明点火正时不正确，应将点火正时调整准确。

### 6.4.2 怠速异常

**1. 发动机怠速过低**

(1) 故障现象

发动机起动正常，但无论冷车或热车，怠速过低，发动机易熄火 。

(2) 故障原因

怠速控制阀或旁通气道阀工作不良；怠速空气通道堵塞；空气流量传感器、进气压力传感器、节气门位置传感器、氧传感器信号不正确；供油压力过低；喷油器工作不良；空气供给装置漏气；废气再循环装置工作不良；点火系统工作不良；气缸压力过低。

(3) 故障诊断与排除

参照图 6.9 所示的故障诊断流程图先进行自诊断，检查有无故障码的出现。如有故障码，则应按所显示的故障码查出原因。提示：若故障码涉及氧传感器，则应在发动机运转数分钟后，再读取故障码。

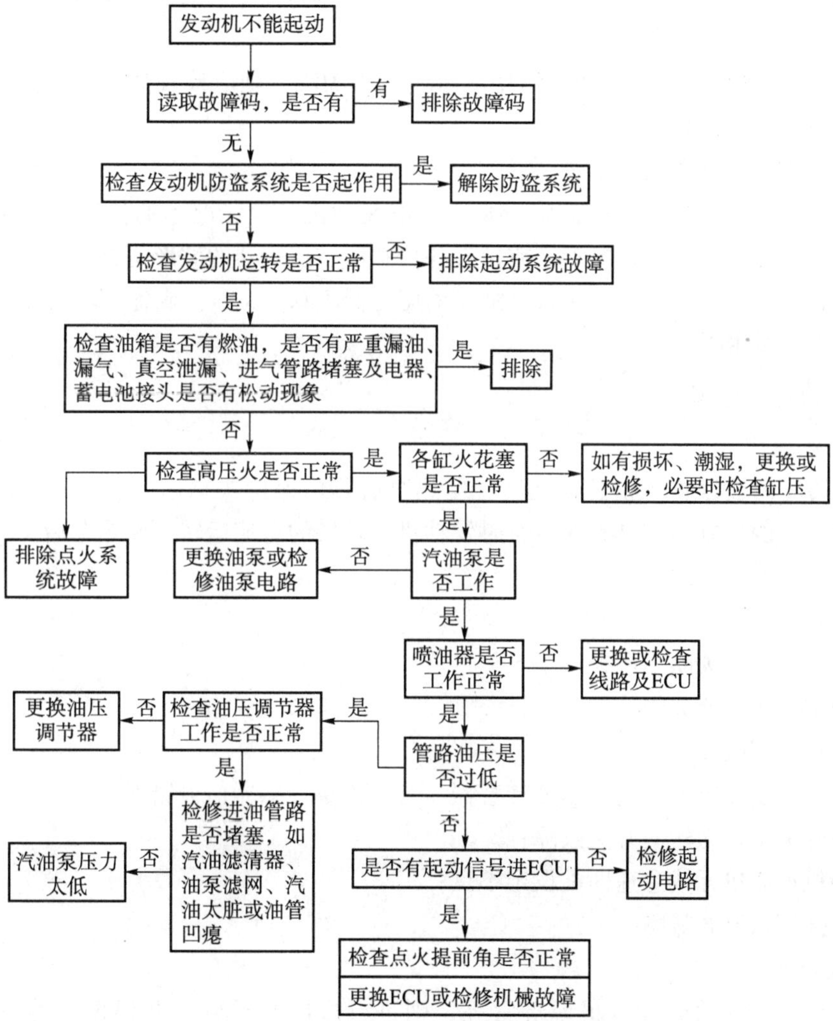


**图 6.9　发动机不能起动故障诊断流程图**

①没有故障码，则应检查进气系统各管接头、各真空软管、废气再循环装置和燃油蒸气排放装置是否漏气。

②检查怠速控制阀的工作是否良好。拔下怠速控制阀的接线插头，如果发动机怠速转速没有变化，则说明怠速控制阀或控制电路有故障，应检修电路或更换怠速控制阀。

③逐个拔下各缸高压线，检查发动机转速下降程度是否相等。当拔下某缸高压线时，发动机转速基本不变，说明该缸工作不良或不工作，应该检查该缸火花塞或喷油器是否工作。提示：火花塞电极烧蚀过甚或积炭、电极间隙过大或过小、绝缘体破裂漏电、喷油器堵塞、电磁线圈断路、喷油器控制电路断路、密封圈破裂漏气等均造成发动机某一缸不工作。

④仔细听各缸喷油器在怠速时的工作声音。如果各缸喷油器工作声音不均匀，说明各缸喷油器喷油不均匀，应拆检、清洗或更换喷油器。提示：喷油器雾化不良、喷油量不均匀等均能造成发动机某缸工作不良。

⑤逐个拔下各缸高压线时，若发动机转速的下降量基本相等，但下降值过小，则应检查点火高压与点火能量、燃油压力等。

⑥若点火高压或点火能量低，则应检查点火线圈是否短路；控制电路连接处是否松动；分电器盖、分火头是否漏电等。

⑦检查燃油压力。若怠速时的燃油压力低于 250 MPa，则应检查油压调节器、电动燃油泵、燃油滤清器等工作是否正常。

⑧按规定程序调整发动机怠速。

⑨以上的检查若均不能排除故障，则应读取发动机怠速工况下的传感器、执行器的数据。检查其工作参数是否符合要求，或检查各传感器、执行器的波形是否符合要求。

⑩检查各缸的气缸压缩压力。若气缸压缩压力低于 0.8 MPa，或各缸压力差低于平均压力的 10%，则应拆检发动机。

**2. 发动机怠速过高**

(1) 故障现象

发动机冷车时能以正常快怠速运转，但热车后若仍保持快怠速，会导致怠速过高。提示：电喷发动机的控制系统具有在冷车时发动机以较快的怠速运转，而热车后又能恢复正常的怠速转速的功能。

(2) 故障原因

①节气门卡滞，关闭不严；

②附加空气阀不能关闭；

③怠速控制阀故障；

④冷却液温度传感器、进气温度传感器、空气流量传感器信号错误；

⑤空调开关、动力转向开关故障；

⑥发动机控制单元或怠速匹配设定不良；

⑦曲轴强制通风阀故障。

(3) 故障诊断

①起动后，若发动机故障报警灯常亮，则进行故障自诊断，并根据故障码查找故障原因。

②若发动机故障报警灯不亮，则应检查怠速时节气门是否全闭。将节气门摇臂朝关闭方向扳动，如果发动机转速能下降至正常转速，则说明节气门关闭不严，应检查节气门拉索有无卡滞、节气门轴有无卡滞。若拉索卡滞，应更换拉索；若节气门轴卡滞，则应拆卸、清洗节气门体。

③按程序重新匹配、调整怠速。若调整无效，则应做进一步的检查。提示：进气系统应包括：进气软管、附加空气阀、废气再循环装置等。

④检查进气系统有无漏气部位。

⑤检查冷却液温度传感器、进气温度传感器工作是否良好。若拔下冷却液温度传感器线束插头后，发动机怠速恢复正常，则说明冷却液温度传感器有故障。应读取该传感器的数据，并与标准值比较。若传感器输出的数据与标准值不符，应检查控制电路或拆检传感器。

提示：在拔下冷却液温度传感器插头后，“CHECK ENGINE”（检查发动机）报警灯会亮起，此时 ECU 的失效保护功能起作用，自动将冷却液温度设定为 80 ℃。重新插上冷却液温度传感器线束插头后，ECU 内部仍会留下表示冷却液温度传感器的故障码。对此，应及时清除故障码。

⑥在打开空调开关或转动方向盘时，如果发动机转速没变化，则说明怠速自动控制系统有故障，应检查空调开关、动力转向器的压力开关及自动控制电路。

⑦检查怠速控制阀功能。发动机熄火后拔下怠速控制阀的线束插头，待起动后再插上。如果发动机转速随之变化，则说明怠速控制阀工作正常；否则，应检查控制线路或更换怠速控制阀。

⑧若怠速控制阀的性能良好，则应检查燃油系统的油压是否正常、喷油器的喷油量是否过多、喷油器是否漏油等。

**3. 发动机怠速不稳**

（1）故障现象

发动机怠速运转时抖动且转速忽高忽低。

（2）故障原因

①混合气过稀或过浓；

②燃烧不完全；

③点火电压低、能量小；

④燃油压力低；

⑤喷油器雾化不良；

⑥各缸喷油量不均匀；

⑦传感器信号不正确；

⑧燃油系统油压过低；

⑨喷油器不喷油、雾化不良，各缸喷油器喷油量不均匀；

⑩传感器信号不正确，造成发动机 ECU 控制喷油信号与实际工况不符；

⑪废气排放控制系统工作不正常，造成发动机怠速工况时 EGR 阀漏气；

⑫怠速控制阀故障；

⑬发动机真空软管漏气；

⑭点火正时失准；

⑮点火系统故障。

（3）故障诊断

首先，进行故障自诊断。若有故障码存在，应根据故障码查找故障原因和部位。

重新设定怠速匹配，检查发动机各缸的工作情况。如果有个别缸工作不良，应检查该缸的点火状况及喷油器的喷雾质量、喷油量等。

在发动机各缸工作正常的情况下，应检查怠速控制阀及怠速空气旁通气道是否通畅，若不畅通，则应检查怠速控制阀，清洗怠速空气旁通气道。

在怠速控制阀及怠速旁通气道畅通的情况下，检测氧传感器信号及废气成分：如果混合气过稀，那么应检查燃油系统油压是否过低，真空软管是否漏气，EGR 阀是否常开，检测冷却液温度传感器、空气流量传感器、节气门位置传感器等信号是否正常；如果混合气过浓，那么应检查燃油系统油压是否过高，活性炭罐控制阀是否常开，检测冷却液温度传感器、空气流量传感器、节气门位置传感器等信号是否正常；如果混合气正常，那么应检查点火正时是否准确。

如果点火正时不准确，那么应该调整；如果点火正时准确，那么应检测发动机支架与缓冲橡皮等是否牢固。

**4. 冷车时怠速不稳，热车后正常**

（1）故障现象

发动机冷车运转时怠速不稳，易熄火，但热车后怠速运转正常。

（2）故障原因

①冷车怠速控制阀没有开启或开度过小；

②发动机冷车时怠速控制阀故障；

③冷却液温度传感器故障，使发动机 ECU 没有按冷车时的发动机温度增加怠速转速并加浓混合气，导致怠速不稳；

提示：发动机冷却液温度传感器信号是发动机 ECU 决定怠速转速的重要信号，如果冷却液温度传感器的信号和实际冷却液温度不符，会使发动机 ECU 的怠速控制失常。若发动机 ECU 得到的冷却液温度高于实际冷却液温度，则会出现怠速过低。

④喷油器雾化不良或部分堵塞，使冷却怠速工况下混合气的质量变差或喷油量过少，导致混合气过稀，造成怠速不稳。

（3）故障诊断

进行故障自诊断，检查有无故障码。若有故障码，则按显示的故障码查找故障原因。

提示：影响冷车怠速过低现象的传感器有冷却液温度传感器、进气温度传感器。

①检查怠速控制阀。拆下怠速控制阀，检查在冷车状态下怠速控制阀是否开启。如果有异常，应予以更换。

提示：在室温状态下检查怠速控制阀时，若室温低于 10 ℃，则怠速控制阀应处于半开状态；若室温为 20 ℃，则怠速控制阀应处于微开状态。

②检查怠速控制阀的工作状况。就车检查怠速控制阀的工作状况是否良好。其方法是：

对于脉冲电磁阀式怠速控制阀，可在发动机怠速运转过程中拔下怠速控制阀的线束插头。此时，发动机怠速若有变化，则说明怠速控制阀工作正常。对于步进电机式怠速控制阀，可检查发动机熄火后的一瞬间，怠速控制阀有无发出“嗡嗡”的工作声音，若有“嗡嗡”声，则说明怠速控制阀良好。也可以拔下怠速控制阀的线束插头，待发动机起动后再插上。如果此时发动机转速有变化，说明怠速控制阀工作正常。

（4）测量冷却液温度传感器

如有短路、断路或阻值不符合要求的情况，应更换冷却液温度传感器。如果没有被测车辆冷却液温度传感器的检测标准数据，也可拔下冷却液温度传感器线束插头，用一个4 ~ 8 kΩ的电阻代替冷却液温度传感器；如果发动机怠速恢复正常，则说明冷却液温度传感器已损坏，应更换。

（5）拆检清洗喷油器

喷油器堵塞或喷油器雾化不良，也会造成在冷车时怠速运转不稳而热车后又恢复正常的怠速故障，可拆检清洗喷油器。

**5. 冷车时怠速正常，热车后怠速不稳**

（1）故障现象

发动机冷车时怠速运转正常，热车后怠速不稳，怠速过低或熄火。

（2）故障原因

①怠速调整过低；

②怠速控制阀故障；

③火花塞或喷油器工作不良。

（3）故障诊断

进行故障自诊断，检查有无故障码。若有故障码，则按故障码指示内容查找故障原因。

①按规定程序检查发动机的初始怠速。若怠速过低，应进行调整。

②检查冷却液温度传感器。如果拔下冷却液温度传感器的线束插头后，故障消除，则说明冷却液温度传感器有故障，应更换。或者测量冷却液温度传感器的阻值，若不符合标准，则应更换冷却液温度传感器。

③检查怠速控制阀是否损坏。拔下怠速控制阀线束插头，若发动机转速无变化，则说明怠速控制阀工作不良，应检查其控制电路或更换怠速控制阀。

④拆下火花塞，检查火花塞的电极是否良好，有无磨损或积炭，调整火花塞间隙或更换火花塞。

⑤拆下各喷油器，用试验台检验各喷油器的工作情况。若喷油器雾化不良或喷油量不均，特别是在怠速时喷油量不均匀，则应清洗或更换喷油器。

### 6.4.3 电控发动机加速不良故障检修

**1. 故障现象**

①发动机无负荷运转时基本正常，但加速缓慢，上坡无力，加速踏板踩到底时仍感觉到动力不足，转速不能提高，达不到最高车速。

②踩下加速踏板后发动机加速迟缓，加速过程中发动机有轻微的抖动。

提示：当踩下加速踏板时，节气门开度增大，进气量增加，发动机 ECU 根据进气量和节气门位置传感器信号和信号变化频率来修正增加喷油量。如果踩下加速踏板，进气量增加少，修正喷油量增加也少，或喷油器喷油量增加迟缓或增加量少，则加速迟缓；如果踩下加速踏板，进气量增加，但由于传感器信号出错，喷油量不增加或增加量少，或点火能量小，就会使发动机转速下降。

**2. 故障原因**

提示：发动机动力不足通常是由于混合气过浓、过稀，点火系统工作不正常，机械系统故障引起的。

（1）空气供给系统的故障

①空气滤清器过脏；

②进气系统漏气；

③排气管堵塞；

④节气门调整不当，不能全开；

⑤空气流量传感器故障。

（2）燃油供给系统的故障

①燃油压力调节器调节压力过低；

②燃油滤清器过脏；

③电动燃油泵工作不良；

④喷油器雾化不良或喷油器堵塞。

（3）点火系统的故障

①点火控制器不良；

②点火正时失准；

③高压火花太弱。

（4）发动机 ECU 控制电路故障

①节气门位置传感器工作不良；

②冷却液温度传感器工作不良；

③曲轴位置传感器工作不良。

（5）机械故障

气门封闭性变差、活塞环漏气、气缸垫漏气及配气相位失准等会导致缸压过低。

**3. 故障诊断**

①进行故障自诊断。根据诊断情况进行操作。

提示：空气流量传感器、冷却液温度传感器等故障都会影响车的加速性能。

②检查进气系统有无漏气部位。测量进气管的真空度，怠速时的真空度应大于66.7 kPa。若真空度过小，则说明进气系统漏气，应仔细检查各进气管接头及各软管、真空管等。

提示：发动机类型不同、怠速运转不同，其进气管真空度的正常值也不同。检测后，若进气的真空度比正常值低 10~30 kPa，进气系统漏气。

③检查点火正时。在发动机怠速时，点火提前角应为 10°~15°。若不正确，应调整发动机的初始点火提前角。加速时，点火提前角自动增加到 20°~30°。若有异常，则应检查

点火控制系统或更换 ECU。

④检查空气滤清器。若有堵塞，则应清洗或更换。

⑤检查燃油压力。怠速时的燃油压力应为 250 kPa 左右，加速时的燃油压力应上升至 300 kPa 左右。若燃油压力过低，则应检查燃油压力调节器、电动燃油泵。

⑥拆卸、清洗各喷油器。检查喷油器在加速工况时的喷油量。若有异常，则应更换喷油器。

⑦对于安装废气再循环系统的发动机，可以拔下废气再循环阀上的真空软管，并将其塞住，然后再检查发动机的加速性能。如果此时加速性能恢复正常，则说明废气循环系统工作不正常，再循环的废气量太大，影响了发动机的加速性能。对此，应检查废气调整阀、三通电磁阀的工作是否正常。若有异常，则应更换。

提示：发动机怠速工况下的点火提前角由分电器的安装位置确定。加速时的点火提前角，则根据发动机的转速、空气流量传感器等信号确定。

### 6.4.4 电控发动机油耗偏高故障检修

发动机油耗过高是指汽车的百公里油耗超过标定值。影响发动机油耗的因素很多，涉及发动机、底盘、车身等多方面，本文着重讨论发动机技术状况对燃油消耗的影响。

**1. 故障原因分析**

当发动机动力不足或排气管冒黑烟时，耗油量通常都会过高，但有时也表现为发动机动力良好，耗油量也超标。

（1）一般原因

①空气滤清器堵塞，使进气不畅，造成混合气过浓；排气管堵塞，使排气不畅，造成发动机动力下降，油耗增加。

②发动机怠速转速过高。

③冷却液温度过高，容易造成“开锅”，使发动机动力下降，油耗增高；冷却液温度过低，混合气雾化不好，使发动机功率下降，油耗增加。

④点火正时不正确，如点火过迟。

⑤气缸压力过低，使燃油消耗量增加。

⑥配气相位不正确。

⑦润滑油黏度过大或加注量过多。

⑧发动机磨损严重。

（2）电控系统原因

①冷却液温度传感器有故障。如传感器工作特性发生变化，会造成喷油修正信号不准。

②进气压力传感器有故障。如传感器输出压力过高，ECU 指令供油量增加。

③进气温度传感器有故障。当进气温度传感器出现故障时，对发动机动力性能有影响，但不明显。

④氧传感器有故障。如传感器内部短路，传感器电压为计算机接收的混合气信号，会指令增加喷油量。

⑤节气门位置传感器有故障。如节气门位置传感器损坏会引起发动机怠速不稳、加速不

良等故障。

⑥空气流量传感器有故障。如果空气流量传感器或线路出现故障，ECU 得不到正确的进气量信号，就不能正常地进行喷油量的控制，将造成混合气过浓或过稀，使发动机运转不正常，可能造成怠速不稳、油耗增多、加速无力、尾气排放污染严重。

⑦燃油压力调节器有故障。如油压调节不当会导致油压过高或过低。油压过高，可能造成发动机油耗增加、怠速不稳、排气管冒黑烟等故障；油压过低，可能造成发动机动力不足、起动困难等故障。

⑧爆燃传感器有故障。当爆燃传感器损坏时，发动机故障灯点亮，发动机运转不平顺，甚至难起动。

⑨活性炭罐有故障。当该系统出现问题时，将导致踩油门加速时挫车，且车内燃油味大的故障；发动机怠速忽高忽低且加速无力，甚至是发动机熄火或不易起动。

⑩喷油器内部损坏或磨损严重。如喷油器的主要故障有不喷油、喷油雾化不良、漏油等，将导致发动机动力不足、抖动、尾气超标、油耗增加等。

⑪ECU 及连接器有故障。如 ECU 及其线路有故障，则严重时导致不着车，轻者不易起动、加速不良。

**2. 故障诊断**

（1）基本检查

①检查发动机各传感器的连接器（插头或插座）是否松脱或断裂，清除连接器内的灰尘、腐蚀物等，以免影响信号传送效果。

②检查进气系统管道是否破裂漏气，接头是否松脱，清洁或更换空气滤清器滤芯。

③检查供油管道接头是否漏油，燃油滤清器应定期更换。

④检查燃油系统压力，若压力过高，则应检查燃油压力调节器是否正常。

⑤检查火花塞电极是否烧蚀，高压线是否漏电。火花塞烧蚀和高压线漏电易造成点火能量不足、燃烧质量下降、发动机功率不足、油耗过高。

（2）电控系统检查

①检查氧传感器。检查传感器配线有无搭铁和断路。氧传感器工作不良时，输出电压会超过标准值或变化缓慢，此时应更换。

②检查空气流量传感器。检查空气流量传感器配线是否断路和搭铁，电源电路是否正常。用计算机检测时，无故障码的情况比较普遍，此时空气流量传感器由于脏污等原因，输出信号有一定偏差，造成油耗过高。

③检查进气温度和冷却液温度传感器。可用万用表测量传感器电阻，在不同温度下的电阻值应符合标准。若电阻太大，会使计算机误认为发动机处于低温状态，从而进行冷车加浓控制，使油耗增加。也可采用对比的方法判断传感器的好坏，即让发动机处于怠速状态，比较诊断仪上指示的冷却液温度与仪表盘温度表指示的温度是否一致。如果不一致，可让发动机继续运行至冷却风扇打开，再查看诊断仪上的冷却液温度与仪表盘上的是否一致；如果仍不一致，则说明冷却液温度传感器损坏。

④检查节气门体。检查节气门体是否清洁，若灰尘较多，则会使节气门的自由开度增大，传送给计算机的信号有误，造成喷油时间过长、油耗增大。节气门体脏污，还会引起发

动机怠速抖动，甚至熄火。检查节气门位置传感器的输出电阻，在节气门开度变化时，若变化不均或有跳动，则为接触不良，需要更换。

⑤检查喷油器。喷油器损坏或堵塞时，会产生怠速"缺缸"、加速无力、排气管"放炮"、加速时"耸车"或供油不足的感觉，造成油耗过高。检查喷油器的电阻及插头引脚的电压，其值应符合标准。

(3) 机械故障检查

机械故障检查包括气缸压力检查，气缸磨损程度检查，配气相位检查，进、排气系统检查等多方面，检查方法与传统化油器发动机相似。

### 6.4.5 实操训练

**1. 训练内容**

利用电控发动机教学实训台架和实车，通过设置故障的方式进行相关故障检测；利用万用表、示波器、故障诊断仪、发动机综合分析仪进行故障诊断练习。

**2. 设备、工具**

数字万用表、示波器、故障诊断仪、拆装工具等，电喷发动机电控故障诊断台架若干台，实训车辆一台。(根据学生数量，分组进行讲解和熟悉)

**3. 实践与考核**

①写出故障诊断过程，分析故障原因并检测相关部件的信号。

实操报告：基本知识点、基本内容、故障排查思路，画出故障诊断流程图。

②考核标准（可采取教师考核或者学生互评的原则）：

| 序号 | 考核内容 | 分数 | 评分标准 | 得分 | 具体原因 |
|---|---|---|---|---|---|
| 1 | 正确使用万用表、示波器、解码器等检测仪器设备 | 10 | 工具使用不规范每次扣 2 分 | | |
| 2 | 说明故障现象 | 10 | 故障现象描述错误扣 5 分 | | |
| 3 | 列举故障原因 | 20 | 故障原因错误一项扣 3 分 | | |
| 4 | 进行相关传感器检测 | 10 | 错误一项扣 5 分 | | |
| 5 | 进行执行器线路检测 | 15 | 错误一项扣 5 分 | | |
| 6 | 安全用电，规范操作 | 15 | 违规操作扣 15 分 | | |
| 7 | 团队合作，讨论交流 | 10 | 依据现场情况而定 | | |
| 8 | 场地打扫，工件摆放 | 10 | 依据现场情况而定 | | |
| | 总分 | 100 | | | |
| | 教师签字 | | | 年　月　日 | |

## 模块小结

**1. 故障自诊断系统的概念**

故障自诊断系统一般称为 OBD，是英文 On-Board Diagnostic 的缩写，中文翻译为“车载诊断系统”。这个系统随时监控发动机的运行状况和尾气后处理系统的工作状态，一旦发现有可能引起排放超标的情况，会马上发出警示。当系统出现故障时，故障（MIL）灯或检查发动机报警灯亮，同时 OBD 系统会将故障信息存入存储器，通过标准的诊断仪器和诊断接口可以以故障码的形式读取相关信息。根据故障码的提示，维修人员能迅速准确地确定故障的性质和部位。

**2. 故障自诊断系统的功能**

①监测电子控制系统的工作状态，若发现问题，就以故障报警灯闪烁的方式提醒司机。

②将监测到的故障以代码的形式存储起来，汽车维修时，可以用一定的方法取出故障码，方便故障查询。

③在某一执行机构发生故障时，自诊断系统及时停止其他执行机构的工作，以确保汽车行驶安全或避免造成部件的损坏。

④因传感器或控制器及其他电路发生故障，发动机不能工作时，起用备用系统使发动机能够维持基本的运转，使司机能将汽车顺利开回修理厂。

⑤向故障诊断仪读取设备输出汽车实时运行状态数据，接收维修人员通过故障诊断仪向执行机构发出的强制动作命令，清除故障码等。

**3. 故障自诊断系统设置故障的原理**

汽车发动机电子控制系统在正常工作时，电控单元 ECU 的输入和输出信号都是在一个规定的范围内运行，当控制电路的信号出现异常时，ECU 中的诊断系统就判定该电路信号出现故障。

电路的异常情况分为三种：

第一种是电路的信号超出规定范围。例如：冷却液温度传感器（CTS）在正常工作时，其输出电压在 0.1 ~4.8 V，如超出这一范围，诊断系统则判定为故障信号。

第二种是 ECU 在一段时间内接收不到传感器的信号或接收到的信号在一段时间内不变，诊断系统也会判定为故障信号。例如：氧传感器在正常工作时，其输入电压应在 0.1 ~ 0.9 V，波动不少于 8 次/10 秒。

第三种是 ECU 中的诊断系统偶然发现一次不正常的输入信号时，不会诊断为故障信号，只有不正常的输入信号多次出现或持续一定时间，才会判定为故障信号。

**4. 故障诊断的基本方法**

（1）人工直接诊断法

人工直接诊断法是指检查人员凭实际经验感觉和观察，通过简单工具，在汽车不解体或局部解体的情况下，通过试问、眼看、耳听、手摸、鼻嗅的方法，对汽车技术性能和故障进行定性的诊断，其具体做法是：

试问：用“三脚油门”通过慢加速从发动机怠速、中速到高速检查发动机的技术状态；通过急加速检查发动机的加速性能；利用加速滑行测试汽车底盘总成部件的异常，怠速检查发动机的平稳性，同时利用断火、断油察听发动机的异响。查问汽车的行驶里程、近期的使用状况和维修情况、故障发生预兆等。

眼看：通过审视观察汽车的漏油、漏水、漏气、漏电部位，各仪表信号的工作情况，排气，跑偏，发动机的抖动及转向摇摆等。

耳听：察听发动机在各种转速下的声响，有无回火声，消声器“突突”和“放炮”声，发动机的爆震声和异常的敲击声。

手摸：触感发生故障部位的温度、振动，各配合部位的过热，轴承的松紧度，总成部件的松旷，柴油发动机高压油管的脉动等。

鼻嗅：嗅汽车在运行中发出的特殊气味，如离合器摩擦片的烧焦臭味、润滑油不正常的燃烧臭味、电路胶质线的烧焦味等。

（2）仪器设备诊断法

仪器设备诊断法是在汽车总成不解体的情况下，用仪器设备获取汽车性能和故障的信息参数，并与正常汽车技术状况相比较，给出技术性能和故障的诊断结论。随着电子信息及计算机技术在汽车上的应用，汽车故障的诊断仪器设备日益完善，越来越多的先进仪器被应用在汽车故障诊断中。仪器设备对故障诊断的速度快、准确性高，且能发现潜伏的故障，同时也能预测出总成部件的使用寿命。

（3）元件替换法

元件替换法常用于故障原因比较复杂的情况，很难对可能产生的故障原因逐一进行排除。其具体做法是用一个已知是完好无损、功能正常的零部件来替换被认为或怀疑有故障的零部件，这样做可以判断怀疑是否正确。若替换后故障消除，说明怀疑成立；否则，装回原件，进行新的替换，直至找到真正的故障部位。

在条件许可的情况下，该方法可以方便快捷地解决那些一时半会难以排除的故障。

**5. 电控发动机诊断常用仪器**

现代汽车电控系统的检修，经常借助专用仪器、设备提供的故障信息实施检修作业。目前，汽车电控系统专用仪器、设备主要有专用万用表、解码器、发动机综合计算机检测仪、汽车专用示波器和喷油器性能检测与清洗设备等。汽车发动机电控系统专用仪器、设备大多以微处理技术为核心，配以采集信号的传感器，对电控系统的有关资料、参数和数据进行检测和读取，并自动分析、判断、存储和打印，以此来确定故障的最终原因。所以在现代汽车电控系统的诊断检测中，能正确使用专用仪器、设备是十分重要的。

**练习题**

**一、填空题**

1. 电控发动机诊断常用的仪器有________、________、________和________。

2. 电控发动机故障诊断的基本方法有________、________和________。

3. 数字式万用表是现代电控汽车诊断仪器专用工具，它是一种高输入________的数字式多用表。

4. 计算机控制点火系统具有________功能，即发动机工作时，计算机除了实现点火控制外，还监视电控系统的工作状况。

5. 发动机怠速不良故障现象主要表现在怠速运转时容易________或怠速________或运转速度________。

6. 发动机从怠速状态加速至________额定转速，运转 30 s 后降至高怠速状态。将取样探头插入排气管中，深度不少于________，并固定在排气管上。维持 15 s 后，由具有平均值功能的仪器读取 30 s 内的平均值，或者人工读取 30 s 内的最高值和最低值，其平均值即为高怠速污染物测量结果。

7. 电控燃油喷射系统可分为开环和闭环两种控制方式。汽车起动时采用的是________控制方式。

8. 当某气缸的火花塞不能点火时，气缸中的燃烧总量将减少，因而导致 CO 的排放量会________，而 CH 化合物的排放量将________。

9. 发动机综合性能检测装置由________、________及监控显示系统三大部分组成。

10. 不分光红外检测仪主要由仪器主机、________、前置过滤器、取样管、________、嵌入式微型打印机（选购件）等组成。

**二、选择题**

1. 发动机起动时能转动但不能着火不可能的原因是（　　）

A. 点火系统故障　　B. 燃油供给系统故障

C. 起动系统故障　　D. 传动系统故障

2. 用示波器检查点火波形，发现各缸均出现次级电压过低，说明故障可能是（　　）

A. 混合气较稀　　B. 混合气较浓

C. 火花塞间隙较大　　D. 蓄电池电压低

3. 使用故障解码器诊断属于（　　）

A. 随车诊断　　B. 人工诊断

C. 备件替代诊断　　D. 专用设备诊断

4. 以下（　　）关于间发性发动机控制故障的说法是正确的？

A. 由于计算机周期性地调整其执行器，这种故障是正常的

B. 这类故障可能是由于接线松脱或接头松动造成的

C. 这类故障只有计算机进行调整以补偿时才发生

D. 间发性故障通常由失效的氧传感器造成

5. 下列哪种材料在汽车局域网系统应用得较普遍？（　　）

A. 双绞线　　B. 同轴电缆　　C. 光纤　　D. 普通铜芯线

6. 在使用废气分析仪检测废气时，测量头插入排气管的深度应该（　　）。

A. 不少于 100 mm　　B. 不少于 200 mm

C. 不少于 300 mm　　D. 不少于 400mm

7. 电控汽车出现轻微爆震或点火爆震，以下（　　）不为主要原因。

A. 混合气极稀　　B. 发动机运转温度过低

C. 缸内积炭过多　　D. 使用了低辛烷值燃油

8. 混合气过浓时，二氧化锆型氧传感器的输出电压是（　　）。